“十二五”职业教育国家规划立项教材
财政部规划中等职业学校财经商贸类教材

税费计算与缴纳

王洁莉　林宏　主编

中国财经出版传媒集团
中国财政经济出版社

图书在版编目（CIP）数据

税费计算与缴纳 / 王洁莉，林宏主编 . —北京：中国财政经济出版社，2017. 3（2019. 8 重印）

“十二五”职业教育国家规划立项教材　财政部规划中等职业学校财经商贸类教材

ISBN 978 – 7 – 5095 – 5350 – 3

Ⅰ. ①税…　Ⅱ. ①王…　②林…　Ⅲ. ①税收管理 – 中国 – 中等专业学校 – 教材　②纳税 – 中国 – 中等专业学校 – 教材　Ⅳ. ①F812. 423

中国版本图书馆 CIP 数据核字（2014）第 075943 号

责任编辑：樊　闽　　　　责任校对：胡永立

封面设计：汪俊宇

本书微网站

扫描微网站二维码

获取教学配套资源和内容更新

不断添加中……

中国财政经济出版社 出版

URL：http：//www. cfeph. cn

E – mail：cfeph @ cfeph. cn

社址：北京市海淀区阜成路甲 28 号　邮政编码：100142

营销中心电话：010 – 88191537

北京中兴印刷有限公司印刷　各地新华书店经销

787 × 1092 毫米　16 开　18 印张　443 000 字

2017 年 3 月第 1 版　2019 年 8 月北京第 4 次印刷

定价：42. 00 元

ISBN 978 – 7 – 5095 – 5350 – 3/F · 4326

（图书出现印装问题，本社负责调换）

本社质量投诉电话：010 – 88190744

编写 说明

本书是“十二五”职业教育国家规划教材和财政部规划教材《税费计算与缴纳》的修订版，是根据教育部制定的《中等职业学校会计专业教学标准》和《会计专业工作任务与职业能力分析表》的要求编写的。本书以当前我国的基本税收法律、法规为依据，将税收法律的基本内容与相应的涉税事项的会计核算、纳税申报实务相结合，使读者在掌握税法知识的基础上能熟练地办理税务登记手续，购买和填开发票，计算税金并进行会计处理，能熟练填制纳税申报表并进行网络报税，是一本融合税法知识、涉税事项的会计处理和纳税申报实务于一体的综合性的会计类专业教材，适合中职会计及相关专业使用。

本书的编写体现了以下三个特点：

1. 知识新颖。本书参考了近几年税制改革中最新的税收法律制度及条例，特别是2018年新调整的增值税、资源税、企业所得税及2019年1月1日起实施的最新个人所得税等法律法规进行了修订，增加了环境保护税内容，力求以最新的知识奉献给读者。本书引用的税收法律法规文件截止时间为2019年8月。

2. 内容全面。本书主要包括税收基础知识、办理税务登记及发票管理、增值税会计核算、消费税会计核算、企业所得税会计核算、个人所得税会计核算、资源税会计核算、环境保护税会计核算、其他税会计核算、电子报税及税务年检等内容，基本涵盖了中职学生应掌握的主要税收事务办理、应纳税款的计算及会计处理技巧、纳税申报表的填制和网上报税流程等内容，每一单元都可独立成章但又前后衔接，教师可根据课程计划及学生的水平合理取舍。

3. 注重技能。在教材编排上，以每一单元为教学模块，在每一单元中以任务划分知识模块，理论知识尽量做到精练、简洁，并配以大量的涉税事项业务练习和纳税申报实训案例，以达到巩固知识、提高专业技能的目的。

本书由王洁莉和林宏任主编。具体编写分工如下：广州华商职业学院王洁莉老师编写第三单元、第四单元、第六单元和第八单元，并对全书进行了总纂；天津第一商业学校的林宏老师编写第一单元、第九单元和第十单元；河南地矿职业学院的荀琳娜老师编写第二单元和第七单元；天津第一商业学校的李瑛老师编写了第五单元。具体的课时分配表如下：

课时分配表

序号	单　元	课时	备注
1	第一单元　税收基本知识	4	
2	第二单元　涉税事项办理与发票管理	4	其中实训 2
3	第三单元　增值税核算	18	其中实训 8
4	第四单元　消费税核算	6	其中实训 2
5	第五单元　企业所得税核算	18	其中实训 10
6	第六单元　个人所得税核算	6	其中实训 2
7	第七单元　资源税核算	4	可根据课时情况选择
8	第八单元　环境保护税核算	4	可根据课时情况选择
9	第九单元　其他税核算	6	其中实训 2
10	第十单元　电子报税及税务年检	2	其中实训 2
总计		72	

本书为用书学校任课老师提供了《实训与练习》的答案和电子课件，如有需要，请登录中国财政经济出版社财经教材分社（cjjc. cfeph. cn）或中国财经教育网（www. zgcjjy. com）下载电子课件，实训与练习的答案通过 caijingjiaocai@163. com 索取，请注明学校和全书名。

由于时间仓促，加之水平有限，书中疏漏和错误之处在所难免，敬请读者批评指正。

编　者

2019 年 8 月

目 录

1 第一单元 税收基本知识

学习目标

- ☐ 了解税收的概念和特点
- ☐ 明确税收的分类，掌握税收的构成要素
- ☐ 了解企业的纳税程序及涉税会计岗位的工作内容
- ☐ 能够根据一般中小型企业的实际情况和工作内容制定涉税会计的岗位职责

任务一 认识我国的税收

一、税收的概念及特征

（一）税收的概念

税收是国家为实现其职能，凭借政治权力，按照法律规定，通过税收工具强制地、无偿地参与国民收入和社会产品的分配和再分配取得财政收入的一种形式。其本质体现的是一种分配关系，目的是满足社会公共需要。

知识拓展

取得财政收入的手段有多种多样，如税收、发行货币、发行国债、收费、罚没等等。而税收则由政府征收，取之于民、用之于民。

（二）税收的特征

税收与其他分配方式相比，具有强制性、无偿性和固定性的特征，习惯上称为税收的“三性”。

1. 强制性。是指税收是国家以社会管理者的身份，凭借政权力量，依据政治权力，通过颁布法律或政令来进行强制征收。纳税人必须依法纳税，否则就要受到法律的制裁。

知识拓展

税收的强制性特征体现在两个方面：一方面税收分配关系的建立具有强制性，即税收征收完全是凭借国家拥有的政治权力；另一方面是税收的征收过程具有强制性，即如果出现了税务违法行为，国家可以依法进行处罚。

2. 无偿性。是指通过征税，纳税人的一部分收入转归国家所有，国家不向纳税人支付任何报酬或代价。税收的这种无偿性是与国家凭借政治权力进行收入分配的本质相联系的。无偿性体现在两个方面：一方面是指政府获得税收收入后无须向纳税人直接支付任何报酬；另一方面是指政府征得的税收收入不再直接返还给纳税人。税收无偿性是针对具体的单个纳税人而言，而不是针对全体纳税人而言，就国家与全体纳税人的关系而言，税收又具有整体报偿性特征，即国家将税款用来提供国防、安全、公共教育、公共设施、卫生等社会事业，全体纳税人都会直接或间接地从中受益。

3. 固定性。是指税收是按照国家法令规定的标准征收的，即纳税人、征税对象、税率、计税依据等，都是税收法令预先规定了的，征税和纳税双方都必须共同遵守，不得随意变动。

二、税收的职能

税收的职能是指税收所具有的内在功能，税收作用则是税收职能在一定条件下的具体体现。税收的职能作用主要表现在以下几个方面：

（一）税收是财政收入的主要来源

组织财政收入是税收的基本职能。税收具有强制性、无偿性、固定性的特点，筹集财政收入稳定可靠。税收的这种特点，使其成为世界各国政府组织财政收入的基本形式。目前，我国税收收入占国家财政收入的90%以上。

（二）税收是调控经济运行的重要手段

税收作为经济杠杆，通过增税与减免税等手段来影响社会成员的经济利益，引导企业、个人的经济行为，对资源配置和社会经济发展产生影响，从而达到调控经济运行的目的。政府运用税收手段，既可以调节宏观经济总量，也可以调节经济结构。

（三）税收是调节收入分配的重要工具

税收作为国家参与国民收入分配最主要、最规范的形式，能够规范政府、企业和个人之间的分配关系。

不同的税种，在分配领域发挥着不同的作用。如个人所得税实行超额累进税率，具有高收入者适用高税率、低收入者适用低税率或不征税的特点，有助于调节个人收入分配，促进社会公平。消费税对特定的消费品征税，能达到调节收入分配和引导消费的目的。

（四）税收还具有监督经济活动的作用

税收涉及社会生产、流通、分配、消费各个领域，能够综合反映国家经济运行的质量和效率。既可以通过税收收入的增减及税源的变化，及时掌握宏观经济的发展变化趋势，也可以在税收征管活动中了解微观经济状况，发现并纠正纳税人在生产经营及财务管理中存在的问题，从而促进国民经济持续健康发展。

知识拓展

税收与税法的关系：税法即税收法律制度，是国家制定的、用以调整国家与纳税人之间在征纳税方面的权利与义务关系的法律规范的总称。税收是经济学概念，税法是法学概念。税收是一种经济活动，属于经济基础，而税法则是一种法律制度，属于上层建筑。税法与税收密不可分：税法是税收的法律依据和法律保障，又必须以保障税收活动为其存在的理由和基础。

任务二
知晓企业纳税的种类

一、税收按不同标志分类

（一）按课税对象分类

以课税对象为标准，税收可分为流转税、所得税、财产税、行为税和资源税（见图1－1）。

按课税对象分类		
	流转税	增值税、消费税和关税
	所得税	企业所得税、个人所得税
	财产税	房产税、契税、车辆购置税和车船税等
	行为税	城市维护建设税、印花税、屠宰税等
	资源税	资源税、土地增值税、耕地占用税等

图1－1

1. 流转税。是以商品生产流转额和非生产流转额为课税对象征收的一类税。流转税是我国税制结构中的主体税类，目前包括增值税、消费税和关税等税种。

2. 所得税。是指以各种所得额为课税对象的一类税。所得税也是我国税制结构中的主体税类，目前包括企业所得税、个人所得税等税种。

3. 财产税。是指以纳税人所拥有或支配的财产为课税对象的一类税，包括遗产税、房产税、契税、车辆购置税和车船使用税等。

4. 行为税。是指以纳税人的某些特定行为为课税对象的一类税。我国现行税制中的城市维护建设税、固定资产投资方向调节税（2012 年 11 月 9 日已废止）、印花税、屠宰税（2006 年 2 月 17 日起废止）和筵席税都属于行为税。

5. 资源税。资源税是指对在我国境内从事资源开发的单位和个人征收的一类税。我国现行税制中资源税、土地增值税、耕地占用税和城镇土地使用税都属于资源税。

（二）按税收的计算依据为标准分类

1. 从量税。从量税是指以课税对象的数量（重量、面积、件数）为依据，按固定税额计征的一类税。从量税实行定额税率，具有计算简便等优点。如我国现行的资源税、车船使用税和土地使用税等。

2. 从价税。从价税是指以课税对象的价格为依据，按一定比例计征的一类税。从价税实行比例税率和累进税率，税收负担比较合理，如我国现行的增值税、关税和各种所得税等税种（见图 1－2）。

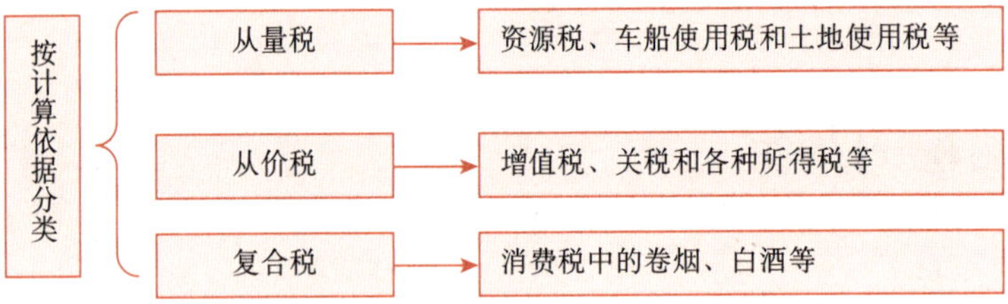

图 1－2

3. 复合税。部分消费品实行的是复合计税法，即将从量计税与从价计税相结合计算应纳税额。

（三）按税收与价格的关系为标准分类

1. 价内税。价内税是指税款在应税商品价格内，作为商品价格一个组成部分的一类税。如我国现行的消费税和关税等税种。

2. 价外税。价外税是指税款不在商品价格之内，不作为商品价格的一个组成部分的一类税（见图 1－3），如我国现行的增值税（目前商品的价税合一并不能否认增值税的价外税性质）。

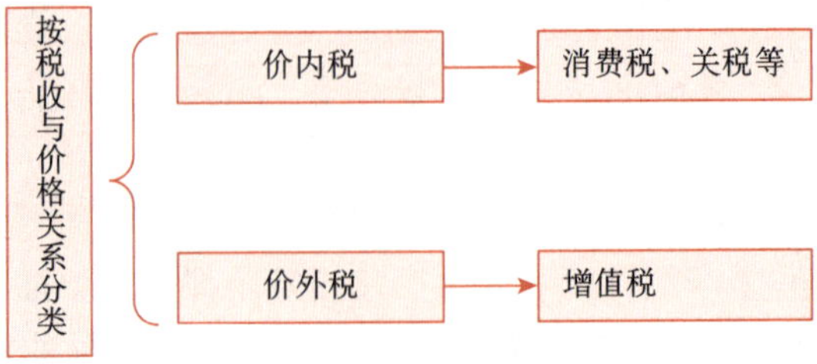

图 1－3

（四）按税收的管理和使用权限为标准分类

1. 中央税。中央税是指由中央政府征收和管理使用或由地方政府征收后全部划解中央政府所有并支配使用的一类税，如我国现行的关税和消费税等。这类税一般收入较大，征收范围广泛。

2. 地方税。地方税是指由地方政府征收和管理使用的一类税，如我国现行的个人所得税、城市维护建设税、城镇土地使用税等。这类税一般收入稳定，并与地方经济利益关系密切。

3. 中央与地方共享税。中央与地方共享税是指税收的管理权和使用权属中央政府和地方政府共同拥有的一类税，如我国现行的增值税和资源税等。这类税直接涉及中央与地方的共同利益（见图1－4）。

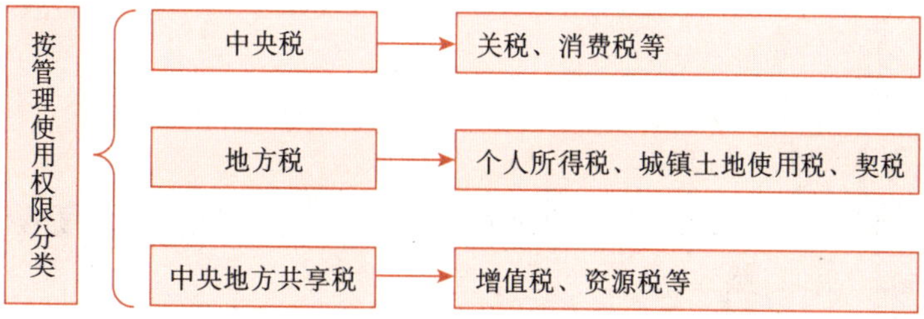

图1－4

这种分类方法是实行分税制财政体制的基础。

（五）按税收负担能否转嫁为标准分类

1. 直接税。直接税是指纳税人本身承担税负，不发生税负转嫁关系的一类税，如所得税和财产税等。

2. 间接税。间接税是指纳税人本身不是负税人，可将税负转嫁与他人的一类税，如流转税和资源税等。

二、税收的分类

目前，我国共有增值税、消费税、企业所得税、个人所得税、资源税、城镇土地使用税、房产税、城市维护建设税、耕地占用税、土地增值税、车辆购置税、车船税、印花税、契税、环境保护税、烟叶税、关税、船舶吨税等近20个税种。

特别提示

我国现行的税种中，16个税种由税务部门负责征收，关税和船舶吨税由海关部门征收。另外，进口货物的增值税、消费税由海关部门代征。

上述税种中，除了个人所得税以外，其他所有的税种都可以由企业来缴纳。也就是说，企业可能需要缴纳上述除了个人所得税以外的所有税。由于企业需要代扣代缴个人所得税，因此，企业实际上需要缴纳上述所有的税。

任务三
认知税收的构成要素

税法要素，是指税收实体法要素。税制构成要素主要包括征税人、纳税义务人、征税对象、税目、计税依据、纳税环节、纳税期限、减免税、法律责任等项目。其中纳税义务人、征税对象、税率构成税制的基本要素。

一、税收构成的基本要素

（一）纳税义务人

纳税义务人，即纳税主体，简称“纳税人”，是税法规定的直接负有纳税义务的单位和个人。纳税人包括法人和自然人。

（二）征税对象

征税对象，又称“课税对象”，是纳税的客体，在实际工作中也统称为征税范围，它是指税收法律关系中权利义务所指向的对象，即对什么征税。征税对象包括物或行为。不同的征税对象又是区别不同税种的重要标志。征税对象按其性质不同，通常划分为流转额、所得额、财产、资源、特定行为五大类。

（三）税率

税率，是指应纳税额与计税金额（或数量单位）之间的比例，它是计算税额的尺度。其中，“计税金额”是指征税对象的数量乘以计税价格的数额。税率的高低直接体现国家的政策要求，直接关系到国家财政收入的多少和纳税人的负担程度，是税收法律制度中的核心要素。

我国现行税法规定的税率有：

1. 比例税率。比例税率是指对同一征税对象，不论其数额大小，均按同一个比例征税的税率。税率本身是应纳税额与计税金额之间的比例。目前采用比例税率的有增值税、企业所得税等。

2. 累进税率。累进税率是根据征税对象数额的大小，规定不同等级的税率。即征税对象数额越大，税率越高。我国现在使用的累进税率主要包括超额累进税率和超率累进税率。

- **超额累进税率**，是将征税对象的数额划分为不同的部分，按不同的部分规定不同的税率，对每个等级分别计算税额。如《中华人民共和国个人所得税法》中，将工资、薪金所得划分为七个等级，并规定了3% ~45%的七级超额累进税率。

- **超率累进税率**，是按征税对象的数额的某种比例来划分不同的部分，按不同部分分别规定相应的税率。如《中华人民共和国土地增值税暂行条例》中，按土地增值额和扣除项目金额的比例不同，规定了四级超率累进税率。

3. 定额税率。又称“固定税率”，是指按征税对象的一定单位直接规定固定的税额，而不采取百分比的形式。目前采用定额税率的有资源税、城镇土地使用税、车船税等。

二、税收构成的其他要素

（一）征税人

征税人，是指代表国家行使征税职权的各级税务机关和其他征收机关。主要包括税务机关和海关。

（二）税目

税目，是税法中具体规定应当征税的项目，是征税对象的具体化。规定税目的目的有两个：一是为了明确征税的具体范围；二是为了对不同的征税项目加以区分，从而制定高低不同的税率。

（三）计税依据

计税依据，是指计算应纳税额的依据或标准，即依据什么来计算纳税人应缴纳的税额。一般有两种：一是从价计征；二是从量计征。从价计征，是以计税金额为计税依据。从量计征，是以征税对象的重量、体积、数量为计税依据。

（四）纳税环节

纳税环节，是指税法规定的征税对象在从生产到消费的流转过程中应当缴纳税款的环节。如流转税在生产和流通环节纳税；所得税在分配环节纳税等。

（五）纳税期限

纳税期限，是指纳税人的纳税义务发生后应依法缴纳税款的期限。规定纳税期限是为了保证国家财政收入的及时实现，也是税收强制性和固定性的体现。我国现行税收制度规定的纳税期限有按期纳税、按次纳税、按年计征分期预缴三种形式。

（六）减免税

减免税，是指税法规定的对某些特殊情况给予减轻或免除税收负担的一种税收优惠措施。减税是指对应征税款减少征收一部分；免税是对按规定应征收的税款全部免除。减免税主要包括税基式减免、税率式减免和税额式减免：

1. 税基式减免，是直接通过缩小计税依据的方式实现的减税、免税。具体包括起征点、免征额、项目扣除和跨期结转等。起征点也称征税起点，是指对征税对象开始征税的数额界限。征税对象的数额没有达到规定起征点的不征税；达到或超过起征点的，就其全部数额征税。免征额，是指对征税对象总额中免予征税的数额。即将纳税对象中的一部分给予减免，只就减除后的剩余部分计征税款。项目扣除，是指在征税对象中扣除一定项目的数额，以剩余数额作为计税依据计算应纳税额。跨期结转，是将以前纳税年度的经营亏损等在本纳税年度经营利润中扣除，相应缩小了计税依据。

2. 税率式减免，是指通过直接降低税率的方式实现的减税、免税，包括低税率、零税率等。

3. 税额式减免，是指通过直接减少应纳税额的方式实现的减税、免税，包括全部免征、减半征收、核定减免率等。

（七）法律责任

法律责任是指对违反国家税法规定的行为人采取的处罚措施。

一般包括违法行为和因违法而应承担的法律责任两部分内容。这里的违法行为是指违反税法规定的行为，包括作为和不作为。这里的法律责任包括行政责任和刑事责任。纳税人和税务人员违反税法规定，都将依法承担法律责任。

第二单元
2 涉税事项办理与发票管理

学习目标

- □ 熟悉企业设立税务登记的步骤和必备资料
- □ 了解企业变更、停业、等税务登记的事项及必备资料
- □ 熟悉增值税一般纳税人资格认定办理的相关法律规定，能根据增值税一般纳税人认定办理程序填写申请表，办理各种手续

任务一
涉税事项办理

税务登记是税务机关对纳税人的生产、经营活动进行登记并据此对纳税人实施税务管理的一种制度。是纳税人在开业、停业之前和生产、经营期间发生较大变化的时候，向税务机关办理书面登记的一项法定手续。凡有应税收入、应税财产和应税行为的纳税人，都应当依法办理税务登记。扣缴义务人在发生扣缴义务的时候应到税务机关申报登记，领取扣缴税款凭证。税务登记包括开业登记、变更登记、注销登记、停业复业登记以及临时经营税务登记，办理税务登记是纳税人的法定义务。

业务一　办理设立登记

目前，许多地市推行公司、个人独资企业、合伙企业、各类分支机构和个体工商户等在

设立时实行“多证合一、一照一码”登记模式。“多证合一、一证一码”是指将机关和群团统一社会信用代码证书及事业单位法人证书、组织机构代码证、税务登记证、刻章许可证、住房公积金登记证和社保登记证等多种证照，由多部门分别审批改为“一表申请、一门受理、一次审核、信息互认、一证一码、档案共享”的管理模式，对机关、群团只发放《统一社会信用代码证书》，对事业单位只发放《事业单位法人证书》，对经营单位只发放记载统一社会信用代码的营业执照，不再发放商事主体的组织机构代码证、税务登记证、社保登记证、刻章许可证等，营业执照即具有以上证照的功能。

一、设立登记事务

（一）办理“多证合一”的步骤

1. 申请。商事主体申请人通过全流程网上登记系统填写“多证”联合申请书，并准备齐相关材料提交商事登记部门，由商事登记部门统一受理，实现“一表申请”“一门受理”。

2. 审核。商事登记部门审核“多证”联合申请材料。“多证”申请经商事登记部门审核后，视为同时经机构代码部门、税务登记部门、公安部门及社保部门等相关部门审核。审核通过后，商事登记部门将相关登记信息和办理结果共享至其他相关部门，实现“一次审核”和“信息互认”。

3. 领证。经商事登记部门审核通过后，商事主体申请人即可到本地市的市场和质量监管委对外窗口一次领取“多证”，实现“多证同发”。

按照“多证合一”等商事制度改革要求，领取加载统一社会信用代码证件的企业、农民专业合作社、个体工商户及其他组织无须单独到税务机关办理该事项，其领取的证件作为税务登记证件使用。“多证合一”改革之外的其他组织，如事业单位、社会组织、律师事务所、境外非政府组织等，应当依法向税务机关办理税务登记，领取税务登记证件。

（二）设立登记报送的资料

1. 《税务登记表》2 份；
2. 有关合同、章程、协议书复印件 1 份；
3. 法定代表人（负责人）居民身份证、护照或其他证明身份的合法证件原件；
4. 其他要求报关的材料。

（三）设立登记的地点及时间

1. 办税服务厅（场所）。
2. 电子税务局、移动终端、自助办税终端。

具体渠道由省税务机关确定。

办理时限为资料齐全、符合法定形式、填写内容完整的，税务机关受理后即时办结，税务机关发放《税务登记证》（正、副本）或《临时税务登记证》（正、副本）。

（四）税务报到

取得“五证合一”的证书之后，企业需要到税务局报到。同时向税务局提交相关纸质资料，一般包括营业执照复印件、准予设立登记通知书复印件、公司登记（备案）申请书复印件、公示章程复印件、开户许可证复印件、股东身份证（机构股东登记证）复印件、企业经营场所租赁合同复印件等。

（五）签订代扣税三方协议

纳税人缴纳税款的方式有到开户银行缴纳、联网电子缴纳、现金缴纳、银行卡缴纳等等。纳税人需要使用联网电子缴纳的，可以通过与税务机关、开户银行签署三方协议或授权（委托）划缴协议。这里的“三方协议”，是指由企业、税务局和银行三方共同签署的协议，约定在发生纳税缴款义务的情况下，纳税人在申报系统中提交缴款申请后，银行根据缴款申请直接向税务机关支付税款，无须纳税人再次进行付款确认，以便实现税款的实时划缴。

知识拓展

自然人基础信息

负有纳税义务的中国公民、外籍人员和港澳台地区人员（简称自然人），应当向税务机关报告基础信息。基础信息发生变化的应当及时向税务机关报告，并填制：

1.《个人所得税基础信息表（B 表）》2 份。

2. 居民身份证、护照或其他证明身份的合法原件及复印件 1 份。

同时提供任职、受雇的外籍人员护照和港澳台居民来往内地通行证、台湾居民来往大陆通行证的原件及任职证书或者任职证明；履约的外籍人员护照和港澳台居民来往内地通行证、台湾居民来往大陆通行证原件及从事劳务或服务的合同、协议原件。税务机关反馈《个人所得税基础信息表（B 表）》。

二、提交代扣代缴报告

根据法律、法规的规定负有扣缴税款义务的单位和个人，应当向税务机关报告基础信息，具体指以下情形：

1. 履行个人所得税代扣代缴义务的扣缴义务人，应当自扣缴义务发生之日起 30 日内，向机构所在地税务机关报告。

2. 扣缴义务人与非居民企业首次签订与其取得来源于中华人民共和国境内的股息、红利等权益性投资和利息、租金、特许权使用费所得、转让财产所得以及其他所得有关的业务合同或协议的，应当自合同签订之日起 30 日内，向税务机关报告。

3. 境外机构和个人向非居民发包工程作业或劳务项目，被税务机关指定为扣缴义务人的，应按照规定向税务机关报告。

4. 负有扣缴义务的非境内注册居民企业，应当自扣缴义务发生之日起 30 日内向主管税务机关报告。

5. 非居民纳税人在中国境内发生应税行为的，扣缴义务人应当向主管税务机关报告。

报告时需要提交以下资料：

1. 加载统一社会信用代码的营业执照或登记证件副本原件。

2. 代扣代缴非个人所得税的《扣缴义务人登记表》2 份。

3. 履行个人所得税代扣代缴义务的单位还须提交《个人所得税扣缴税款登记表》3 份。

税务机关反馈《扣缴义务人登记表》或《个人所得税扣缴税款登记表》。

三、提交存款账户账号报告

从事生产、经营的纳税人应当自开立基本存款账户或者其他存款账户之日起15日内，向主管税务机关报告其全部账户账号；账户账号发生变化的，应当自发生变化之日起15日内，向主管税务机关报告，并提交以下材料：

1.《纳税人存款账户账号报告表》2份；

2. 开户银行许可证或账户、账号开立证明复印件1份。

四、提交财务会计制度及核算软件备案报告

从事生产、经营的纳税人应当自首次办理涉税事宜之日起15日内，将其财务、会计制度或者财务、会计处理办法等信息报送税务机关备案。报送资料：

1.《财务会计制度及核算软件备案报告书》2份　提供免填单服务。

2. 纳税人财务、会计制度或纳税人财务、会计核算办法1份。

使用计算机记账的纳税人还需要报送财务会计核算软件、使用说明书原件及复印件1份。备案后税务机关反馈《财务会计制度及核算软件备案报告书》。

注意：境外注册中资控股居民企业应当按照中国有关法律、法规和国务院财政、税务主管部门的规定，编制财务、会计报表，并在办理基础信息报告之日起15日内将企业的财务、会计制度或者财务会计、处理办法及有关资料报送主管税务机关备案。未按照规定将财务、会计制度或者财务、会计处理办法和会计核算软件报送税务机关备案的，将影响纳税信用评价结果。

最后，税务机关为企业进行税种核定，办理相关人员的实名认证，并开通网络申报、发放申报密码。

纳税人注意事项：

1. 纳税人对报送材料的真实性和合法性承担责任。

2. 纳税人应按照法律、法规规定和税务机关确定的申报期限、申报内容按期进行相关税种的纳税申报。

3. 税务机关提供新办纳税人“套餐式”服务的，纳税人可以一并办理存款账户账号报告、发票领用等多个事项。具体事项范围由省税务机关确定。

业务二　办理其他涉税事务登记

一、变更税务登记

变更税务登记是指领取《税务登记证》或《临时税务登记证》的纳税人，登记信息发生变化的，应向主管税务机关办理变更税务登记。办理“多证合一”纳税人，生产经营地址、财务负责人、核算方式、从业人数、办税人等登记信息发生变化的，应向主管税务机关

办理变更登记。除上述信息以外的其他登记信息发生变化的，应向设立登记机关（如工商部门等）办理变更登记。变更税务登记所需材料：

1.《变更税务登记表》2 份；

2. 纳税人变更登记内容的有关证明文件原件及复印件 1 份；

3. 税务登记证件（即五证合一证书）原件。

二、税务注销登记

税务注销登记，是指纳税人税务登记内容发生了根本性变化，需终止履行纳税义务时向税务机关申报办理的税务登记手续。

（一）单位及查账征收个体工商户（以下简称纳税人）发生以下情形，应当向税务机关申请税务注销包括：

1. 因解散、破产、撤销等情形，依法终止纳税义务的。

2. 按规定不需要在市场监督管理机关或者其他机关办理注销登记的，但经有关机关批准或者宣告终止的。

3. 被市场监督管理机关吊销营业执照或者被其他机关予以撤销登记的。

4. 因住所、经营地点变动，涉及改变税务登记机关的。

5. 外国企业常驻代表机构驻在期届满、提前终止业务活动的。

6. 境外企业在中华人民共和国境内承包建筑、安装、装配、勘探工程和提 供劳务，项目完工、离开中国的。

7. 非境内注册居民企业经国家税务总局确认终止居民身份的。

（二）领取营业执照后未开展经营活动，申请注销登记前未发生债权债务已将债权债务清算完成的有限责任公司、非公司企业法人、个人独资企业、合伙企业，符合下列情形之一的，可免予到税务机关办理税务注销，直接向市场监管 部门申请办理注销登记。

1. 未办理过涉税事宜的。

2. 办理过涉税事宜但未领用发票、无欠税（滞纳金）及罚款的。

需要提供的材料：

1.《清税申报表》或《注销税务登记申请审批表》2 份。

2. 其他资料税务机关要求提供有资料。如被市场监督管理机关吊销营业执照的，需要提交市场监督管理机关发出的吊销工商营业执照决定复印件 1 份等。

三、定期定额户停（复）业报告

实行定期定额征收的个体工商户或比照定期定额户进行管理的个人独资企业暂停经营的，应当在停业前向主管税务机关办理停业报告。办理停业报告的纳税人，恢复生产经营的，应当向主管税务机关办理复业报告。需要提交的材料：

1.《停业复业报告书》2 份。

2. 税务登记证件 1 份，停业时税务机关收存，复业时发还。

3. 其他材料。如已办理领用票种核定的纳税人报送《发票领用簿》，持有未验旧或未使用的发票的纳税人，报送未验旧、未使用的发票。停业时税务机关验旧。办理后，税务机关反馈《停业复业报告书》。办理复业的纳税人，需要领取收存的税务登记证件、《发票领用簿》及空白发票。

注意：停业、复业报告只适用于实行定期定额征收方式的纳税人。

四、跨区域经营信息报告

纳税人跨省（自治区、直辖市和计划单列市）临时从事生产经营活动的，应向机构所在地的税务机关填报《跨区域涉税事项报告表》。纳税人在省内跨县（市）临时从事生产经营活动的，是否进行跨区域经营信息报告，由省税务机关确定。

跨区域经营需要提交的资料是《跨区域涉税事项报告表》一式 2 份；出示加载统一社会信用代码的营业执照副本（未换照的出示税务登记证副本），或加盖纳税人公章的副本复印件，已实行实名办税的纳税人只需填报《跨区域涉税事项报告表》。

任务二
熟悉发票管理

发票是指在购销商品、提供或者接受劳务和其他经营活动中，开具、收取的收付款凭证。税务机关是发票的主管机关，负责发票印制、领购、开具、取得、保管、缴销的管理和监督。单位、个人在购销商品、提供或者接受经营服务以及从事其他经营活动中，应当按照规定开具、使用、取得发票。

一、发票的基本知识

（一）发票的基本内容

发票的基本内容包括：发票的名称、发票代码和号码、联次及用途、客户名称、开户银行及账号、商品名称或经营项目、计量单位、数量、单价、大小写金额、开票人、开票日期、开票单位（个人）名称（章）等。省以上税务机关可根据经济活动以及发票管理需要，确定发票的具体内容。

有固定生产经营场所、财务和发票管理制度健全的纳税人，发票使用量较大或统一发票式样不能满足经营活动需要的，可以向省以上税务机关申请印有本单位名称的发票。

知识链接

在全国范围内统一式样的发票，由国家税务总局确定。在省、自治区、直辖市范围内统一式样的发票，由省、自治区、直辖市国家税务局、地方税务局（以下简称省税务机关）确定。

发票准印证由国家税务总局统一监制，省税务机关核发。

各省、自治区、直辖市内的单位和个人使用的发票，除增值税专用发票外，应当在本省、自治区、直辖市内印制；确有必要到外省、自治区、直辖市印制的，应当由省、自治区、直辖市税务机关商印制地省、自治区、直辖市税务机关同意，由印制地省、自治区、直辖市税务机关确定的企业印制。禁止在境外印制发票。

（二）发票的基本种类

发票的基本种类有普通发票、增值税专用发票两种。

1. 普通发票。普通发票主要由增值税一般纳税人以外的纳税人使用，如增值税小规模纳税人和营业税纳税人等。见图 2－1。

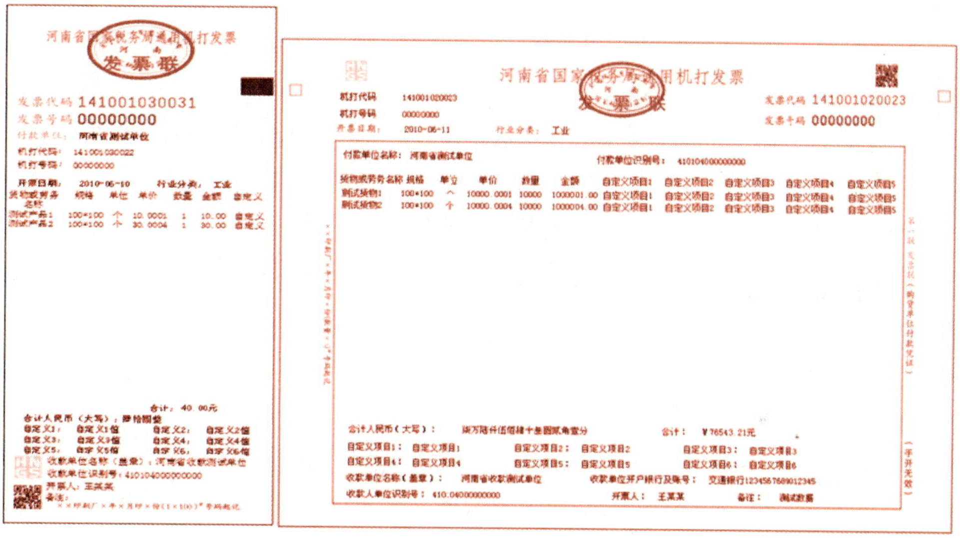

河南省国家税务局通用机打发票
发票联
发票代码 141001030031
发票号码 00000000
付款单位：河南省测试单位
机打代码：141001030022
机打号码：00000000
开票日期：2010-06-10　行业分类：工业

货物或劳务名称	规格	单位	单价	数量	金额	自定义
测试产品1	100*100	个	10.0001	1	10.00	自定义
测试产品2	100*100	个	30.0004	1	30.00	自定义

合计：40.00元
合计人民币（大写）：肆拾圆整
自定义1：自定义1值　自定义2：自定义2值
自定义3：自定义3值　自定义4：自定义4值
自定义5：自定义5值　自定义6：自定义6值
收款单位名称（盖章）：河南省收款测试单位
收款单位识别号：410104000000000
开票人：王某某
备注：

河南省国家税务局通用机打发票
发票联
机打代码 141001020023
机打号码 00000000
开票日期：2010-06-11　行业分类：工业
发票代码 141001020023
发票号码 00000000
付款单位名称：河南省测试单位　付款单位识别号：410104000000000

货物或劳务名称	规格	单位	单价	数量	金额	自定义项目1	自定义项目2	自定义项目3	自定义项目4	自定义项目5
测试货物1	100*100	个	10000.0001	10000	1000001.00	自定义项目1	自定义项目2	自定义项目3	自定义项目4	自定义项目5
测试货物2	100*100	个	10000.0004	10000	1000004.00	自定义项目1	自定义项目2	自定义项目3	自定义项目4	自定义项目5

合计人民币（大写）：柒万陆仟伍佰肆十叁圆贰角壹分　合计：￥76543.21元
自定义项目1：自定义项目1　自定义项目2：自定义项目2　自定义项目3：自定义项目3
自定义项目4：自定义项目4　自定义项目5：自定义项目5　自定义项目6：自定义项目6
收款单位名称（盖章）：河南省收款测试单位　收款单位开户银行及账号：交通银行1234567689012345
收款人单位识别号：410.0400000000　开票人：王某某　备注：测试数据
（手开无效）

图 2－1　通用发票的两种模版（左为卷式，右为平推式）

发票的基本联次包括存根联、发票联、记账联。存根联由收款方或开票方留存备查；发票联由付款方或受票方作为付款原始凭证；记账联由收款方或开票方作为记账原始凭证。

省以上税务机关可根据发票管理情况以及纳税人经营业务需要，增减除发票联以外的其他联次，并确定其用途。

2. 增值税专用发票。增值税专用发票是由国家税务总局监制设计印制的，只限于增值税一般纳税人领购使用的，既作为纳税人反映经济活动的重要会计凭证又是兼记销货方纳税义务和购货方进项税额的合法证明；是增值税计算和管理中重要的决定性的合法的专用发票。增值税小规模纳税人和非增值税纳税人不得领购使用。

现时的增值税专用发票基本联次是三联：分别是记账联、抵扣联和发票联①。记账联，是销货方核算销售收入和增值税销项税额的记账凭证；发票联是购货方作付款的记账凭证，

① 从 2004 年起新印制的增值税专用发票取消了存根联。

也是购买方核算采购成本和增值税进项税额的记账凭证；抵扣联是购货方报送主管税务机关认证和留存备查的扣税凭证。

3. 发票票种核定。纳税人在申请领用发票之前需要到税务机关进行发票票种核定。已办理发票票种核定的纳税人，当前领用发票的种类、数量或者开具额度不能满足经营需要的，可以向主管税务机关申请调整。

需要报送的资料：

（1）《纳税人领用发票票种核定表》1 份。

（2）加载统一社会信用代码的营业执照或登记证件原件。

（3）发票专用章印模首次核定时提供。

（4）经办人身份证明原件。

（5）税务机关要求的其他资料。

注意：

1. 若办理的是电子发票只发放电子数据。增值税电子普通发票的开票方和受票方需要纸质发票的，可以自行打印增值税电子普通发票的版式文件，其法律效力、基本用途、基本使用规定等与税务机关监制的增值税普通发票相同。

2. 纳税人申请领用增值税专用发票，还需办理增值税专用发票（增值税税控系统）最高开票限额审批事项。

知识链接

对于增值税专用发票通常有两种称呼，以“十万元”为例，分为：“十万元版”和“限十万元版”。其中，“十万元版”不含税价款不得超过人民币一百万元，而“限十万元版”不含税价款不得超过人民币十万元。在日常工作中，要注意区分。

二、发票办理

（一）发票领购

纳税人首次办理领购发票的，属税务行政许可范围，需依据税务机关公示的要求，向主管税务机关提交如下材料：

1. “五证合一、一照一码”《营业执照》。
2. 财务专用章或发票专用章印模。
3. 经办人身份证原件及复印件。
4. 税务部门要求的其他材料。

后续发票领用，纳税人根据实际生产经营需要，在税务机关核定的范围内领用发票。需要报送的资料：

1. 经办人身份证明原件。
2. 《发票领用簿》。

3. 其他资料。

知识链接

1. 需要开具增值税专用发票的纳税人，还要进行增值税一般纳税人登记，经税务机关审批增值税专用发票最高开票限额后，领用增值税专用发票。已纳入增值税小规模纳税人自行开具增值税专用发票试点范围的纳税人，可以不办理增值税一般纳税人登记手续，经税务机关审批增值税专用发票最高开票限额后，领用增值税专用发票。

2. 非首次领用发票纳税人，应事前办理发票“2.1.7—030 发票验旧”事项。

3. 纳税人在每个申报期内首次领用发票前，需要完成纳税申报和报税清卡事项。

4. 纳税信用级别为A级的纳税人可一次领取不超过3个月的增值税发票用量，B级的纳税人可一次领取不超过2个月的增值税发票用量。上述纳税人2年内有涉税违法行为、移交司法机关处理记录，或者正在接受税务机关立案稽查的，不适用本条。

5. 纳税信用级别为A级的纳税人按需核定其普通发票用量。

6. 纳税信用级别为D级的，增值税专用发票领用按辅导期一般纳税人政策办理，增值税普通发票领用实行交（验）旧供新、严格限量供应。

7. 辅导期纳税人一个月内多次领用专用发票的，应从当月第二次领用专用发票起，按照上一次已领用并开具的专用发票销售额的3%预缴增值税。

8. 通过电子税务局申领发票的纳税人需要开通网上办税服务功能，经办人须经单位在网上办税平台授权。

9. 纳税信用等级A级、B级纳税人，以及税务局确定的税收风险等级低、尚未评级的纳税人（不包括新办小型商贸企业），可自愿选择使用网上申领方式领用增值税发票。

（二）发票验旧

纳税人领用新发票时，应当将已开具发票的相关信息通过电子或纸质方式，报送税务机关查验。即将已开具发票存根联（记账联）（已上传电子信息的不需要）。纳税人开具发票作废的，验旧时应提供全部联次，查验后原件退还。

（三）发票缴销

纳税人发生清税注销或发票换版、损毁等情况的，应当到税务机关缴销空白纸质发票。提供《发票领用簿》及需缴销的空白发票。

（四）发票认证

纳税人取得增值税专用发票或机动车销售统一发票的，应自开具之日起360天内进行认证，对发票信息进行识别、确认。提供增值税专用发票或者机动车销售统一发票的抵扣联原件及其他资料进行发票认证。

注意：

1. 纳税人对认证通过的发票在次月申报抵扣。

2. 纳税人初次购买增值税税控系统专用设备及其缴纳的技术维护费用在增值税应纳税额中全额抵减的，其取得的增值税专用发票不作为增值税抵扣凭证，无须认证。

3. 纳税信用级别为A、B、M、C级别的纳税人，可通过增值税发票选择确认平台选择抵扣，不再进行扫描认证。纳税人通过增值税发票选择确认平台未查询到对应发票信息的，可到税务机关认证。

（五）海关完税凭证数据报送

纳税人取得属于增值税扣税范围的海关进口增值税专用缴款书，自开具之日起360天内向税务机关报送《海关完税凭证抵扣清单》（电子数据），申请稽核比对，经税务机关稽核比对相符后，其增值税额作为进项税额在销项税额中抵扣。提供《海关完税凭证抵扣清单》（电子数据）1份及其他税务部门要求的资料。

三、发票的开具

（一）发票的开具规定

1. 必须在发生经济业务并确认营业收入时，才能开具发票；没有发生经济业务的，一律不得开具发票。

2. 纳税人不得转借、转让发票、介绍他人转让发票、发票监制章和发票防伪专用品。

3. 纳税人不得虚开发票，未经税务机关批准，不得拆本使用发票。

4. 发票限于纳税人在本省、自治区、直辖市内范围内开具，不得自行扩大专用发票的使用范围。除国务院税务主管部门规定的特殊情形外，任何单位和个人不得跨规定的使用区域携带、邮寄、运输空白发票。禁止携带、邮寄或者运输空白发票出入境。

5. 不得以其他凭证代替发票使用。销售商品、提供服务以及从事其他经营活动的单位和个人，对外发生经营业务收取款项，收款方应向付款方开具发票；特殊情况下由付款方向收款方开具发票。

知识链接

特殊情况下由付款方向收款方开具发票，是指下列情况：

1. 收购单位和扣缴义务人支付个人款项时。

2. 国家税务总局认为其他需要由付款方向收款方开具发票的。

（二）发票开具的技术要求

在实际填写发票时，应当按照规定的时限、顺序，逐栏、全部联次一次性如实填开，即必须做到按号码顺序填开。填写项目要齐全、内容要真实、字迹清楚、打印、内容要完全一致。同时，在发票联或抵扣联加盖发票专用章。开具发票应当使用中文。民族自治地方可以同时使用当地通用的一种民族文字。

知识链接

任何单位和个人不得有下列虚开发票行为：

（1）为他人、为自己开具与实际经营业务情况不符的发票；

（2）让他人为自己开具与实际经营业务情况不符的发票；

（3）介绍他人开具与实际经营业务情况不符的发票。

（三）代开发票①

部分小规模纳税人需要开具增值税专用发票、不具开票资格的纳税人需要开具普通发票、需要临时使用发票的单位和个人，可以凭购销商品、提供或者接受服务以及从事其他经营活动的书面证明、经办人身份证明，直接向经营地税务机关申请代开发票。依照税收法律、行政法规规定应当缴纳税款的，税务机关应当先征收税款，再开具发票。税务机关根据发票管理的需要，可以按照国务院税务主管部门的规定委托其他单位代开发票。禁止非法代开发票。

到税务机关代开普通发票必须提供的证明资料：

1.《代开发票申请表》（表格由税务机关提供，申请人填写）。

2. 申请代开普通发票的单位经办人、个人（收款方）的合法身份证件（原件及复印件）。

3. 付款方（或接受劳务服务方）对所购物品（或接受劳务服务的项目）出具的书面确认证明（个人小额销售货物或应税劳务收入在200元以下的除外）。书面证明必须载明收款方经营行为（或劳务服务）发生的地点、货物品名（或劳务服务项目）、单价、数量、金额以及单位名称、地址、联系电话和联系人等内容，并加盖单位公章（付款方为个人的，以签章确认）。

知识拓展

其他情况提供的证明资料：

1. 自产自销的免税农产品，须提供农产品产地村委会（或居委会）出具的“自产自销证明”。“自产自销证明”必须载明农产品种植（养殖）的品种、面积、数量、金额等内容。

2. 申请代开普通发票金额较大的，每次在5万元以上（含5万元），应提供进货发票（原件及复印件）或当次经营活动相关的购销合同（原件和复印件）。

知识链接

这七类小规模纳税人可以自开专票

1. 住宿业（2016年11月4日起试点）

《国家税务总局关于在境外提供建筑服务等有关问题的公告》（国家税务总局

① 电子资料：http：//www.tax.sh.gov.cn/pub/SY/zcjd/jdxq/201802/t20180208_436482.html。

〔2016〕69号公告）规定：月销售额超过3万元（或季销售额超过9万元）的住宿业小规模纳税人提供住宿服务、销售货物或发生其他应税行为，需要开具增值税专用发票的，可以通过增值税发票管理新系统自行开具，主管国税机关不再为其代开。

2. 鉴证咨询业（2017年3月1日起试点）

《国家税务总局关于开展鉴证咨询业增值税小规模纳税人自开增值税专用发票试点工作有关事项的公告》（国家税务总局〔2017〕4号公告）指出：全国范围内月销售额超过3万元（或季销售额超过9万元）的鉴证咨询业增值税小规模纳税人（以下简称“试点纳税人”）提供认证服务、鉴证服务、咨询服务、销售货物或发生其他增值税应税行为，需要开具专用发票的，可以通过增值税发票管理新系统自行开具，主管国税机关不再为其代开。

3. 建筑业（2017年6月1日起试点）

《国家税务总局关于进一步明确营改增有关征管问题的公告》（国家税务总局〔2017〕11号公告）指出：月销售额超过3万元（或季销售额超过9万元）的建筑业增值税小规模纳税人（以下称“自开发票试点纳税人”）提供建筑服务、销售货物或发生其他增值税应税行为，需要开具增值税专用发票的，通过增值税发票管理新系统自行开具。

4. 工业、信息传输业、软件业、信息技术服务业（2018年2月1日起试点）

《国家税务总局关于增值税发票管理若干事项的公告》（国家税务总局〔2017〕45号公告）指出：自2018年2月1日起，月销售额超过3万元（或季销售额超过9万元）的工业以及信息传输、软件和信息技术服务业增值税小规模纳税人（以下简称试点纳税人）发生增值税应税行为，需要开具增值税专用发票的，可以通过增值税发票管理新系统自行开具。

提醒：

（1）纳税人销售其取得的不动产，需要开具增值税专用发票的，仍应当按照有关规定向地税机关申请代开。

（2）符合条件的小规模纳税人可以选择自行开具增值税专用发票或向国税机关申请代开，并不是强制而是可选择。

（3）已经选择自开专票的小规模纳税人发生除销售其取得的不动产以外的其他增值税应税行为国税机关不再为其代开。

（4）纳税人应当在规定的纳税申报期内将所开具的增值税专用发票所涉及的税款，向主管税务机关申报缴纳。在填写增值税纳税申报表时，应当将当期开具增值税专用发票的销售额，按照3%和5%的征收率，分别填写在《增值税纳税申报表》（小规模纳税人适用）第2栏和第5栏“税务机关代开的增值税专用发票不含税销售额”的“本期数”相应栏次中。

（四）其他规定

所有单位和从事生产、经营活动的个人在购买商品、接受服务以及从事其他经营活动支付款项时，应当向收款方取得发票。取得发票时，不得要求变更品名和金额。不符合规定的发票，不得作为财务报销凭证，任何单位和个人有权拒收。

向消费者个人零售小额商品或者提供零星服务的，是否可免予逐笔开具发票，由省税务机关确定。

知识链接

开具发票后，如发生销货退回需开红字发票的，必须收回原发票并注明“作废”字样或取得对方有效证明。

开具发票后，如发生销售折让的，必须在收回原发票并注明“作废”字样后重新开具销售发票或取得对方有效证明后开具红字发票。

3 第三单元 增值税核算

学习目标

- □ 了解增值税法的相关知识，能正确进行增值税的计算
- □ 掌握增值税进项税额与销项税额的计算和会计处理
- □ 会填制企业增值税的纳税申报表并缴纳税款

知识准备

自2012年1月1日至2016年5月1日，历时四年多的营业税改征增值税的税制改革落下帷幕。增值税实现了对货物和服务的全覆盖，基本消除了重复征税，打通了增值税抵扣链条，促进了社会分工协作，有力地支持了服务业的发展和制造业的转型升级。

增值税是对商品生产、流通、劳务服务中多个环节的新增价值或商品的附加值征收的一种流转税。

一、增值税的特点

1. 不重复征税。只对销售额中本企业新创造的、未征过税的价值征税，在理论上不存在重复征税的问题。但由于各国采用的增值税类型不同，有的尚存在部分重复征税的问题。

2. 既普遍征收，又多环节征收。

3. 同种产品，最终售价相同，税负相同。

知识拓展

增值税的类型

增值税以增值额为征税对象，由于理论上对增值额的理解不同，实践中对法定扣除项目的规定不同，因而形成了不同类型的增值税。

1. 生产型增值税。是指征税时不允许扣除外购固定资产价值中所含的增值税税款。

2. 收入型增值税。对外购固定资产价值中所含的税款，在购入时不允许一次性全

部扣除，只允许扣除当期其折旧部分所含的增值税税款，也即以销售收入额减去其耗用的外购商品或劳务金额以及固定资产折旧后余额作为计税依据。

3. 消费型增值税。是指征税时，允许将外购固定资产价值中所含的增值税税款，在购入的当期一次性全部扣除，即以销售收入减去耗用的外购商品及劳务以及本期购置的固定资产价值后为计税依据。具有刺激投资、加速设备更新，提高有机构成的作用。

我国从1994年税制改革以来，一直实行的是生产型增值税，从2009年1月1日起，我国新的增值税法进行了增值税的转型，即由生产型增值税转变为消费型增值税。

二、增值税的纳税人和扣缴义务人

（一）增值税纳税“人”的确定

1. 在中华人民共和国境内销售货物或者提供加工、修理修配劳务和应税服务以及进口货物的单位和个人。

2. 在中华人民共和国境内销售服务、无形资产或者不动产的单位和个人。

知识链接

纳税人中的“单位”是指企业、行政单位、事业单位、军事单位、社会团体及其他单位。纳税人中的“个人”是指个体工商户和其他个人。另外，还规定了扣缴义务人。境外单位或个人在境内销售货物或提供应税劳务，在境内未设有经营机构的，其应纳税款以代理人为扣缴义务人；没有代理人的以购买者为扣缴义务人。

3. 单位以承包、承租、挂靠方式经营的，承包人、承租人、挂靠人（以下统称承包人）以发包人、出租人、被挂靠人（以下统称发包人）名义对外经营并由发包人承担相关法律责任的，以该发包人为纳税人。否则，以承包人为纳税人。如图3－1所示。

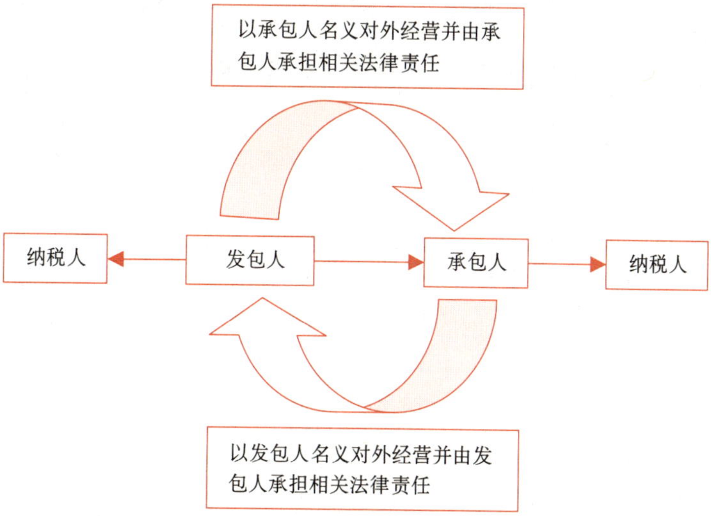

图3－1

4. 两个或者两个以上的纳税人，经财政部和国家税务总局批准可以视为一个纳税人合并纳税。

（二）增值税纳税人“类型”的确定

增值税的纳税人按认定标准可分为两类：一类是一般纳税人；另一类是小规模纳税人。

1. 划分依据。基本依据是纳税人的会计核算是否健全，是否能够提供准确的税务资料以及企业规模的大小（以年销售额为依据）。

2. 划分标准。一是纳税人年应税销售额的大小；二是会计核算水平。一般纳税人和小规模纳税人划分的具体标准如表 3－1 所示。

表 3－1　　一般纳税人和小规模纳税人划分表

		具体规定
认定标准	年销售额大小	自 2018 年 5 月 1 日起，小规模纳税人标准为年应征增值税销售额 500 万元及以下［应税服务年销售额＝连续不超过 12 个月应税服务营业额合计÷（1＋3%）］ 上述年应税销售额，包括纳税申报销售额、稽查查补销售额、纳税评估调整销售额、税务机关代开发票销售额和免税销售额。经营期是指在纳税人存续期内的连续经营期间，含未取得销售收入的月份
	会计核算水平	（1）有固定的生产经营场所 （2）能够按照国家统一的会计制度规定设置账簿，根据合法、有效凭证核算，能够提供准确税务资料

未超过规定标准的纳税人会计核算健全，能够提供准确税务资料的，也可以向主管税务机关申请一般纳税人资格认定，成为一般纳税人。已登记为增值税一般纳税人的单位和个人，在 2018 年 12 月 31 日前，可转登记为小规模纳税人，其未抵扣的进项税额作进项税额转出处理。

3. 特殊划分标准。

（1）年应税销售额超过规定标准的除个体工商户以外的其他个人不属于一般纳税人，按小规模纳税人纳税。

（2）年应税销售额超过规定标准、但不经常提供应税行为的个体工商户可选择按照小规模纳税人纳税。

（3）非企业性单位、不经常发生应税行为的企业可选择按小规模纳税人纳税。

下列纳税人不办理一般纳税人资格认定：

（1）个体工商户以外的其他个人（指自然人）；

（2）选择按照小规模纳税人纳税的个体工商户；

（3）选择按照小规模纳税人纳税的非企业性单位（指行政单位、事业单位、军事单位、社会团体和其他单位）；

（4）选择按照小规模纳税人纳税的不经常发生应税行为的企业（指偶然发生增值税应税行为的非增值税纳税人）。

4. 增值税纳税人登记。

（1）增值税一般纳税人登记。纳税人在连续不超过 12 个月（或 4 个季度）的经营期内年应征增值税销售额超过 500 万元规定标准的，除特殊情形外，应在年应税销售额超过规定标准的月份（或季度）的所属申报期结束后 15 日内按照规定当向其机构所在地主管税务机关办理一般纳税人登记手续。年应征增值税销售额未超过 500 万元规定标准的纳税人，会计核算健全，能够提供准确税务资料的，可以向机构所在地主管税务机关办理一般纳税人登记。同时提交《增值税一般纳税人登记表》1 份、加载统一社会信用代码的营业执照或登记证件 1 份。

知识拓展

1. 年应税销售额，是指纳税人在连续 12 个月或四个季度的经营期内累计应征增值税销售额，包括纳税申报销售额、稽查查补销售额、纳税评估调整销售额。“纳税申报销售额”是指纳税人自行申报的全部应征增值税销售额，其中包括免税销售额和税务机关代开发票销售额。“稽查查补销售额”和“纳税评估调整销售额”计入查补税款申报当月（或当季）的销售额，不计入税款所属期销售额。

2. 纳税人在年应税销售额超过规定标准的月份（或季度）的所属申报期结束后 15 日内按照规定办理相关手续（年应税销售额超过规定标准的纳税人，按照政策规定，选择按照小规模纳税人纳税的，应当向主管税务机关提交书面说明）。未按规定时限办理的，主管税务机关应当在规定时限结束后 5 日内制作《税务事项通知书》，告知纳税人应当在 5 日内向主管税务机关办理相关手续；逾期仍不办理的，次月起按销售额依照增值税税率计算应纳税额，不得抵扣进项税额，直至纳税人办理相关手续为止。

3. 下列纳税人不办理增值税一般纳税人资格登记：

（1）按照政策规定，选择按照小规模纳税人纳税的；

（2）应税销售额超过规定标准的自然人。

4. 纳税人登记为一般纳税人后，不得转为小规模纳税人，国家税务总局另有规定的除外。

5. 税务机关反馈的《增值税一般纳税人登记表》可以作为纳税人成为增值税一般纳税人的凭据。

（2）增值税小规模纳税人登记。选择按增值税小规模纳税人纳税是指年应征增值税销售额超 500 万元规定标准且不经常发生销售货物、提供加工修理修配劳务和销售服务、无形资产、不动产的单位和个体工商户，可选择按照小规模纳税人纳税。提供选择按小规模纳税人纳税的情况说明一式 2 份。

知识拓展

1. 年应征增值税销售额超过 500 万元规定标准的自然人按小规模纳税人纳税。

2. 非企业性单位、不经常发生应税行为的企业可选择按小规模纳税人纳税。

3. 纳税人选择按小规模纳税人纳税的，在申报期结束后 15 个工作日内办理。

（三）增值税扣缴义务人的确定

中华人民共和国境外的单位或者个人在境内产生应税行为，在境内设有经营机构的，应以其设立的经营机构为纳税义务人。如果未设经营机构的，应按照以下规定确定扣缴义务人。

1. 在境内未设有经营机构的，以其代理人为增值税扣缴义务人；

2. 在境内没有代理人的，以接受方为增值税扣缴义务人。

（四）小规模纳税人的管理

小规模纳税人实行简易办法征收增值税，一般不得使用增值税专用发票。

三、征税范围

“营改增”前，增值税的征税范围包括在中华人民共和国境内销售货物或提供应税劳务以及进口货物。“营改增”后，凡在中华人民共和国境内销售服务、无形资产或者不动产也应缴纳增值税。增值税的征税范围覆盖了货物与服务。

（一）境内销售货物

境内销售货物的“境内”，是指所销售的货物起运地或所在地在中国境内。

境内销售货物的“销售”，是指有偿转让货物的所有权。即从购买方取得货币、货物或者其他经济利益。

境内销售货物的“货物”，是指有形动产，包括电力、热力和气体等。

对于某些不符合有偿转让货物所有权的移送货物行为，应视同销售货物缴纳增值税。视同销售货物的行为有以下 10 项：

1. 将货物交与他人代销；

2. 销售代销货物；

3. 设有两个以上机构并实行统一核算的纳税人，将货物从一个机构移送其他机构用于销售，但相关机构在同一县（市）的除外；

4. 将自产或委托加工的货物用于非应税项目；

5. 将自产或委托加工的货物用于集体福利和个人消费；

6. 将自产、委托加工或购买的货物作为投资提供给其他单位或个体户；

7. 将自产、委托加工或购买的货物分配给股东或投资者；

8. 将自产、委托加工或购买的货物捐赠给其他单位或个人；

9. 单位和个体工商户向其他单位或个人无偿提供应税服务，但以公益活动为目的或者以社会公众为对象的除外；

10. 财政部规定的其他情形。

（二）境内提供加工、修理修配劳务

境内提供加工、修理修配劳务中的“境内”，是指所提供的应税劳务发生在境内。

境内提供加工、修理修配劳务中的“加工”，是指受托加工货物，即由委托方提供原材料及主要材料，受托方按照委托方的要求制造货物并收取加工费的业务。

境内提供加工、修理修配劳务中的“修理修配”，是指受托对损伤或者丧失功能的货物进行修复，使其恢复原状和功能的业务。但单位或个体经营者聘用的员工为本单位或雇主提供的加工、修理修配劳务不包括在内。

（三）进口货物

进口货物是指申报进入中国关境内的货物。

（四）境内销售服务

境内销售服务中的“境内”，是指除了不动产租赁以外的服务的销售方或购买方在境内；租赁的不动产在境内。

境内销售服务中的“服务”，是指交通运输服务、邮政服务、电信服务、建筑服务、金融保险服务、现代服务（研发和技术服务、信息技术服务、文化创意服务、物流辅助服务、租赁服务、鉴证咨询服务、广播电视服务、商务辅助服务等）、生活服务（文化体育服务、教育医疗服务、旅游娱乐服务、餐饮住宿服务、居民日常服务等）。

（五）境内销售无形资产或者不动产

境内销售无形资产或不动产中的“境内”，是指除自然资源使用权以外的无形资产的销售方或者购买方在境内；销售的不动产在境内。

境内销售无形资产或者不动产中的“销售”，对无形资产而言，是指有偿转让无形资产的使用权或所有权；对于不动产而言，则是指有偿转让不动产的所有权。

境内销售无形资产或者不动产中的“无形资产”，包括专利或非专利技术；商标权；著作权；土地使用权、采矿权、海域使用权等自然资源使用权；特许经营权、肖像权、冠名权等其他权益性无形资产。

境内销售无形资产或者不动产中的“不动产”，包括建筑物和构筑物。建筑物是指住宅、商业营业用房、办公楼等可供居住、工作或者进行其他活动。构筑物是指桥梁、道路、水坝等不能移动或者移动后会引起性质、形状改变的财产。

转让建筑物有限产权或永久产权，转让在建的不动产所有权，以及在转让不动产时一并转让其所占土地的使用权的，按照销售不动产缴纳增值税。

无偿赠送无形资产或者不动产的行为，应视同销售，缴纳增值税。

四、增值税的税率和征收率

（一）税率

增值税一般纳税人发生应税行为，应按照适用税率计算缴纳增值税。一般纳税人增值税税率共分四档：13%、9%、6%和0%。一般纳税人的税目税率如表3－2、表3－3所示。

表3－2　　一般纳税人增值税税率表（2019年4月1日执行）

类别	应税行为	增值税税率
销售货物	销售或进口货物（另有列举的货物除外）	13%
	出口货物（国务院另有规定除外）	0
	（1）农业产品、食用植物油 （2）自来水、暖气、冷气、热水、煤气、石油液化气、天然气、沼气、居民用煤炭制品 （3）图书、报纸、杂志 （4）饲料、化肥、农药、农机、农膜 （5）国务院规定的其他货物 ①音像制品；②电子出版物；③食用盐；④二甲醚	9%

续表

类别	应税行为		增值税税率
提供加工、修理修配劳务			13%
销售服务	交通运输服务	陆路运输、水路运输、航空运输、管道运输等服务	9%
	邮政服务		9%
	电信服务	基础电信服务	9%
		增值电信服务	6%
	建筑服务	工程、安装、修缮、装饰和其他服务	9%
	金融服务	贷款、直接收费、保险、金融商品转让服务	6%
	现代服务	研发和技术 信息技术服务 文化创意服务 物流辅助服务 鉴证咨询服务 广播影视服务 商务辅助服务 其他现代服务	6%
		有形动产（融资、经营）租赁服务	13%
		不动产（融资、经营）租赁服务	9%
	生活服务	文化体育服务、教育医疗服务、旅游娱乐服务、餐饮住宿服务、居民日常服务、其他生活服务	6%
销售无形资产	技术	专利技术	
		非专利技术	
	商标权		
	著作权		
	商誉		
	其他权益性无形资产	基础设施资产经营权、公共事业特许权、配额、经营权（特许、连锁、其他）、经销权、分销权、代理权、会员权、席位权、网络游戏虚拟道具、域名、名称权、肖像权、冠名权、转会费等	
	自然资源使用权	海域使用权	
		探矿权	
		采矿权	
		取水权	
		其他自然资源使用权	9%
销售不动产	建筑物	土地使用权	9%
	构筑物		

知识拓展

表 3－3　　其他增值税零税率项目表

序号	税目	税率（%）
1	在境内载运旅客或者货物出境	0
2	在境外载运旅客或者货物入境	0
3	在境外载运旅客或者货物	0
4	航天运输服务	0
5	向境外单位提供的完全在境外消费的研发服务	0
6	向境外单位提供的完全在境外消费的合同能源管理服务	0
7	向境外单位提供的完全在境外消费的设计服务	0
8	向境外单位提供的完全在境外消费的广播影视节目（作品）的制作和发行服务	0
9	向境外单位提供的完全在境外消费的软件服务	0
10	向境外单位提供的完全在境外消费的电路设计及测试服务	0
11	向境外单位提供的完全在境外消费的信息系统服务	0
12	向境外单位提供的完全在境外消费的业务流程管理服务	0
13	向境外单位提供的完全在境外消费的离岸服务外包业务	0
14	向境外单位提供的完全在境外消费的转让技术	0
15	财政部和国家税务总局规定的其他服务	0

（二）征收率（简易计税）

增值税小规模纳税人采用3%、5%的征收率。适用征收率5%特殊情况主要有销售不动产、不动产租赁、转让土地使用权、提供劳务派遣服务、安全保护服务选择差额纳税的等。按照简易办法征收增值税的其他规定如表3－4和表3－5所示。

知识拓展

两种特殊情况：

1. 个人出租住房，按照5%的征收率减按1.5%计算应纳税额。

应纳税额＝(含税销售额－可扣除金额)÷(1＋5%)×1.5%

2. 销售自己使用过的固定资产、旧货，按照3%征收率减按2%征收。

计税公式：销售额＝含税销售额÷(1＋3%)

　　　　　应纳税额＝销售额×2%

表3－4　　小规模纳税人征收率的其他规定表

特殊征收率		计算公式及适用情况	注意事项
小规模纳税人或个人适用	减按2%征收率征收	1. 小规模纳税人（除其他个人外，下同）销售自己使用过的固定资产 2. 小规模纳税人销售旧货。旧货，是指进入二次流通的具有部分使用价值的货物（含旧汽车、旧摩托车和旧游艇），但不包括自己使用过的物品	小规模纳税人销售自己使用过的除固定资产以外的物品，应按3%的征收率征收增值税
	征收率5%	1. 销售不动产 2. 销售其自建的不动产。房地产开发企业中的小规模纳税人，销售自行开发的房地产项目 3. 出租不动产 4. 个人转让其购买的住房	小规模纳税人销售其取得（不含自建）的不动产（不含个体工商户销售购买的住房和其他个人销售不动产），应以取得的全部价款和价外费用减去该项不动产购置原价或者取得不动产时的作价后的余额为销售额计税
		劳务派遣服务（含安保服务）。小规模纳税人提供劳务派遣服务，可以按照差额纳税，以取得的全部价款和价外费用，扣除代用工单位支付给劳务派遣员工的工资、福利和为其办理社会保险及住房公积金后的余额为销售额，按照简易计税方法依5%的征收率计算缴纳增值税	选择差额纳税的纳税人，向用工单位收取用于支付给劳务派遣员工工资、福利和为其办理社会保险及住房公积金的费用，不得开具增值税专用发票，可以开具普通发票

表3－5　　一般纳税人征收率的其他规定表

征收率	适用情况	注意事项
3%征收率减按2%征收	1. 2008年12月31日以前未纳入扩大增值税抵扣范围试点的纳税人，销售自己使用过的2008年12月31日以前购进或者自制的固定资产 2. 2008年12月31日以前已纳入扩大增值税抵扣范围试点的纳税人，销售自己使用过的在本地区扩大增值税抵扣范围试点以前购进或者自制的固定资产 3. 销售自己使用过的属于条例第十条规定不得抵扣且未抵扣进项税额的固定资产 4. 纳税人购进或者自制固定资产时为小规模纳税人，认定为一般纳税人后销售该固定资产 5. 一般纳税人销售自己使用过的、纳入营改增试点之日前取得的固定资产 以上销售自己使用过的固定资产，适用简易办法依照3%征收率减按2%征收增值税政策的，可以放弃减税，按照简易办法依照3%征收率缴纳增值税，并可以开具增值税专用发票 6. 纳税人销售旧货	应开具普通发票
3%征收率计税	1. 销售自产的用微生物、微生物代谢产物、动物毒素、人或动物的血液或组织制成的生物制品 2. 寄售商店代销寄售物品（包括居民个人寄售的物品在内） 3. 典当业销售死当物品 4. 销售自产的县级及县级以下小型水力发电单位生产的电力 5. 销售自产的自来水 6. 销售自产的建筑用和生产建筑材料所用的砂、土、石料	可自行开具增值税专用发票

续表

征收率	适用情况	注意事项
3%征收率计税	7. 销售自产的以自己采掘的砂、土、石料或其他矿物连续生产的砖、瓦、石灰（不含粘土实心砖、瓦） 8. 销售自产的商品混凝土（仅限于以水泥为原料生产的水泥混凝土） 9. 单采血浆站销售非临床用人体血液 10. 药品经营企业销售生物制品，兽用药品经营企业销售兽用生物制品，销售抗癌罕见病药品 11. 提供物业管理服务的纳税人，向服务接受方收取的自来水水费，以扣除其对外支付的自来水水费后的余额为销售额，按照简易计税方法依3%的征收率计算缴纳增值税 12. 经认定的动漫企业为开发动漫产品提供的服务，以及在境内转让动漫版权 13. 提供城市电影放映服务 14. 路经营企业收取试点前开工的高速公路的车辆通行费 15. 提供非学历教育服务 16. 提供教育辅助服务 17. 公共交通运输服务。包括轮客渡、公交客运、地铁、城市轻轨、出租车、长途客运、班车 18. 电影放映服务、仓储服务、装卸搬运服务、收派服务和文化体育服务（含纳税人在游览场所经营索道、摆渡车、电瓶车、游船等取得的收入） 19. 以纳入营改增试点之日前取得的有形动产为标的物提供的经营租赁服务 20. 纳入营改增试点之日前签订的尚未执行完毕的有形动产租赁合同 21. 以清包工方式提供、为甲供工程提供的、为建筑工程老项目提供的建筑服务 22. 建筑工程总承包单位为房屋建筑的地基与基础、主体结构提供工程服务，建设单位自行采购全部或部分钢材、混凝土、砌体材料、预制构件的，适用简易计税方法计税（不是可选择） 23. 一般纳税人销售电梯的同时提供安装服务，其安装服务可以按照甲供工程选择适用简易计税方法计税 24. 一般纳税人销售自产机器设备的同时提供安装服务，应分别核算机器设备和安装服务的销售额，安装服务可以按照甲供工程选择适用简易计税方法计税 25. 一般纳税人销售外购机器设备的同时提供安装服务，如果已经按照兼营的有关规定，分别核算机器设备和安装服务的销售额，安装服务可以按照甲供工程选择适用简易计税方法计税 26. 对中国农业银行纳入“三农金融事业部”改革试点的各省、自治区、直辖市、计划单列市分行下辖的县域支行和新疆生产建设兵团分行下辖的县域支行（也称县事业部），提供农户贷款、农村企业和农村各类组织贷款取得的利息收入 27. 资管产品管理人运营资管产品过程中发生的增值税应税行为，暂适用简易计税方法的 28. 非企业性单位中的一般纳税人提供的研发和技术服务、信息技术服务、鉴证咨询服务，以及销售技术、著作权等无形资产 29. 非企业性单位中的一般纳税人提供技术转让、技术开发和与之相关的技术咨询、技术服务 30. 中国农业发展银行总行及其各分支机构提供涉农贷款取得的利息收入 31. 农村信用社、村镇银行、农村资金互助社、由银行业机构全资发起设立的贷款公司、法人机构在县（县级市、区、旗）及县以下地区的农村合作银行和农村商业银行提供金融服务收入	可自行开具增值税专用发票

续表

征收率	适用情况	注意事项
可选择按照5%征收率计税	1. 出租、销售2016年4月30日前取得的不动产 2. 提供劳务派遣服务、安全保护服务（含提供武装守护押运服务）选择差额纳税的 3. 收取试点前开工的一级公路、二级公路、桥、闸通行费 4. 提供人力资源外包服务 5. 转让2016年4月30日前取得的土地使用权，以取得的全部价款和价外费用减去取得该土地使用权的原价后的余额为销售额 6. 2016年4月30日前签订的不动产融资租赁合同 7. 以2016年4月30日前取得的不动产提供的融资租赁服务 8. 房地产开发企业出租、销售自行开发的房地产老项目	可自行开具增值税专用发票

（三）预征率

预征率，就是“预征”适用的“税率”，比如按照现行规定应在建筑服务发生地预缴增值税的项目，纳税人收到预收款时在建筑服务发生地预缴增值税。按照现行规定无须在建筑服务发生地预缴增值税的项目，纳税人收到预收款时在机构所在地预缴增值税。预征率有三档：2%、3%和5%（见表3－6）。

表3－6　增值税预征率表

序号	税目	预征率	
		一般计税	简易计税
1	销售建筑服务	2%	3%
2	销售自行开发房地产	3%	3%
3	不动产经营租赁（其中个体工商户和其他个人出租住房按照5%征收率减按1.5%计算）	3%	5%
4	销售不动产	5%	5%

注意：换算成不含税价时，分母为税率或征收率，而不是预征率。如纳税人出租不动产适用一般计税方法计税的：应预缴税款＝含税销售额÷（1＋9%）×预征率3%。

（四）增值税扣除率

1. 纳税人购进农产品，适用9%扣除率。

2. 纳税人购进用于生产或者委托加工13%税率货物的农产品，按照10%的扣除率计算进项税额（见表3－7）。

表3－7　一般纳税人增值税适用扣除率表

序号	税目	增值税扣除率
1	购进农产品（除以下两项外）	9%的扣除率计算进项税额
2	购进用于生产销售或委托加工13%税率货物的农产品	10%的扣除率计算进项税额

五、纳税义务发生时间

增值税纳税人的纳税义务发生时间为发生应税行为并收讫销售款项或者取得索取销售款

项凭据的当天；先开具发票的，为开具发票的当天。收讫销售款项，是指纳税人销售或进口货物，提供加工、修理修配劳务以及销售服务、无形资产、不动产的过程中或完成后收到的款项。取得索取销售款项凭据的当天，是指书面合同确定的付款日期；未签订书面合同或书面合同未确定付款日期的，为应税行为完成的当天或权属变更的当天。

纳税义务发生时间中针对一些特殊的应税行为，有特殊的规定。

1. 视同销售货物行为与纳税义务发生的时间见表3－8。

表3－8　视同销售货物行为与纳税义务的发生时间

视同销售货物行为	纳税义务发生时间
（1）将货物交与他人代销	收到代销清单的当天
（2）销售代销货物	收到代销款或取得索取销售款凭证的当天
（3）设有两个以上机构并实行统一核算的纳税人，将货物从一个机构移送其他机构用于销售，但相关机构在同一县（市）的除外	货物移送的当天
（4）将自产或委托加工的货物用于非应税项目 （5）将自产或委托加工的货物用于集体福利和个人消费 （6）将自产、委托加工或购买的货物作为投资提供给其他单位或个体户 （7）将自产、委托加工或购买的货物分配给股东或投资者 （8）将自产、委托加工或购买的货物捐赠给其他单位或个人	货物移送的当天

2. 采取预收款方式提供建筑服务、租赁服务。纳税人提供建筑服务、租赁服务采取预收款方式的，其纳税义务发生的时间为收到预收的当天。除提供建筑服务、租赁服务采取预收款方式外，在发生应税行为之前收到的款项，不能按该收到款项的时间作为纳税义务发生时间。

3. 转让金融商品。纳税人从事金融商品转让的，其纳税义务发生时间为金融商品所有权转移的当天。

4. 无偿提供服务或无偿转让无形资产、不动产。单位或者个人向其他单位或者个人无偿提供服务或者无偿转让无形资产或者不动产，但用于公益事业或者以社会公众为对象的除外，其纳税义务发生时间为服务、无形资产转让完成的当天或者不动产权属变更的当天。

5. 增值税扣缴义务发生时间为纳税人增值税纳税义务发生的当天。

六、增值税的优惠政策

（一）免税规定

免税是指对货物或应税劳务在本生产环节的应纳税额全部免缴增值税。免税只是免征本环节的应纳税额。对货物在以前生产流通环节所缴纳的税款不予退还，因此，免税货物仍然负担一定的增值税，即进项税额。按规定，下列项目免征增值税：

农业生产者销售的自产农业产品；古旧图书；直接用于科学研究、科学试验和教学的进口仪器、设备；由残疾人组织直接进口残疾人专用的物品；销售自己使用过的物品；外国政府、国际组织无偿援助的进口物资与设备；来料加工、来件装配和补偿贸易所需进口的设备等。

根据财政部、税务总局、国务院扶贫办公告2019年第55号《关于扶贫货物捐赠免征增值税政策的公告》，自2019年1月1日至2022年12月31日，对单位或者个体工商户将自产、委托加工或购买的货物通过公益性社会组织、县级及以上人民政府及其组成部门和直属机构，或直接无偿捐赠给目标脱贫地区的单位和个人，免征增值税。

选一选

下列货物销售中，免征增值税的是（　　）。

A. 烟叶　　B. 古旧图书　　C. 图书　　D. 中药饮片

【答案】B

此外，纳税人销售下列自产货物免征增值税：再生水；以废旧轮胎生产的胶粉；轮胎翻新；用不低于30%的废渣生产的特定建筑产品；污水处理劳务等。

对于销售再生资源实现的增值税，实行先征后退办法。从2010年起，按50%的比例退回给纳税人。按季申请退税、数额较大的，也可按月申请。

境外捐赠人无偿向受赠人（经国务院主管部门批准成立的以人道、扶贫、慈善事业为宗旨的社会团体，国务院有关部门、省级政府）捐赠的直接用于扶贫、慈善事业的物资，免缴进口环节的增值税和关税。

纳税人发生应税行为适用免税、减税规定的，可以放弃免税、减税。放弃免税、减税后，36个月内不得再申请免税、减税。

纳税人发生应税行为同时适用免税和零税率规定的，优先适用零税率。

（二）起征点（适用范围限于个人）

个人发生应税行为的销售额未达到起征点的，免缴增值税，达到起征点的，全额计算缴纳增值税。起征点不适用于登记为一般纳税人的个体工商户。起征点的幅度规定如下：

1. 按期纳税的，为月销售额10万元，季销售额30万元（从2019年1月1日起）（含本数）；

2. 按次纳税的，为每次（日）销售额300～500元（含本数）；

小规模纳税人销售额低于10万元的，免征增值税。

知识拓展

纳税人以所有增值税应税销售行为（包括销售货物、劳务、服务、无形资产和不动产额）合并计算销售额，判断是否达到免税标准。同时，小规模纳税人在扣除本期发生的销售不动产的销售额后仍未超过10万元的，其销售货物、劳务、服务、无形资产取得的销售额，可享受小规模纳税人免税政策。

业务举例1　A小规模纳税人2019年1月销售货物4万元，提供服务3万元，销售不动产2万元。合计销售额为9（=4+3+2）万元，未超过10万元免税标准，因此，该纳税人销售货物、服务和不动产取得的销售额9万元，可享受小规模纳税人免税政策。

业务举例2 A小规模纳税人2019年1月销售货物4万元，提供服务3万元，销售不动产10万元。合计销售额为17（=4+3+10）万元，剔除销售不动产后的销售额为7（=4+3）万元，因此，该纳税人销售货物和服务相对应的销售额7万元可以享受小规模纳税人免税政策，销售不动产10万元应照章纳税。

七、增值税的纳税期限和纳税地点

（一）纳税期限

增值税的纳税期限分别为1日、3日、5日、10日、15日、1个月或1个季度。其中，以一季度为纳税期限的规定，适用于小规模纳税人、银行、财务公司、信托投资公司、信用社，以及财政部和国家税务总局规定的其他纳税人。以日为纳税期限的，自期满之日起5日内预缴税款，于次月1日起15日内申报缴纳并结清上月应纳税款；以月（季）为纳税期限的，自期满之日起15日内申报缴纳。进口货物以海关填发缴款书之日起15日内缴纳。不能按照固定期限纳税的，可以按次纳税。

（二）纳税地点

增值税因纳税人不同，其纳税地点也不同。

1. 固定业户，向其机构所在地或居住地的主管税务机关申报纳税。总机构和分支机构不在同一县（市）的，应当分别向各自所在地的主管税务机关申报纳税；经财政部和国家税务总局或者其授权的财政和税务机关批准，可以由总机构汇总向总机构所在地的主管税务机关申报纳税。

2. 非固定业户，向应税行为发生地的主管税务机关申报纳税；未向销售地或者劳务发生地的主管税务机关申报纳税的，由其机构所在地或者居住地的主管税务机关补征税款。

3. 其他个人提供建筑服务，销售或者租赁不动产，转让自然资源使用权，应向建筑服务发生地、不动产所在地、自然资源所在地主管税务机关申报纳税。

4. 进口货物，向报关地海关申报纳税。

5. 扣缴义务人，向其机构所在地或者居住地的主管税务机关申报缴纳其扣缴的税款。

任务一
计算小规模纳税人应纳税额

业务准备

小规模纳税人的计税方法适用简易计税法。简易计税方法的应纳税额，是指按照不含增值税的销售额和增值税征收率计算的增值税额，不得抵扣进项税额。应纳税额的计算公式为：

应纳税额 = 销售额 × 征收率

简易计税方法的销售额不包括其应纳税额，纳税人采用销售额和应纳税额合并定价方法的，按照下列公式将含增值税的销售额换算为不含增值税的销售额：

不含税销售额 = 含税销售额 ÷ (1 + 征收率)

小规模纳税人提供应税服务适用简易计税方法计税。其发生应税行为时，只能开具普通发货票，或者申请由主管税务机关代开增值税专用发票。其购进货物不论是否取得专用发票均不得抵扣进项税额。

一、小规模纳税人免税的确定

业务描述

2019 年 1 月 1 日开始前，小规模纳税人的月销售额低于 10 万元（含），免征增值税。

业务举例

某企业为小规模纳税人，主要从事汽车修理和装饰业务，2019 年 8 月提供汽车修理业务取得收入 103 000 元，该企业是否应缴纳增值税。

【解】该企业取得的收入为含增值税的收入，应换算为不含增值税的收入。

不含税收入 = 103 000 ÷ (1 + 3%) = 100 000（元）

该企业的月销售收入为 10 万元，不用缴纳增值税。

二、小规模纳税人应纳税额的计算

小规模纳税人跨县（市）提供建筑服务，应以取得的全部价款和价外费用扣除支付的分包款后的余额为销售额，按照 3% 的征收率计算应纳税额。

小规模纳税人销售其取得的不动产（不含个体工商户销售购买的住房和其他个人销售不动产），应以取得的全部价款和价外费用减去该项不动产购置原价或者取得不动产时的作价后的余额为销售额，按照 5% 的征收率计算应纳税额。

业务举例

某企业为增值税小规模纳税人，主要从事汽车修理和装饰业务。2018 年 9 月提供汽车修理业务取得收入 160 000 元，销售汽车装饰用品取得收入 15 000 元，租赁办公用房，取得租金收入 30 000 元。计算该企业当月应缴纳增值税。

【解】

小规模纳税人取得的收入为含增值税收入，需要进行换算：

销售货物、服务的不含税销售额 = (160 000 + 15 000) ÷ (1 + 3%)

= 169 902. 91（元）

租赁不动产的不含税销售额 = 30 000 ÷ (1 + 5%) = 28 571. 43（元）

应纳增值税税额 = 169 902. 91 × 3% + 28 571. 43 × 5% = 6 525. 60（元）

三、小规模纳税人，除其他个人外，销售自己使用过的物品应纳税额的计算

小规模纳税人销售使用过的物品或销售旧货的征收率，见表 3 - 9。

表 3－9

销售使用过的物品情形	征收率	应纳税额
固定资产	2%	含税销售额÷(1＋3%)×2%
旧货（经营旧货的小规模纳税人销售旧货）		
除固定资产外的物品	3%	含税销售额÷(1＋3%)×3%

个人销售使用过的物品，免征增值税。

业务举例

某企业为小规模纳税人，主要从事汽车修理和装饰业务。2019 年 8 月销售使用过的旧车，取得收入 50 000 元。计算该企业应缴纳的增值税。

【解】应纳增值税额＝50 000÷(1＋3%)×2%＝970. 87（元）

四、小规模纳税人购置税控收款机税款抵扣的计算

自 2004 年 12 月 1 日起，增值税小规模纳税人购置税控收款机，经主管税务机关审核批准后，可凭购进税控收款机取得的增值税专用发票，按照发票上注明的增值税税额，抵免当期应纳增值税税额，或者按照购进税控收款机取得的普通发票上注明的价款，依下列公式计算可抵免税额：

可抵免税额＝购置价款÷(1＋13%)×13%

当期应纳税额不足抵免的，未抵免的部分可在下期继续抵免。

业务举例

某企业为小规模纳税人，主要从事汽车修理和装饰业务。2019 年 8 月提供汽车修理取得收入 180 000 元，购买税控收款机价值 10 000 元，取得增值税专用发票上注明增值税额 1 700 元，计算该企业当月应缴纳的增值税。

【解】应纳税额＝180 000÷(1＋3%)×3%－1 700＝3 542. 72（元）

五、小规模纳税人应纳增值税的会计处理

小规模纳税人与一般纳税人对销售收入的核算方法相同，但不得抵扣进项税额，因此只需在“应交税费”科目下，设置“应交增值税”二级明细科目，无须再设明细项目。该账户贷方记小规模纳税人应缴的增值税，借方记小规模纳税人实际已上缴的增值税；贷方余额反映小规模纳税人尚未上缴或欠缴的增值税，借方余额则反映多缴的增值税额。

业务举例

某企业为增值税小规模纳税人，主要从事汽车修理和装饰业务。2019 年 8 月提供汽车修理业务取得收入 160 000 元，销售汽车装饰用品取得收入 15 000 元。销售使用过的原值为 50 000 之间旧车，已提折旧 20 000 元，取得收入 50 000 元。进行会计处理。

【解】

(1) 提供汽车修理收入的会计处理：

借：银行存款　　160 000.00
　　贷：主营业务收入　　155 339.81
　　　　应交税费——应交增值税　　4 660.19

(2) 销售汽车装饰收入的会计处理：

借：银行存款　　15 000.00
　　贷：主营业务收入　　14 563.11
　　　　应交税费——应交增值税　　436.89

(3) 销售旧车时：

借：固定资产清理　　30 000
　　累计折旧　　20 000（已提折旧）
　　贷：固定资产　　50 000（原值）
借：银行存款　　50 000.00
　　贷：固定资产清理　　49 029.13
　　　　应交税费——应交增值税　　970.87
借：固定资产清理　　19 029.13
　　贷：营业外收入　　19 029.13

(4) 申报纳税时：

借：应交税费——应交增值税　　6 067.95
　　贷：银行存款　　6 067.95

任务二
计算一般纳税人应纳税额

业务一　计算增值税销项税额

知识准备

一般纳税人发生应税行为适用一般计税方法计税。一般纳税人发生财政部和国家税务总局规定的特定应税行为，可以选择适用简易计税方法计税，但一经选择，36 个月内不得变更。一般计税方法的应纳税额，是指当期销项税额抵扣当期进项税额后的余额。应纳税额的计算公式：

应纳税额 = 当期销项税额 - 当期进项税额

当期销项税额小于当期进项税额不足抵扣时，其不足部分可以结转下期继续抵扣。

销项税额，是指纳税人发生应税行为按照销售额和增值税税率计算的增值税额。销项税额的计算公式：

销项税额 = 销售额 × 税率

销售额是指纳税人发生应税行为向购买方收取的全部价款和价外费用，购买价款是指购货发票账单上列明的价款，但不包括收取的销项税额。

知识拓展

向购买方收取的价外费用，包括销售方在价外向购买方收取的手续费、补贴、基金、集资费、返还利润、奖励费、违约金、滞纳金、延期付款利息、赔偿金、代收款项、代垫款项、包装费、包装物租金、储备费、优质费、运输装卸费以及其他各种性质的价外收费。

同时符合条件的代垫运输费用是指：

（1）承运部门的运输费用发票开具给购买方的；

（2）纳税人将该项发票转交给购买方的。

知识链接

由于实际销售过程中，企业有各种不同的销售方式，因此，应根据不同销售方式、结算方式确定"当期"销售额。

1. 采取直接收款方式销售货物，不论货物是否发出，均为收到销售额或取得索取销售额的凭据，并将提货单交给买方的当天。先开具发票的，为开具发票的当天。

2. 采取托收承付方式或委托银行收款方式销售货物，为发出货物并办妥托收手续的当天。

3. 采取赊销和分期收款方式销售货物，为按合同约定的收款日期的当天。

4. 采取预收货款的方式销售货物，为货物发出的当天。但生产销售生产工期超过12个月的大型机械设备、船舶、飞机等货物，为收到预收款或者书面合同约定的收款日期的当天。

5. 委托其他纳税人代销货物，为收到代销单位销售的代销清单的当天。未收到代销清单及货款的，为发出代销货物满180天的当天。

6. 提供应税劳务，为提供劳务同时收讫销售额（劳务费）或取得索取销售额凭据的当天。

7. 对于纳税人发生的税法规定的视同销售行为（将货物交付他人代销、销售代销货物除外），为货物移送的当天。

8. 进口货物的，为报关进口的当天。

9. 因销货退回或折让而退还给购买方的增值税额，应从发生销货退回或折让当期的销项额中扣减。

一、一般方法计算销项税额

业务描述

销售额包括的项目，一般规定如表3－10所示。

表3－10 销售额的一般规定表

销售额包含的项目	销售额中不包含的项目
(1) 包括向购买方收取的全部价款 (2) 向购买方收取的价外费用 (3) 消费税等价内税金（自身应缴的消费税）	(1) 向购买方收取的销项税 (2) 特殊的往来款 ①受托加工应征消费税的消费品所代收代缴的消费税（代缴） ②符合条件的代垫运输费用 ③符合条件代为收取的政府性基金和行政事业性收费 ④销货同时代办保险收取的保险费、代购买方缴纳的车辆购置税、车辆牌照费

业务举例

强华公司为一般纳税人，主要生产A、B、C三种系列家具，每件不含税售价分别为2 000元、1 000元和500元。6月采用直接收款方式销售给其他商场（一般纳税人）A、B、C型家具分别为20套、30套和40套，货已发出，货款已收，计算当月的销项税额。

【解】 当月的销售额＝2 000×20＋1 000×30＋500×40＝90 000（元）

销项税额＝90 000×13%＝11 700（元）

二、用含税销售额计算销项税额

业务描述

增值税是一种价外税，计税时以不含增值税的销售额作为计税依据。但实际工作中，特别是对于销售应税劳务的纳税人，一般不会将价税分开收取，对于这种价税合一的销售额，需要进行调整计算，应先将其销售额换算为不含税销售额，再按一定的比率计算销项税额。计算公式如下：

销售额＝含增值税销售额÷(1＋税率)

业务举例

某一般纳税人企业向某一小规模纳税人企业销售商品，开具普通发票，发票上采用价税合并的计价方法开出，注明商品售价金额为1 000元。计算该一般纳税人应纳税额。

【解】 不含税销售额＝1 000÷(1＋13%)＝884.96（元）

销项税额＝862.07×13%＝115.04（元）

知识拓展

在下面情况下一般为含税销售额，需要换算为不含税销售额：

（1）商业企业零售价。

（2）普通发票上注明的销售额。

（3）价税合并收取的金额。

（4）价外费用一般为含税收入。

（5）包装物的押金一般为含税收入。

（6）建筑安装合同上的货物金额（主要涉及销售自产货物并提供建筑业劳务的合同）。

三、用核定销售额计算销项税额

业务描述

如果纳税人发生应税行为的价格明显偏低且没有正当理由的，或者发生了视同销售行为而无销售额的，应由主管税务机关按下列顺序核定其销售额。

（1）按纳税人最近时期同类货物的平均销售价格确定；

（2）按其他纳税人最近时期同类货物的平均销售价格确定；

（3）按组成计税价格确定。组成计税价格的计算公式为：

组成计税价格 = 成本 ×（1 + 成本利润率）

属于应征消费税的货物，其组成价格中还应加计消费税额。计算公式为：

组成计税价格 = 成本 ×（1 + 成本利润率）+ 消费税税额

式中的"成本"，若企业是销售自产货物的，应为实际生产成本，销售外购货物的，应为实际采购成本。成本利润率由国家税务总局统一确定为 10%，但同时属于从价定率征收消费税的货物，其成本利润率为应按消费税中规定的成本利润率计算。

业务举例

某针织厂（一般纳税人）将自产的针织内衣作为福利发给本厂职工，共发放 A 型内衣 100 件，销售价每件 100 元（不含税）；发放 B 型内衣 200 件，无销售价，已知制作 B 型内衣的总成本为 24 000 元。

【解】

A 型内衣销售额 = 100 × 100 = 10 000（元）

B 型内衣计税销售额 = 24 000 ×（1 + 10%）= 26 400（元）

销项税额 =（10 000 + 26 400）× 13% = 4 732（元）

四、特殊销售方式计算销项税额

（一）采取折扣方式销售货物

1. 商业折扣中，销售额和折扣额在同一张发票上分别注明的，可按折扣后的余额计算销项税。未在同一张发票“金额”栏注明折扣额，而仅在发票的“备注”栏注明折扣额的，折扣额不得从销售额中扣除。

2. 现金折扣中，折扣额不得从销售额中减除。

知识链接

销售过程中的折扣是销货方根据购货方的购货数量和支付货款的时间给予购货方的一种价格优惠。这种折扣有两种方式：一是商业折扣，是指由于购货方购买的数量大等原因，而给予购货方的价格优惠，即购买数量越多，价格越低；另一种是现金折扣，是指销货方为鼓励购货方及时支付货款，按协议许诺给予购货方的一种价格优惠。

业务举例

海尔电视机厂向各大商场销售某型号电视机 1 000 台，每台不含税售价 5 000 元，当这些大商场在当月 20 天内付清 1 000 台电视机购货款时均给予了 5% 的销售折扣，计算销项税额。

【解】销售 1 000 台电视机给予 5% 的现金折扣，不应减少销售额和销项税额，账务处理时这笔折扣额一般应作为财务费用处理。

销项税额 $=5\ 000\times1\ 000\times13\%=650\ 000$（元）

（二）包装物押金

业务描述

纳税人为销售货物而出租、出借包装物收取的押金，分以下几种情况：

1. 除酒类产品的包装物押金，单独核算的，一年以内且未超过企业规定期限，不做销售处理；一年以内但超过企业规定期限，做销售处理。

2. 除酒类产品的包装物押金，一年以上，一般做销售处理（特殊放宽期限的要经税务机关批准）。

3. 酒类包装物押金，收到就做销售处理（黄酒、啤酒除外）。

业务举例

1. 某生产企业（增值税一般纳税人），5 月份销售化工产品取得含税销售额 793.26 万元，为销售货物出借包装物收取押金 15.21 万元，约定 3 个月内返还；当月没收逾期未退还包装物的押金 1.3 万元。计算该企业 5 月份上述业务计的销项税额。

【解】计税销售额 $=(793.26+1.3)\div(1+13\%)=703.15$（万元）

销项税额 $=703.15\times13\%=91.41$（万元）

2. 某酒厂为一般纳税人，本月向一小规模纳税人销售白酒，并开具普通发票上注明金额 93 600 元；同时收取单独核算的包装物押金 2 000 元（尚未逾期），计算此业务酒厂应计算的销项税额。

【解】白酒的包装物押金，收到时就应计税。

销项税额 = [93 600 ÷ (1 + 13%) + 2 000 ÷ (1 + 13%)] × 13% = 10 998.23（元）

3. 某酒厂为一般纳税人，本月取得啤酒的逾期包装物押金 2 万元，白酒的逾期包装物押金 3 万元，计算该酒厂当月销项税额。

【解】因白酒的包装物押金，收到时已计税，所以逾期时不再计税，因此，本例只对啤酒的逾期的包装物押金进行会计处理。

销项税额 = 2 ÷ (1 + 13%) × 13% = 0.23（万元）

业务二　计算增值税进项税额

知识准备

进项税额是纳税人发生应税行为时所支付或者负担的增值税。增值税一般纳税人以其收取的销项税额抵扣其支付的进项税额后的余额，就是其应缴纳的增值税额。这样纳税人支付的进项税额是否可以抵扣以及抵扣多少，直接涉及一般纳税人的税收负担和政府的税收收入。因此，实际工作中对于进项税额的抵扣，其规定如图 3－2 所示。

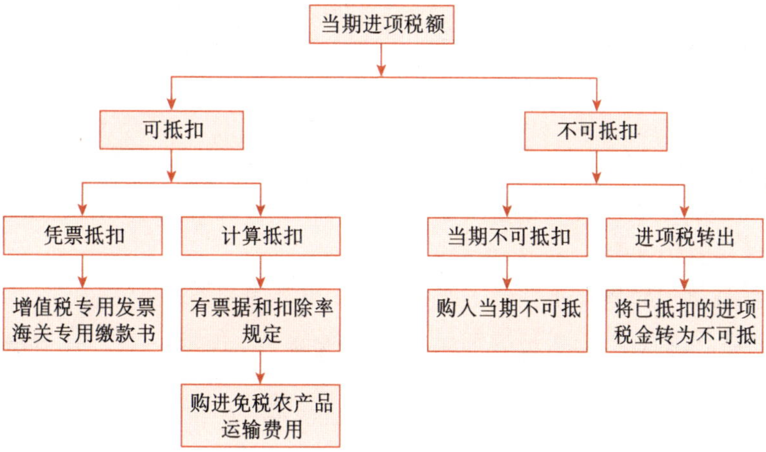

图 3－2

一、计算可以从销项税额中抵扣的进项税额

业务描述

可以从销项税额中抵扣的进项税额分以下两类情况：

1. 在一般情况下凭票据抵扣。即凭增值税专用发票和海关进口增值税专用缴款书抵扣。

知识链接

如果海关专用缴款书上采用了两个单位名称，既有代理进口单位名称，又有委托进口单位名称，只允许其中取得专用缴款书原件的一个单位申请抵扣进项税。

2. 在特殊情况下进行计算抵扣。购进免税农产品，在没有取得增值税专用发票、海关专用缴款书的情况下，符合以下规定的，可按照农产品收购发票或者销售发票上注明的农产品买价和9%的扣除率计算的进项税额予以抵扣。

（1）购进农业生产者销售的农产品；

（2）购进小规模纳税人销售的农产品。

业务举例

某纺织品一般纳税人，2019年9月份购买小规模纳税人销售的棉花，取得增值税普通发票，发票上注明销售价格200 000元，计算进项税额。

【解】进项税额 = 200 000 × 9% = 18 000（元）

二、计算不得从销项税额中抵扣的进项税额

业务描述

纳税人取得增值税专用发票、海关专用缴款书，但其进项税额不得从销项税额中进行抵扣的情形有以下几种：

1. 纳税人购进货物或应税劳务，取得的增值税扣税凭证不符合法律、行政法规或国务院主管部门有关规定的，其进项税额不得从销项税额中抵扣。

2. 有下列情况之一者，按照销售额依据增值税税率计算应纳税额，不得抵扣进项税额，也不得使用增值税专用发票：

（1）一般纳税人会计核算不健全，或者不能提供准确税务资料的；

（2）除另有规定外，纳税人销售额超过小规模纳税人标准，未申请办理增值税一般纳税人认定手续的。

3. 用于简易计税方法计税项目、免征增值税项目、集体福利或者个人消费的购进货物、加工修理修配劳务、服务、无形资产、不动产。

本规定不包括既用于增值税应税项目（不含免征增值税项目），也用于非增值税应税项目、免征增值税（以下简称“免税”）项目、集体福利或者个人消费的固定资产。

4. 非正常损失的购进货物及相关的加工修理修配劳务和交通运输费用。

5. 非正常损失的在产品、产成品所耗用的购进货物及相关的加工修理修配劳务和交通运输费用。

6. 非正常损失的不动产，以及该不动产耗用的购进货物、设计服务、建筑服务。

7. 非正常损失不动产再建工程及所耗用的购进货物、设计服务、建筑服务。纳税人新建、改建、扩建、修缮、装饰不动产，均属于不动产再建工程。

非正常损失，是指因管理不善造成被盗、丢失、霉烂变质以及因违反法律法规造成货物或者不动产被依法没收、销毁、拆除的情形（注意：不包括自然灾害损失）。

8. 购进的旅客运输服务、贷款服务、餐饮服务、居民日常服务和娱乐服务，进项税额不得抵扣。

知识链接

不得从销项税额中抵扣的进项税额可以分为四类：

（1）不属于增值税领域的采购对应的进项税；（2）失去或者已经不存在计税价值的货物的进项税；（3）消费者自己承担税款的；（4）扣税凭证不符合规定的。

9. 纳税人购进贷款服务支付的利息及利息性质的支出，其进项税额不得抵扣。

10. 纳税人接受贷款服务向贷款方支付的与该笔贷款直接相关的投资顾问费、手续费、咨询费等，其进项税额不得抵扣。

11. 国务院财政、税务主管部门规定的纳税人自用消费品。纳税人自用的应征消费税的摩托车、汽车、游艇，其进项税额不得从销项税额中抵扣。

12. 一般纳税人采取邮寄方式销售、购买货物支付的邮寄费，不允许计算进项税额抵扣。

13. 一般纳税人兼营免税项目或者非增值税应税劳务而无法划分不得抵扣的进项税额的，一般按照销售额比例划分。可按下列公式计算不得抵扣的进项税额：

$$\text{不得抵扣的进项税额} = \text{当月无法划分的全部进项税额} \times \text{当月免税项目销售额、非增值税应税劳务营业额合计} \div \text{当月全部销售额、营业额合计}$$

业务举例

1. 某家用电器修理厂会计核算健全，某年营业额 120 万元，但一直未向主管税务机关申请增值税一般纳税人认定。第二年 5 月，该厂提供修理劳务并收取修理费价税合计 23.4 万元；购进的料件、电力等均取得增值税专用发票，对应的增值税税款合计 2 万元。计算该修理厂 5 月应缴纳增值税。

【解】 该修理厂 5 月应缴纳增值税 $=23.4\div(1+13\%)\times13\%=2.692$（万元）

2. 某制药厂为增值税一般纳税人，9 月份销售免税药品取得价款 20 000 元，销售非免税药品取得含税价款 90 400 元。当月购进原材料、水、电等取得的增值税专用发票（已通过税务机关认证）上的税款合计为 10 000 元，其中有 2 000 元进项税额对应的原材料用于免税药品的生产；5 000 元进项税额对应的原材料用于非免税药品的生产；对于其他的进项税额对应的购进部分，企业无法划分清楚其用途。计算该企业本月应缴纳的增值税。

【解】 非免税销售的不含税销售额 $=90\ 400\div(1+13\%)=80\ 000$（元）

非免税销售的销项税额 $=80\ 000\times13\%=10\ 400$（元）

不含税进项税额分摊比例 $=80\ 000\div(20\ 000+80\ 000)=0.8$

可抵扣的进项税额 $=5\ 000+(10\ 000-5\ 000-2\ 000)\times0.8$

$=5\ 000+2\ 400=7\ 400$（元）

应纳增值税 = 10 400 - 7 400 = 3 000（元）

业务三　计算增值税应纳税额

业务描述

增值税一般纳税人销售货物或者应税劳务，应纳税额为当期销项税额抵扣当期进项税额。其计算公式为：

应纳税额 = 当期销项税额 - 当期进项税额

计算公式及涉及项目如图 3 - 3 所示。

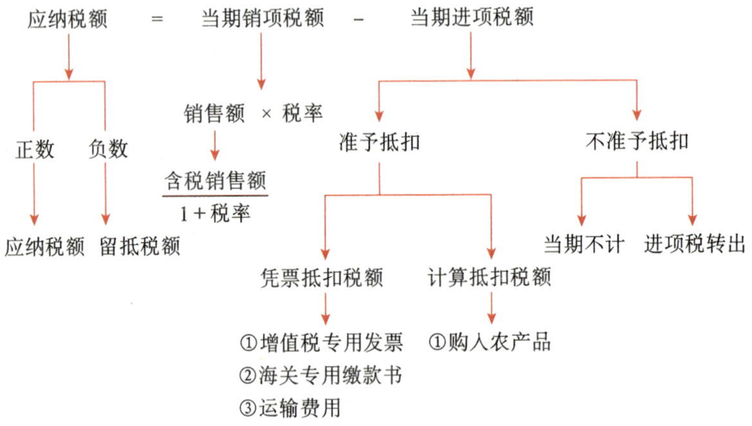

图 3 - 3

业务举例

1. 某商贸企业为增值税一般纳税人，4 月份发生如下业务：购进商品取得增值税专用发票，注明价款 100 000 元，增值税额 13 000 元；购进农民自产的农产品，农产品收购发票注明价款 30 000 元；购进和销售货物支付运费取得货物运输业增值税专用发票 5 份，总金额 7 000 元，税率 9%。取得的增值税专用发票均在当月通过认证并在当月抵扣。计算 4 月份应抵扣的进项税额。

【解】 应抵扣的增值税进项税额 = 13 000 + 30 000 × 9% + 7 000 × 9% = 16 330（元）

2. 某厂为一般纳税人，11 月份销售产品，开出增值税专用发票，销售额 120 000 元，销项税额 15 600 元；销售给小规模纳税人产品，开普通发票，销售额 40 000 元（含税）；将一批成本 100 000 元的产品对外投资。当月购料（已入库）取得增值税专用发票，价款 60 000 元，税额 7 800 元；购进免税农产品 25 000 元；当月用水 27 600 元，增值税专用发票注明税额 1 878 元（27 600 × 3%）；购进生产用设备一台，价款 55 000 元，增值税专用发票注明税款 7 150 元。计算该企业当月应交增值税。

【解】

销售给小规模纳税人的销项税额 = 40 000 ÷ (1 + 13%) × 13% = 4 601.77（元）

投资产品销项税额 = 100 000 × (1 + 10%) × 13% = 14 300（元）

销项税额合计 = 15 600 + 4 601.77 + 14 300 = 34 501.77（元）

允许抵扣的进项税额合计 = 7 800 + 25 000 × 9% + 828 + 7 150
= 18 028（元）

当月应纳增值税额 = 34 501.77 − 18 028 = 16 473.77（元）

3. 某制药厂（增值税一般纳税人）3 月份销售抗生素药品 113 万元（含税，税率为 13%），销售免税药品 50 万元（不含税），当月购入生产用原材料一批，取得增值税专用发票上注明税款 6.4 万元，抗生素药品与免税药品无法划分耗料情况，计算该制药厂当月应纳增值税。

【解】

应纳税额应纳税额 = 113 ÷ 1.13 × 13% − [6.4 − 6.4 × 50 ÷ (100 + 50)]
= 8.73（万元）

4. 某电视机厂 9 月份生产出最新型号的彩色电视机，每台不含税销售单价 5 000 元。当月发生如下经济业务：

（1）9 月 5 日，向各大商场销售电视机 2 000 台，对这些大商场在当月 20 天内付清 2 000 台电视机购货款均给予了 5% 的销售折扣。

（2）9 月 8 日，发货给外省分支机构 200 台，用于销售，并支付发货运费 1 000 元，税金 90 元，取得运输单位开具的货物运输业增值税专用发票。

（3）9 月 10 日，采取以旧换新方式，从消费者个人手中收购旧型号电视机，销售新型号电视机 100 台，每台旧型号电视机折价为 500 元。

（4）9 月 15 日，购进生产电视机用原材料一批，取得增值税专用发票上注明的价款为 2 000 000 元，增值税税额为 260 000 元，材料已经验收入库。

（5）9 月 20 日，向全国第九届冬季运动会赠送电视机 20 台。

（6）9 月 23 日，从国外购进两台电视机检测设备，取得的海关开具的完税凭证上注明的增值税税额为 180 000 元。

计算该企业 9 月份应纳增值税税额。

【解】

（1）销项税额 = 2 000 × 5 000 × 13% = 1 300 000（元）

（2）发货给外省分支机构的 200 台电视机用于销售，应视同销售计算销项税额。

销项税额 = 200 × 5 000 × 13% = 130 000（元）

运费允许抵扣的进项税额 = 90（元）

（3）销项税额为 = 100 × 5 000 × 13% = 65 000（元）

这里需要特别注意的是，采取以旧换新方式销售货物，应以新货物的同期销售价格确定销售额计算销项税额，不得扣减旧货物的收购价格。同时还应注意，收购的旧电视机不能计算进项税额进行抵扣。

（4）进项税额为 260 000 元，因为所购材料已经验收入库，所以允许在当期全部抵扣。这里直接以取得专用发票为准，与所购之物是否入库或是否付款无关。

(5) 销项税额 =20×5 000×13% =13 000 (元)

赠送的 20 台电视机应视同销售，按售价计算销项税额。

(6) 进项税额为 180 000 元。

综上所述，该企业 9 月份应纳增值税税额为：

当期应纳税额 =1 300 000 +130 000 +65 000 −260 000 +13 000 −90 −180 000
=1 067 910 (元)

任务三
一般纳税人增值税账务处理

知识准备

根据《中华人民共和国增值税暂行条例》和《关于全面推开营业税改征增值税试点的通知》(财税〔2016〕36 号) 等有关规定，对增值税有关会计处理规定如下：

一、一般纳税人增值税会计账户及专栏设置

增值税一般纳税人应当在“应交税费”科目下设置“应交增值税”、“未交增值税”、“预交增值税”、“待抵扣进项税额”、“待认证进项税额”、“待转销项税额”、“增值税留抵税额”、“简易计税”、“转让金融商品应交增值税”、“代扣代交增值税”等明细科目。

(一) 应交税费——应交增值税

增值税一般纳税人应在“应交增值税”明细账内设置“进项税额”、“销项税额抵减”、“已交税金”、“转出未交增值税”、“减免税款”、“出口抵减内销产品应纳税额”、“销项税额”、“出口退税”、“进项税额转出”、“转出多交增值税”等专栏。其中：

1. “进项税额”专栏，记录一般纳税人购进货物、加工修理修配劳务、服务、无形资产或不动产而支付或负担的、准予从当期销项税额中抵扣的增值税额；

2. “销项税额抵减”专栏，记录一般纳税人按照现行增值税制度规定因扣减销售额而减少的销项税额；

3. “已交税金”专栏，记录一般纳税人当月已缴纳的应交增值税额；

4. “转出未交增值税”和“转出多交增值税”专栏，分别记录一般纳税人月度终了转出当月应交未交或多交的增值税额；

5. “减免税款”专栏，记录一般纳税人按现行增值税制度规定准予减免的增值税额；

6. “出口抵减内销产品应纳税额”专栏，记录实行“免、抵、退”办法的一般纳税人按规定计算的出口货物的进项税抵减内销产品的应纳税额；

7. “销项税额”专栏，记录一般纳税人销售货物、加工修理修配劳务、服务、无形资产或不动产应收取的增值税额；

8. “出口退税”专栏，记录一般纳税人出口货物、加工修理修配劳务、服务、无形资产按规定退回的增值税额；

9. “进项税额转出”专栏，记录一般纳税人购进货物、加工修理修配劳务、服务、无形资产或不动产等发生非正常损失以及其他原因而不应从销项税额中抵扣、按规定转出的进项税额。

其多栏式明细账户的示范格式如表 3－11 所示。

表 3－11　应交税费——应交增值税

略	借方							贷方					余额
	合计	进项税额	销项税额抵减	已交税金	转出未交增值税	减免税款	出口抵减内销产品应纳税额	合计	销项税额	出口退税	进项税额转出	转出多交增值税	

（二）应交税费——未交增值税

“未交增值税”明细科目，核算一般纳税人月度终了从“应交增值税”或“预交增值税”明细科目转入当月应交未交、多交或预交的增值税额，以及当月交纳以前期间未交的增值税额。

（三）应交税费——预交增值税

“预交增值税”明细科目，核算一般纳税人转让不动产、提供不动产经营租赁服务、提供建筑服务、采用预收款方式销售自行开发的房地产项目等，以及其他按现行增值税制度规定应预缴的增值税额。

（四）应交税费——待抵扣进项税额

“待抵扣进项税额”明细科目，核算一般纳税人已取得增值税扣税凭证并经税务机关认证，按照现行增值税制度规定准予以后期间从销项税额中抵扣的进项税额。包括：一般纳税人自 2016 年 5 月 1 日后取得并按固定资产核算的不动产或者 2016 年 5 月 1 日后取得的不动产在建工程，按现行增值税制度规定准予以后期间从销项税额中抵扣的进项税额；实行纳税辅导期管理的一般纳税人取得的尚未交叉稽核比对的增值税扣税凭证上注明或计算的进项税额。

（五）应交税费——待认证进项税额

“待认证进项税额”明细科目，核算一般纳税人由于未经税务机关认证而不得从当期销项税额中抵扣的进项税额。包括：一般纳税人已取得增值税扣税凭证、按照现行增值税制度规定准予从销项税额中抵扣，但尚未经税务机关认证的进项税额；一般纳税人已申请稽核但尚未取得稽核相符结果的海关缴款书进项税额。

（六）应交税费——待转销项税额

“待转销项税额”明细科目，核算一般纳税人销售货物、加工修理修配劳务、服务、无形资产或不动产，已确认相关收入（或利得）但尚未发生增值税纳税义务而需于以后期间确认为销项税额的增值税额。

（七）应交税费——增值税留抵税额

“增值税”明细科目，核算兼有销售服务、无形资产或者不动产的原增值税一般纳税人，截止到纳入营改增试点之日前的增值税期末留抵税额按照现行增值税制度规定不得从销售服务、无形资产或不动产的销项税额中抵扣的增值税留抵税额。

（八）应交税费——简易计税

“简易计税”明细科目，核算一般纳税人采用简易计税方法发生的增值税计提、扣减、预缴、缴纳等业务。

（九）应交税费——转让金融商品应交增值税

“转让金融商品应交增值税”明细科目，核算增值税纳税人转让金融商品发生的增值税额。

（十）应交税费——代扣代交增值税

“代扣代交增值税”明细科目，核算纳税人购进在境内未设经营机构的境外单位或个人在境内的应税行为代扣代缴的增值税。

小规模纳税人只需在“应交税费”科目下设置“应交增值税”明细科目，不需要设置上述专栏及除“转让金融商品应交增值税”、“代扣代交增值税”外的明细科目。

二、应交增值税账户处理

（一）取得资产或接受劳务等业务的账务处理

1. 采购等业务进项税额允许抵扣的账务处理

一般纳税人购进货物、加工修理修配劳务、服务、无形资产或不动产，按应计入相关成本费用或资产的金额：

借：材料采购（在途物资、原材料、库存商品、生产成本、无形资产、固定资产、管理费用等按应计入采购成本的金额入账）

　　应交税费——应交增值税（进项税额）（按当月已认证的可抵扣增值税额）

　　应交税费——待认证进项税额（按当月未认证的可抵扣增值税额）

　　贷：应付账款/应付票据/银行存款（按应付或实际支付的金额）

购入的货物发生退货的，如原增值税专用发票已做认证，应根据税务机关开具的红字增值税专用发票做相反的会计分录；如原增值税专用发票未做认证，应将发票退回并做相反的会计分录。

2. 采购等业务进项税额不得抵扣的账务处理。一般纳税人购进货物、加工修理修配劳务、服务、无形资产或不动产，用于简易计税方法计税项目、免征增值税项目、集体福利或个人消费等，其进项税额按照现行增值税制度规定不得从销项税额中抵扣的，取得增值税专用发票时，应借记相关成本费用或资产科目，借记“应交税费——待认证进项税额”科目，贷记“银行存款”、“应付账款”等科目，经税务机关认证后，应借记相关成本费用或资产科目，贷记“应交税费——应交增值税（进项税额转出）”科目。

3. 货物等已验收入库但尚未取得增值税扣税凭证的账务处理。一般纳税人购进的货物等已到达并验收入库，但尚未收到增值税扣税凭证并未付款的，应在月末按货物清单或相关合同协议上的价格暂估入账，不需要将增值税的进项税额暂估入账。下月初，用红字冲销原暂估入账金额，待取得相关增值税扣税凭证并经认证后，按应计入相关成本费用或资产的金额，借记“原材料”、“库存商品”、“固定资产”、“无形资产”等科目，按可抵扣的增值税额，借记“应交税费——应交增值税（进项税额）”科目，按应付金额，贷记“应付账款”等科目。

4. 购买方作为扣缴义务人的账务处理。按照现行增值税制度规定，境外单位或个人在境内发生应税行为，在境内未设有经营机构的，以购买方为增值税扣缴义务人。境内一般纳税人购进服务、无形资产或不动产，按应计入相关成本费用或资产的金额：

借：生产成本/无形资产/固定资产/管理费用

　　应交税费——进项税额（按可抵扣的增值税额目）

　　贷：应付账款（按应付或实际支付的金额）

　　　　应交税费——代扣代交增值税（按应代扣代缴的增值税额）

实际缴纳代扣代缴增值税时，按代扣代缴的增值税额：

借：应交税费——代扣代交增值税

　　贷：银行存款

5. 小规模纳税人采购等业务的账务处理。小规模纳税人购买物资、服务、无形资产或不动产，取得增值税专用发票上注明的增值税应计入相关成本费用或资产，不通过“应交税费——应交增值税”科目核算。

（二）销售等业务的账务处理

1. 销售业务的账务处理。企业销售货物、加工修理修配劳务、服务、无形资产或不动产，应当按应收或已收的金额：

借：应收账款/应收票据/银行存款

　　贷：主营业务收入/其他业务收入（或固定资产清理、工程结算等按取得的收入金额）

　　　　应交税费——应交增值税（销项税额）（按现行增值税制度规定计算的销项税额）

或　　　应交税费——简易计税（或采用简易计税方法计算的应纳增值税额）

发生销售退回的，应根据按规定开具的红字增值税专用发票做相反的会计分录。

知识拓展

按照国家统一的会计制度确认收入或利得的时点早于按照增值税制度确认增值税纳税义务发生时点的，应将相关销项税额计入“应交税费——待转销项税额”科目，待实际发生纳税义务时再转入“应交税费——应交增值税（销项税额）”或“应交税费——简易计税”科目。

按照增值税制度确认增值税纳税义务发生时点早于按照国家统一的会计制度确认收入或利得的时点的，应将应纳增值税额，借记“应收账款”科目，贷记“应交税费——应交增值税（销项税额）”或“应交税费——简易计税”科目，按照国家统一的会计制度确认收入或利得时，应按扣除增值税销项税额后的金额确认收入。

2. 视同销售的账务处理。企业发生税法上视同销售的行为，应当按照企业会计准则制度相关规定进行相应的会计处理，并按照现行增值税制度规定计算的销项税额（或采用简易计税方法计算的应纳增值税额）。

借：应付职工薪酬/利润分配

　　贷：应交税费——应交增值税（销项税额）

或　　　应交税费——简易计税

　　　　应交税费——应交增值税（小规模纳税人）

知识链接

“税金及附加”科目是核算企业经营活动发生的消费税、城市维护建设税、资源税、教育费附加及房产税、土地使用税、车船使用税、印花税等相关税费的科目。

（三）差额征税的账务处理

企业发生相关成本费用允许扣减销售额的，应按现行增值税制度规定，在发生成本费用时，按应付或实际支付的金额：

借：主营业务成本/存货/工程施工

　　贷：应付账款/应付票据/银行存款

待取得合规增值税扣税凭证且纳税义务发生时，按照允许抵扣的税额：

借：应交税费——应交增值税（销项税额抵减）

或　应交税费——简易计税

　　应交税费——应交增值税（小规模纳税人）

　　贷：主营业务成本/存货/工程施工等

知识链接

金融商品转让按规定以盈亏相抵后的余额作为销售额的账务处理。金融商品实际转让月末，如产生转让收益，则按应纳税额借记“投资收益”等科目，贷记“应交税费——转让金融商品应交增值税”科目；如产生转让损失，则按可结转下月抵扣税额，借记“应交税费——转让金融商品应交增值税”科目，贷记“投资收益”等科目。缴纳增值税时，应借记“应交税费——转让金融商品应交增值税”科目，贷记“银行存款”科目。年末，本科目如有借方余额，则借记“投资收益”等科目，贷记“应交税费——转让金融商品应交增值税”科目。

知识拓展

出口退税的账务处理。为核算纳税人出口货物应收取的出口退税款，设置“应收出口退税款”科目，该科目借方反映销售出口货物按规定向税务机关申报应退回的增值税、消费税等，贷方反映实际收到的出口货物应退回的增值税、消费税等。期末借方余额，反映尚未收到的应退税额。

1. 未实行“免、抵、退”办法的一般纳税人出口货物按规定退税的，按规定计算的应收出口退税额，借记“应收出口退税款”科目，贷记“应交税费——应交增值税（出口退税）”科目，收到出口退税时，借记“银行存款”科目，贷记“应收出口退税款”科目；退税额低于购进时取得的增值税专用发票上的增值税额的差额，借记“主营业务成本”科目，贷记“应交税费——应交增值税（进项税额转出）”科目。

2. 实行“免、抵、退”办法的一般纳税人出口货物，在货物出口销售后结转产品销售成本时，按规定计算的退税额低于购进时取得的增值税专用发票上的增值税额的差额，借记“主营业务成本”科目，贷记“应交税费——应交增值税（进项税额转出）”科目；按规定计算的当期出口货物的进项税抵减内销产品的应纳税额，借记“应交税费——应交增值税（出口抵减内销产品应纳税额）”科目，贷记“应交税费——应交增值税（出口退税）”科目。在规定期限内，内销产品的应纳税额不足以抵减出口货物的进项税额，不足部分按有关税法规定给予退税的，应在实际收到退税款时，借记“银行存款”科目，贷记“应交税费——应交增值税（出口退税）”科目。

（四）进项税额抵扣情况发生改变的账务处理

因发生非正常损失或改变用途等，原已计入进项税额、待抵扣进项税额或待认证进项税额，但按现行增值税制度规定不得从销项税额中抵扣的，处理如下：

借：待处理财产损溢/应付职工薪酬/固定资产/无形资产等

　　贷：应交税费——应交增值税（进项税额转出）

　　　　应交税费——待抵扣进项税额

　　　　应交税费——待认证进项税额

原不得抵扣且未抵扣进项税额的固定资产、无形资产等，因改变用途等用于允许抵扣进项税额的应税项目的，应按允许抵扣的进项税额：

借：应交税费——应交增值税（进项税额）

　　贷：固定资产/无形资产等

固定资产、无形资产等经上述调整后，应按调整后的账面价值在剩余尚可使用寿命内计提折旧或摊销。

一般纳税人购进时已全额计提进项税额的货物或服务等转用于不动产在建工程的，对于结转以后期间的进项税额的处理：

借：应交税费——待抵扣进项税额

　　贷：应交税费——应交增值税（进项税额转出）

（五）月末转出多交增值税和未交增值税的账务处理

月度终了，企业应当将当月应交未交或多交的增值税自“应交增值税”明细科目转入“未交增值税”明细科目。

1. 对于转出当月应交未交的增值税：

借：应交税费——应交增值税（转出未交增值税）

　　贷：应交税费——未交增值税

2. 对于转出当月多交的增值税：

借：应交税费——未交增值税

　　贷：应交税费——应交增值税（转出多交增值税）

（六）缴纳增值税的账务处理

1. 缴纳当月应交增值税的账务处理：

借：应交税费——应交增值税（已交税金）

应交税费——应交增值税（小规模纳税人）

贷：银行存款

2. 缴纳以前期间未交增值税的账务处理：

借：应交税费——未交增值税

贷：银行存款

3. 预缴增值税的账务处理：

借：应交税费——预交增值税

贷：银行存款

月末，企业应将“预交增值税”明细科目余额转入“未交增值税”明细科目：

借：应交税费——未交增值税

贷：应交税费——预交增值税

房地产开发企业等在预缴增值税后，应直至纳税义务发生时方可从“应交税费——预交增值税”科目结转至“应交税费——未交增值税”科目。

4. 减免增值税的账务处理。对于当期直接减免的增值税，借记“应交税费——应交增值税（减免税款）”科目，贷记损益类相关科目。

知识链接

增值税税控系统专用设备和技术维护费用抵减增值税额的账务处理。按现行增值税制度规定，企业初次购买增值税税控系统专用设备支付的费用以及缴纳的技术维护费允许在增值税应纳税额中全额抵减的，按规定抵减的增值税应纳税额，借记“应交税费——应交增值税（减免税款）”科目（小规模纳税人应借记“应交税费——应交增值税”科目），贷记“管理费用”等科目。

（七）关于小微企业免征增值税的会计处理规定

小微企业在取得销售收入时，应当按照税法的规定计算应交增值税，并确认为应交税费，在达到增值税制度规定的免征增值税条件时，将有关应交增值税转入当期损益。

知识拓展

财务报表相关项目列示：“应交税费”科目下的“应交增值税”、“未交增值税”、“待抵扣进项税额”、“待认证进项税额”、“增值税留抵税额”等明细科目期末借方余额应根据情况，在资产负债表中的“其他流动资产”或“其他非流动资产”项目列示；“应交税费——待转销项税额”等科目期末贷方余额应根据情况，在资产负债表中的“其他流动负债”或“其他非流动负债”项目列示；“应交税费”科目下的“未交增值税”、“简易计税”、“转让金融商品应交增值税”、“代扣代交增值税”等科目期末贷方余额应在资产负债表中的“应交税费”项目列示。

业务一　增值税进项税额的会计处理

业务描述

一、外购货物进项税额的会计处理

（一）一般方式外购货物

企业一般外购应税货物，应按货物的实际采购成本做如下会计处理：

借：材料采购/原材料/库存商品等

　　应交税费——应交增值税（进项税额）

　　贷：银行存款/应付票据/应付账款

业务举例

1. 华强公司购入甲材料 1 000 千克，购入价 6 元/千克，增值税进项税额为 780 元，已通过银行付款，材料验收入库。进行会计处理。

借：原材料	6 000	
应交税费——应交增值税（进项税额）	780	
贷：银行存款		6 780

2. 对于发票、结算凭证等单据已到，已经支付货款或开出、承兑商业汇票，但货物还在运输途中，或虽已到达但尚未入库的情况下，实际工作中，为简化核算手续，可暂不做处理，待货物到达后再记账。若是月末，则必须按发票做相应处理。

华强公司 3 月 6 日收到银行转来的购买光明工厂丙材料的“托收承付结算凭证”及发票，数量为 5 000 千克，购入价 11 元/千克，增值税进项税额为 7 150 元，采用验单付款。

付款时：

借：材料采购/在途材料（光明工厂）	55 000	
应交税费——应交增值税（进项税额）	7 150	
贷：银行存款		62 150

材料验收入库时：

借：原材料 ——丙材料	55 000	
贷：材料采购/在途材料（光明工厂）		55 000

3. 企业外购的货物已入库，发票、结算单据等已到，但款项尚未支付，形成了企业债务。

华强公司 5 月份从光明厂购进乙材料 10 千克，不含税单价 2 000 元/千克，取得的增值税专用发票上注明价款 20 000 元，增值税 2 600 元，材料已验收入库，款项尚未支付。会计分录为：

借：原材料	20 000	

应交税费——应交增值税（进项税额）　　2 600
贷：应付账款——光明厂　　22 600

若货物已验收入库，发票、结算凭证等单据未到（料到，单未到）这种情况，一般在月份内不做处理，月末参照上述情况处理。

（二）采用预付款方式购入货物

采用预付款方式采购货物，因采购业务尚未成立，货物的所有权并未发生转移。企业按合同规定预付货款时，按实际预付的金额，借记“预付账款”，贷记“银行存款”、“其他货币资金”等科目；当企业收到货物并验收入库时，按发票账单等结算凭证所确定的成本，借记“原材料”、“库存商品”等科目，按增值税专用发票上注明的增值税额，借记“应交税费——应交增值税（进项税额）”科目，按购货成本与增值税进项税额之和，贷记“预付账款”。

业务举例

华强公司某所6月2日，向联华公司预付货款50 000元，采购一批材料，联华公司于7月6日交付所购材料，华强公司收到材料，已验收入库，并收到联华公司开来的增值税专用发票，价款45 000元，增值税5 850元，7月8日，华强公司将应补付的货款850元通过银行转账支付。

6月2日预付货款时，账务处理如下：

借：预付账款——联华公司　　50 000
　　贷：银行存款　　50 000

7月6日，材料验收入库时，账务处理如下：

借：原材料　　45 000
　　应交税费——应交增值税（进项税额）　　5 850
　　贷：预付账款　　50 850

7月8日，补付货款时，账务处理如下：

借：预付账款　　850
　　贷：银行存款　　850

（三）采用赊购方式购入货物

在采用赊购方式购入货物的情况下，企业应于货物验收入库后，按发票账单等凭证确定的货物成本，借记“原材料”、“库存商品”等科目，按增值税专用发票上注明的金额，借记“应交税费——应交增值税（进项税额）”科目，按应付未付的货款，贷记“应付账款”科目；待支付款项或开出商业汇票后，再根据实际支付的货款金额或应付票据面值，借记“应付账款”科目，贷记“银行存款”、“应付票据”等科目。

业务举例

1. 6月10日，华强公司从联华公司赊购一批原材料，增值税专用发票上注明的原材料价款为50 000元，增值税税额为6 500元。根据购货合同规定，华强公司应于6月30日之前支付货款。

6 月 10 日，赊购原材料：

借：原材料　　50 000

　　应交税费——应交增值税（进项税额）　　6 500

　　贷：应付账款　　56 500

6 月 30 日，支付货款时：

借：应付账款　　56 500

　　贷：银行存款　　56 500

2. 华强公司购入甲材料 1 000 千克，购入价 6 元/千克，增值税进项税额为 780 元，支付运费 700 元，增值税 63 元，已开出商业承兑汇票，材料验收入库。

借：原材料　　6 700

　　应交税费——应交增值税（进项税额）　　843

　　贷：应付票据　　7 543

（四）材料短缺或毁损

企业购入材料在验收入库时，可能会出现短缺或毁损，对此应分析原因，分别不同的情况进行处理。因其具体原因不同，损失的承担者不同，所以毁损或短缺材料中所含的进项税额的核算办法也不尽相同。

业务举例

华强公司 6 月 21 日购入材料，取得专用发票上注明价款 30 000 元，增值税款 3 900 元。发票等单据已收到，并已开出银行转账支票付讫款项。月终材料尚未到达。

6 月 30 日，会计处理如下：

借：在途物资　　30 000

　　应交税费——应交增值税（进项税额）　　3 900

　　贷：银行存款　　33 900

7 月 5 日，材料到达，在验收入库时，发现短缺 40 千克（单价 20 元/千克），计 800 元，原因待查，会计处理如下：

借：原材料　　29 200

　　待处理财产损溢　　800

　　贷：在途物资　　30 000

若查明原因，属于供货方责任，由供货方退赔短缺材料款及相应的增值税时，账务处理如下：

借：银行存款　　904

　　应交税费——应交增值税（进项税额）　　104（红字）

　　贷：待处理财产损溢　　800

（五）购入免税农产品

企业收购农业产品，按购入农产品的买价和规定的扣除率（向农业生产者购买的免税农产品扣除率为 9%）。按实际支付的价款，借记“材料采购”科目，贷记“银行存款”或“库存现金”科目；农业产品验收入库，按收购价款乘以 9% 的扣除率计算的抵扣额，借记

“应交税费——应交增值税（进项税额）”科目；按收购价款减去抵扣税额，借记“库存商品”科目，贷记“材料采购”科目。

业务举例

某经营农业产品收购的商业企业，由采购员到某地收购干果，共计货款 184 000 元。

支付收购货款时，账务处理如下：

借：材料采购	184 000	
贷：库存现金		184 000

验收入库时，账务处理如下：

计算应扣除的增值税 = 184 000 × 9% = 16 560（元）

干果不含增值税成本 = 184 000 − 16 560 = 167 440（元）

借：库存商品——干果	167 440	
应交税费——应交增值税（进项税额）	16 560	
贷：材料采购		184 000

（六）购入水电等特殊物资

企业用水电，应将生产用和生活用区别开来。若为生产用水电，可以抵扣进项税，若为生活用水电，则不能抵扣。而通常自来水公司和电力公司是按企业全部用水、用电开具发票，这就需要会计人员将其分开计算。同时在计算增值税时还应注意自来水公司和电力公司的税率。

业务举例

1. 华强公司 5 月份收到电力公司开来的电力增值税专用发票，因该公司生产经营用电和职工生活用电是一个电表，增值税专用发票的增值税额中有属于职工个人消费的部分。5 月份该公司用电总价 20 000 元，其中：生产用电的电价为 18 000 元，职工生活用电的电价是 2 000 元。电力公司开来的增值税专用发票，电价 20 000 元，税额 2 600 元，价税合计 22 600 元。该公司对职工个人用电的价税计算到人，在发工资时扣回。进行相关的会计处理。

制造费用应分担的税金 = 18 000 × 13% = 2 340（元）

应计入职工工资的税金 = 2 600 − 2 340 = 260（元）

借：制造费用	18 000	
应交税费——应交增值税（进项税额）	2 340	
应付职工薪酬——工资	2 260	
贷：银行存款		22 600

2. 华强公司 5 月份付水费 12 000 元，其中：车间用水 9 500 元，管理用水 2 500 元。增值税专用发票上注明增值税额 360 元（税率 3%）。进行相关的会计处理。

制造费用应分担的税金 = 9 500 × 3% = 285（元）

应计入管理费用的税金 = 360 − 285 = 75（元）

管理费用 = 2 500 + 75 = 2 575（元）

借：制造费用　　9 500
　　管理费用　　2 575
　　应交税费——应交增值税（进项税额）　　285
　　贷：银行存款　　12 360

（七）购买办公用品、支付房屋租赁费、会议培训费等日常经济业务报销费用

“营改增”后，企业日常经济业务的报销问题，取得增值税专用发票，可以抵扣的项目有以下几种：

1. 购买办公用品、电子耗材，按 13% 缴纳的增值税进项税额可以抵扣。
2. 租车费用，按 13% 缴纳的增值税进项税额可以抵扣。
3. 自有汽车的汽油费、停车费，如能取得增值税专用发票，进项税额可以抵扣。
4. 租房费用，取得增值税专用发票，按 9% 缴纳的增值税进项税额可以抵扣。
5. 支付的物业管理费，取得增值税专用发票，按 6% 缴纳的增值税进项税额可以抵扣。
6. 支付的邮政、电信、银行手续费用，取得增值税专用发票，按 9% 或 3% 缴纳的增值税进项税额可以抵扣。
7. 支付的会议、培训、咨询费用，取得增值税专用发票，按 3% 缴纳的增值税进项税额可以抵扣。
8. 差旅费中，属于员工因公出差支付的住宿费，取得增值税专用发票，按 3% 缴纳增值税进项税额可以抵扣。

企业日常发生的报销业务中，即使取得增值税专用发票，也不能抵扣的项目有以下几种：

1. 支付的餐费，无论是业务招待还是差旅费、餐费都是用于个人的，所以一律不得抵扣进项税额。
2. 职工福利支出，同样是用于个人的，所以一律不得抵扣进项税额。
3. 除住宿费以外的其他差旅费，不得抵扣进项税额。

业务举例

天明公司是增值税一般纳税人，3 月份支付如下费用，均取得增值税专用发票。

1. 员工培训费报销 5 000 元，增值税 300 元。
2. 业务招待费报销 2 000 元，增值税 120 元。
3. 差旅费报销 8 000 元，其中住宿费 5 000 元，增值税 300 元；餐费 2 000 元，增值税 120 元；火车票等交通费 1 000 元，增值税 100 元。
4. 支付办公楼的租金费用 10 000 元，增值税 1 000 元。
5. 支付电信费用 3 000 元，增值税 180 元。

要求：计算当月可以抵扣的增值税进项税额，并进行账务处理。

1. 支付员工培训费的进项税额可以抵扣：

借：管理费用——培训费　　5 000
　　应交税费——应交增值税（进项税额）　　300
　　贷：银行存款　　5 300

2. 支付业务招待费的进项税额不得抵扣：

借：管理费用——业务招待费　　2 120
　　贷：银行存款　　2 120

3. 支付差旅费中只有住宿费的进项税额可以抵扣，交通费、餐费属于购进的旅客运输服务、贷款服务、餐饮服务、居民日常服务和娱乐服务，进项税额不得抵扣。

借：管理费用——差旅费　　8 220
　　应交税费——应交增值税（进项税额）　　300
　　贷：银行存款　　8 520

4. 支付办公楼租金的进项税额可以抵扣：

借：管理费用——租赁费　　10 000
　　应交税费——应交增值税（进项税额）　　1 000
　　贷：银行存款　　11 000

5. 支付的电信费用的进项税额可以抵扣：

借：管理费用——电信费用　　3 000
　　应交税费——应交增值税（进项税额）　　180
　　贷：银行存款　　3 180

二、特殊进货形式进项税额的会计处理

（一）接受投资转入货物

企业接受投资转入的货物，按照投资合同确认的价值（不含增值税），借记“原材料”、“库存商品”等，按照增值税专用发票上注明的或根据确认货物价值换算的增值税额，借记“应交税费——应交增值税（进项税额）”科目，按照投资方在注册资本中所占的份额，即确认的投资者的所有者权益的份额，贷记“实收资本”或“股本”科目，其差额贷记“资本公积（资本溢价）”科目。

业务举例

华强公司接受参加联营的A企业以原材料作为投资，开来一份增值税专用发票，直接将货物送到仓库验收入库。增值税专用发票上注明：货价258 620.69元，税额41 379.31元，价税合计300 000元；如果确认A企业的注册资本份额250 000元。

借：原材料　　265 486.73
　　应交税费——应交增值税（进项税额）　　34 513.27
　　贷：实收资本——A企业　　250 000.00
　　　　资本公积　　50 000.00

若材料价值不足注册资本金份额，如上例假定投入的材料价值200 000元，增值税26 000元，差额24 000元（250 000－226 000）以货币资金补足，则会计处理为：

借：原材料　　200 000
　　应交税费——应交增值税（进项税额）　　26 000
　　银行存款　　24 000
　　贷：实收资本——A企业　　250 000

（二）委托加工材料

一般纳税人接受加工、修理修配劳务，应使用增值税专用发票，分别注明加工、修理修配的成本和税额。按应税劳务加工费的增值税额，借记“应交税费——应交增值税（进项税额）”，应按专用发票上记载的应记入加工、修理修配等货物成本的金额中，借记“委托加工物资”、“制造费用”、“管理费用”等科目；按应付或实际支付的金额，贷记“银行存款”、“应付账款”等科目。

业务举例

华强公司委托东方木器加工产品包装木箱，发出材料价款 20 000 元，支付加工费 4 000 元和增值税额 520 元，对该笔业务进行会计处理。

（1）发出材料时的会计处理：

借：委托加工物资	20 000	
贷：原材料		20 000

（2）支付加工费和增值税税额时的会计处理：

借：委托加工物资	4 000	
应交税费——应交增值税（进项税额）	520	
贷：银行存款		4 520

（3）结转加工材料成本时的会计处理（20 000 + 4000 = 24 000 元）：

借：包装物——木箱	24 000	
贷：委托加工物资		24 000

想一想

如果提供加工劳务的单位是小规模纳税人，该如何进行处理？

（三）接受应税劳务

企业接受其他加工、修理、修配的应税劳务，按照增值税专用发票注明的增值税额，借记“应交税费——应交增值税（进项税额）”，按增值税专用发票记载的加工、修理、修配费用，借记“其他业务支出”、“制造费用”、“委托加工物资”、“管理费用”等，按应付或实际支付金额，贷记“应付账款”、“银行存款”等。

业务举例

某生产企业加工车间 10 月份委托某修理厂修理设备，支付修理费 2 000 元，增值税额 260 元，据修理厂开来的专用发票，进行会计处理。

借：制造费用	2 000	
应交税费——应交增值税（进项税额）	260	
贷：应付账款——某修理厂		2 260

三、增值税进项税额转出的会计处理

企业购进的货物发生非常损失（非经营性损失），以及将购进货物改变用途（如用于非应税项目、集体福利或个人消费等），其抵扣的进项税额应通过“应交税费——应交增值税（进项税额转出）”科目转入有关科目，不予以抵扣。因这些货物的增值税额在其购进时已作为进项税额从当期的销项税额作了扣除，故应将其从进项税额中转出，从本期的进项税额中抵减，借记有关成本、费用、损失等科目，贷记“应交税费——应交增值税（进项税额转出）”。另外，按我国现行出口退税政策规定，对进项税额与出口退税的差额，也应作“进项税额转出”的会计处理。

（一）购进货物用于集体福利或个人消费

业务举例

某商业批发企业将原购进的抽油烟机 100 台，作为福利发给职工，该商品进价 500 元/台；办公室领用原作为库存商品的不需安装的空调机 10 台，进价 3 000 元/台。

借：应付职工薪酬—福利费	56 500	
固定资产	33 900	
贷：应交税费——应交增值税（进项税额转出）		10 400
库存商品——抽油烟机		50 000
——空调机		30 000

（二）购进货物用于免税项目

如果企业生产的产品全部都属于免税项目，其购进货物的进项税额应记入采购成本，不存在进项税额转出的问题。如果企业购进的货物既用于应税项目，又用于免税项目，而进项税额又不能单独核算时，月末应按免税项目销售额与应税、免税项目销售额合计之比，计算免税项目不予抵扣的进项税额，然后作“进项税额转出”的会计处理。

业务举例

某塑料制品厂生产农用薄膜和塑料餐具产品，前者属免税产品，后者正常计税。9 月份该厂购入乙烯原料一批，专用发票列明价款 346 538.46 元、增值税额 45 050 元，已付款并验收入库。9 月份全部产品销售额 806 000 元，其中农用薄膜销售额 526 000 元。

【解】

计算当月不得抵扣的进项税额分摊比例 =526 000 ÷806 000 =0.65

计算当月不得抵扣的进项税额 =45 050 ×0.65 =29 399.88（元）

计算当月准予抵扣的进项税额 =45 050 −29 399.88 =15 650.12（元）

根据上述计算，将当月不准抵扣的进项税额做“进项税额转出”处理：

借：主营业务成本（农用薄膜）	29 399.88	
贷：应交税费——应交增值税（进项税额转出）		29 399.88

（三）非正常损失货物

由于非正常损失的购进货物和非正常损失的在产品、库存商品所耗用的购进货物或者应税劳务损失的进项税额，一般都已在以前的纳税期作了抵扣，发生损失后，一般很难核实损失的货物是在过去何时购进的，其原始进价和进项税额也无法准确核定，因此，应按货物的实际成本计算不得不抵扣的进项税额。对于损失的在产品、库存商品中耗用外购物或应税劳务的实际成本，还需要参照企业近期的成本资料加以计算。发生损失后要将其进项税额转出，由企业负担该项税款，与遭受损失的存货成本一并作待处理财产损失处理。

业务举例

鑫源公司是一家批发企业，本月发生火灾，烧毁库存外购彩电 10 台，账面价值总计 40 000 元，如何进行账务处理？

【解】不得抵扣的进项税额 = 40 000 × 13% = 5 200（元）

借：待处理财产损溢　　45 200

　　贷：库存商品　　40 000

　　　　应交税费——应交增值税（进项税额转出）　　5 200

想一想

对企业的正常损失，该如何进行处理？

业务二　增值税销项税额的会计处理

业务描述

一、一般销售行为销项税额的会计处理

货物销售所涉及的会计账户主要有“主营业务收入”、“分期收款发出商品”、“应交税费——应交增值税（销项税额）”、“银行存款”、“应收账款”、“应收票据”等账户。由于销售方式多种多样，其会计处理也有差异。

（一）直接收款方式销售

直接收款方式销售货物，按收入确认原则和条件，不论货物是否发出，均应以收到货款或取得销货款凭据、销货发票交给购货方的当日，确认销售成立并发生纳税义务。即使对不完全符合收入确认条件的销售业务，只要已向对方开出专用发票，也应确认销售税额。企业应根据销售结算凭证和银行存款进账单等，进行如下会计处理：

借：银行存款/应收账款等

　　贷：应交税费——应交增值税（销项税额）

　　　　主营业务收入

业务举例

华强公司采用汇兑结算方式向光明厂销售甲产品 360 件，售价 600 元/件，增值税额 28 080 元，开出转账支票，支付代垫运杂费 1 000 元，货款尚未收到。

借：应收账款——光明工厂　　245 080
　　贷：主营业务收入　　216 000
　　　　应交税费——应交增值税（销项税额）　　28 080
　　　　银行存款　　1 000

（二）分期收款方式销售

采用分期收款方式销售货物，在发出货物时，按发出货物的实际成本，借记“分期收款发出商品”科目，贷记“库存商品”，按合同约定的收款日期开具发票，并按发票上的金额，借记“银行存款”、“应收账款”等，贷记“应交税费——应交增值税（销项税额）”、“主营业务收入”等科目。

业务举例

华强公司按销售合同向 N 公司销售 A 产品 300 件，售价 1 000 元/件，产品成本 800 元/件，税率为 13%。按合同规定，货款分 3 个月平均支付。本月为第一期产品销售实现月，开出增值税专用发票：价款 100 000 元、增值税 13 000 元，款已如数收到。

借：分期收款发出商品　　240 000
　　贷：库存商品　　240 000
借：银行存款　　113 000
　　贷：主营业务收入　　100 000
　　　　应交税费——应交增值税（销项税额）　　13 000
借：主营业务成本　　80 000
　　贷：分期收款发出商品　　80 000

（三）现金折扣销售

现金折扣是企业的一种融资行为，因此，这种折扣不得不从销售额中抵减，应借记“财务费用”。由于现金折扣的会计处理方法有全价法和净价法，现按全价法对购销双方进行会计处理。

业务举例

鑫源公司销售一批产品给 B 企业，全部价款为 200 000 元，增值税额 26 000 元（200 000 × 13%），规定现金折扣条件为“2/10，1/20，n/30”。

【解】

（1）销货方鑫源公司会计处理如下：

产品发出并办理完托收手续时：

借：应收账款　　226 000
　　贷：主营业务收入　　200 000

应交税费——应交增值税（销项税额） 26 000

如果上述货款在 10 日付款时：

借：银行存款 222 000
财务费用 4 000
贷：应收账款 226 000

如果上述货款超过 20 日付款时：

借：银行存款 226 000
贷：应收账款 226 000

（2）购货方 B 企业会计处理如下：

借：原材料 200 000
应交税费——应交增值税（进项税额） 26 000
贷：应付账款 226 000

上述货款在 10 天内付款时：

借：应付账款 226 000
贷：银行存款 222 000
财务费用 4 000

上述货款在 20 天付款时：

借：应付账款 226 000
贷：银行存款 226 000

（四）销货全部退回

企业在货物销售过程中，如果发生退货或要求折让，不论是当月销售的退货与折让，还是以前月份销售的退货与折让，均应冲减当月的主营业务收入，在收到购货单位退回的增值税专用发票或寄来的“证明单”后，分别不同情况进行会计处理。

1. 销货全部退回并收到购货方退回的增值税专用发票的“发票联”和“抵扣联”。

2. 销货全部退回并收到购货方转来的“证明单”，应根据“证明单”上所列退货数量、价款和增值税额，开具红字增值税专用发票，并作为冲销当月销售收入和当月销项税额的凭据，借记“主营业务收入”、“应交税费——应交增值税（销项税额）”、“销售费用——运输费”、“应交税费——应交增值税（进项税额）”，贷记“应收账款”（购货方未付款）、“应付账款”（购货方已付款）、“银行存款”（购货方已付款，即时支付退货款）。实际记账时，应以红字记入“主营业务收入”、“应交税费——应交增值税（销项税额）”的贷方。

业务举例

华强公司上月 26 日销售给天方公司的丁产品全部退货，已收到对方转来的增值税专用发票的“发票联”和“抵扣联”，上列价款 80 000 元、增值税额 10 400 元，并转来原代垫运费 500 元，增值税额 45 元）和退货运费 600 元，增值税额 54 元的货物运输业专用发票。开具红字增值税专用发票。

借：应收账款——天方公司 [90 945]
应交税费——应交增值税（进项税额） 45

销售费用 500

贷：主营业务收入 80 000

应交税费——应交增值税（销项税额） 10 400

同时：

借：销售费用——运输费 600

应交税费——应交增值税（进项税额） 54

贷：其他应付款——天方公司 654

（五）销货部分退回

销货部分退回并收到购货方退回的增值税专用发票的发票联和抵扣联，一般情况是对方尚未付款。

（1）如果销售方尚未登账，应将退回的“发票联”、“抵扣联”、“记账联”与“存根联”以及所填的记账凭证予以作废保存，然后再按购货方实收数量、价款和增值税额重新开具增值税专用发票，并进行相应的会计处理。

（2）如果属于以前月份销售，应将退回的“发票联”和“抵扣联”注明“作废”字样，然后根据购货方实收数量、价款和增值税额重新开具增值税专用发票，根据作废的“发票联”、“抵扣联”与新开出的专用发票的“记账联”作为冲销当月销售收入和当月销项税额的凭据，按原发票和新开出的发票所列价款的差额和增值税的差额，借记“主营业务收入”、“应交税费——应交增值税（销项税额）”，贷记“银行存款”等。

业务举例

华强公司上月销售给长城公司的甲产品100 000元，退货10 000元，已收到原开具的增值税专用发票的“发票联”和“抵扣联”应在退回的“发票联”和“抵扣联”上注明“作废”字样，按购货方实收金额和税额开具增值税专用发票，应冲减的销售收入10 000元，冲销的销项税额为1 300元。

借：应收账款——长城公司 11 300

贷：主营业务收入——甲产品 10 000

应交税费——应交增值税（销项税额） 1 300

（六）销货折让

销货折让的会计处理分以下几种情况：

1. 如果购货方尚未进行会计处理，也未付款，销货方应在收到购货方转来的原开出增值税专用发票的“发票联”和“抵扣联”上注明“作废”字样。

（1）如属当月销售，销货方尚未进行会计处理，则不需要进行冲减当月销售收入和销项税额的账务处理，只需根据双方协商扣除折让的价款和增值税额，重新开具增值税专用发票，并进行会计处理。

（2）如属以前月份销售，销货方已进行会计处理，则应根据折让后的价款和增值税额重新开具专用发票，按原开的专用发票的“发票联”和“抵扣联”与新开出的专用发票的“记账联”差额，冲销当月销售收入和当月销项税额，借记“主营业务收入”、“应交税费——应交增值税（销项税额）”，贷记“应收账款”。

业务举例

华强公司7月20日采用托收承付结算方式销售给光明工厂乙产品100 000元，增值税额13 000元，由于质量原因，双方协商折让20%，8月18日收到光明工厂转来的增值税专用发票的“发票联”和“抵扣联”。

- 7月20日办妥托收手续时：

借：应收账款——光明工厂　　113 000

　　贷：主营业务收入——乙产品　　100 000

　　　　应交税费——应交增值税（销项税额）　　13 000

- 8月18日转来增值税专用发票时，按扣除折让后的价款20 000元和增值税额2 600元，重新开具专用发票，冲销产品销售收入20 000元和增值税额2 600元。

借：应收账款　　22 600

　　贷：主营业务收入——乙产品　　20 000

　　　　应交税费——应交增值税（销项税额）　　2 600

2. 如果购货方已进行会计处理，“发票联”和“抵扣联”已无法退还。销货方应根据购货方转来的“证明单”，按折让金额（价款和税款）开具红字增值税专用发票，作为冲销当期销售收入和销项税额的凭据。

业务举例

华强公司上月销售给耀华工厂的丙产品40件，由于质量不符合要求，双方协商折让20%。耀华工厂转来的证明单上列明折让价款20 000元，折让税额2 600元，根据证明单开出红字增值税专用发票并通过银行汇出款项。作账务处理如下：

借：银行存款　　22 600

　　贷：主营业务收入——乙产品　　20 000

　　　　应交税费——应交增值税（销项税额）　　2 600

二、包装物销售及没收押金销项税额的会计处理

（一）包装物销售

随同产品销售并单独计价的包装物，按规定，包装物单独计价时应作为销售计算缴纳增值税，借记“银行存款”、“应收账款”等，贷记“其他业务收入”、“应交税费——应交增值税（销项税额）”。不单独计价时，并入产品销售收入。

业务举例

华强公司销售给本市天众工厂带包装物的丁产品600件，包装物单独计价，开出增值税

专用发票上列明产品销售价款 96 000 元，包装物销售价款 10 000 元，增值税额 13 780 元，款未收到。

【解】因包装物单独计价，可计入其他业务收入。其账务处理为：

借：应收账款——天众工厂　　119 780
　　贷：主营业务收入——丁产品　　96 000
　　　　其他业务收入——包装物销售　　10 000
　　　　应交税费——应交增值税（销项税额）　　13 780

（二）包装物出租

包装物出租并收取包装物租金。包装物租金收入属于价外费用，按税法规定企业收取的包装物租金应计算的销售额，不包括向购买方收取的销项税额。一般包装物租金为含税收入，因此，应先换算为不含税收入，再计算应缴增值税，租金收入计入“其他业务收入”科目。

业务举例

华强公司采用银行汇票结算方式，销售给东平机械厂甲产品 400 件，售价 400 元/件，增值税额 20 800 元（400 × 400 × 13%），包装物 400 个出租，承租期为两个月，共计租金 4 520 元，一次收取包装物押金 23 200 元，总计结算金额 215 040 元（400 × 400 + 25 600 + 4 520 + 23 200）。

【解】包装物租金不含税收入 = 4 520 ÷ (1 + 13%) = 4 000（元）

包装物租金应计销项税额 = 4 000 × 13% = 520（元）

借：银行存款　　208 520
　　贷：主营业务收入　　160 000
　　　　其他业务收入　　4 000
　　　　应交税费——应交增值税（销项税额）　　21 320
　　　　其他应付款——存入保证金　　23 200

（三）包装物押金

在出租包装物时，往往会收取押金，包装物押金的处理分以下两种情况：

1. 销售酒类产品之外的货物而收取的包装物的押金。当包装物逾期未收回时，没收押金，按适用税率计算销项税额。“逾期”以一年为限，收取押金超过一年时，无论是否退还，均应并入销售额计税。对个别周转使用期较长的包装物，经税务机关批准后，其押金可适当放宽逾期期限。

2. 销售酒类产品而收取的包装物押金。该类产品的包装物押金又分两种情况：一是啤酒、黄酒，其计税要求、会计处理方法同上；二是其他酒类，其包装物的押金，无论将来押金是否返回、是否按时返还以及财务会计如何核算，均应并入当期销售额计税。所没收的包装物押金的税率与所包装的物品的税率一致。

业务举例

华强公司销售 A 产品 100 件，成本价 150 元/件，销售价 250 元/件，共收取包装物押金 8 000 元，包装物成本价 50 元/件，已开具增值税专用发票。

销售产品时：

借：银行存款　　28 250

　　贷：主营业务收入——A 产品　　25 000

　　　　应交税费——应交增值税（销项税额）　　3 250

若逾期未退还包装物没收押金时：

不含税收入 =8 000 ÷（1 +13%）=7 079.65（元）

增值税 =7 079.65 ×13% =920.35（元）

计入账户的收入 =8 000 －920.35 =7 079.65（元）

借：其他应付款——存入保证金　　8 000.00

　　贷：营业外收入——没收押金　　7 079.65

　　　　应交税费——应交增值税（销项税额）　　920.35

三、视同销售行为销项税额的会计处理

知识准备

视同销售的会计处理，主要是区分形成会计销售和不形成会计销售的应税销售。对于会计销售业务，要以商事凭证为依据，确认销售收入。对于不形成会计销售的应税销售，不记入收入类账户，不作销售收入处理，而按成本转账，并根据税法规定，按货物的成本或双方确认的价值、同类产品的销售价格、组成计税价格等乘以适用税率计算。8 种视同销售行为的相关会计处理处理表如表 3－12 所示。

表 3－12　　视同销售行为的会计处理处理表

类别	具体情况
会计上确认为收入（贷：主营业务收入或其他业务收入）	（1）将货物交付他人代销 （2）销售代销货物 （5）将自产、委托加工的货物用于集体福利或个人消费 （6）将自产、委托加工或购进的货物作为投资、提供给其他单位或个体户 （7）将自产、委托加工或购进的货物分配给股东或投资者
会计上不确认收入（贷：库存商品）	（3）设有两个以上机构并实行统一核算的纳税人，将货物从一个机构移送其他机构用于销售，但相关机构在同一县（市）的除外 （4）将自产、委托加工的货物用于非应税项目 （8）将自产、委托加工或购进的货物无偿赠送给其他单位或个人

会计处理分两种情况：

1. 不确认为收入时：

借：营业外支出（对外捐赠）

　　销售费用（用于市场推广、样品试用）

　　管理费用（交际应酬）

　　贷：库存商品（成本价）

应交税费——应交增值税（销项税额）（按计税价格计税）

2. 确认为收入时：

借：长期股权投资（用于投资）

应付职工薪酬等（用于职工福利）

应付股利（用于分配股利）

贷：主营业务收入/其他业务收入

应交税费——应交增值税（销项税额）

同时：

借：主营业务成本/其他业务成本

贷：库存商品/原材料等

（一）将自产、委托加工的货物用于集体福利和个人消费

企业将自产、委托加工的货物用于集体福利和个人消费，并非销售活动，不计入有关收入类账户。按所用货物的成本与货物售价或组成计税价格乘以适用税率计算的应纳增值税之和，借记“应付职工薪酬”等；按所用货物成本，贷记“库存商品”、“原材料”等；按应纳增值税额，贷记“应交税费——应交增值税（销项税额）”。

业务举例

华强公司职工俱乐部领用本企业生产的空调机 5 台，生产成本 8 000 元/台，售价 10 000 元/台。作为职工福利发给职工抽油烟机 400 台，生产成本 200 元/台，售价 250 元/台。进行相应的会计处理。

【解】应纳增值税额 $=10\ 000\times5\times13\%+250\times400\times13\%=6\ 500+13\ 000$

$=19\ 500$（元）

应计入固定资产的价值 $=8\ 000\times5+6\ 500=46\ 500$（元）

应计入福利费的金额 $=200\times400+13\ 000=93\ 000$（元）

借：固定资产	46 500	
应付职工薪酬——福利费	93 000	
贷：应交税费——应交增值税（销项税额）		19 500
库存商品——空调机		40 000
——抽油烟机		80 000

年终调账时，按售价与成本的差额计入应税所得额，计算缴纳所得税。

（二）将自产、委托加工或购买的货物作为投资

存货投资并非销售业务，而是一种资产转变成另一种资产的经济事项，不改变所有者权益。在进行会计处理时，按已投货物的账面价值加上应支付的相关税费（包括增值税）作为初始投资成本，借记“短期投资”、“长期股权投资”等；按投出货物已计提的跌价准备，借记“存货跌价准备”；按投出货物的账面余额，贷记“库存商品”、“原材料”等；按所投资货物的售价或组成计税价格乘以适用税率计算的增值税额，贷记“应交税费——应交增值税（销项税额）”，对支付的其他税费，贷记“银行存款”等。

知识拓展

如果在以货物投资过程中，还涉及补价，则在会计处理中考虑补价因素。投资方收到补价时，借记投资账户的金额应等于投出货物的账面价值加上应确认的收益额、应支付的相关税费，再减去收取的补价后的余额，并作为初始投资成本；对收到的补价，借记“银行存款”，对确认的收益额，贷记“营业外收入——非货币性交易收益”，其余不变。

若投资方支付补价时，借记投资账户的金额应等于投出货物的账面价值加上应支付的补价和应支付的相关税费，并作为初始投资成本；对支付的补价，贷记“银行存款”。税法还明确要求，企业应将自产货物投资作销售收入处理。若不贷记“主营业务收入”，则应在期末进行所得税纳税调整。

业务举例

华强公司6月份将购入原材料一批对外投资，其账面价值180 000元，已计提跌价准备10 000元，增值税额23 400元，不涉及补价，未发生相关费用，进行相应的会计处理。

借：长期股权投资——其他股权投资　193 400
　　存货跌价准备　10 000
　　贷：原材料　180 000
　　　　应交税费——应交增值税（销项税额）　23 400

若上述对外投资不是外购原材料，而是企业的库存商品A，投出库存商品的账面成本180 000元，市场售价（计税金额）200 000元，未计提跌价准备，未发生相关费用，进行相应的会计处理。

【解】对外投资时的会计处理如下：

借：长期股权投资——其他股权投资　206 000
　　贷：库存商品——A产品　180 000
　　　　应交税费——应交增值税（销项税额）　26 000

（三）将自产、委托加工或购买的货物分配给投资者

企业将自产、委托加工或购买的货物分配给股东或投资者，这是一种较为实在的销售业务。因为股东或其他投资人是有别于该企业的另一个实体（会计主体）。这类行为虽然没有直接的库存现金流入，但实际上它与将货物出售后取得货币资产，然后再分配给股东，并无实质区别。因此，这一视同销售行为，应作为销售处理，即应按市场价格或组成计税价格计价，并记入有关收入类账户。按所分配货物的市场价格或组成计税价格和其适用税率计算的应纳增值税两项之和，借记“应付利润”、“其他业务收入”，按应纳增值税额，贷记“应交税费——应交增值税（销项税额）”。

业务举例

华强公司将自产的甲产品和委托加工的丁产品作为应付利润分配给投资者。甲产品售价60 000元，委托加工的J产品没有同类产品售价，其委托加工成本是40 000元，进行相应的会计处理。

【解】甲产品应计销项税额 = 60 000 × 13% = 7 800（元）

丁产品组成计税价格 = 40 000 × (1 + 10%) = 44 000（元）

丁产品应计销项税额 = 44 000 × 13% = 5 720（元）

合计销项税额 = 7 800 + 5 720 = 13 520（元）

借：应付利润	117 520	
贷：主营业务收入		104 000
应交税费——应交增值税（销项税额）		13 520

（四）将自产、委托加工或购买的货物无偿赠送他人

企业将自产、委托加工或购买的货物无偿赠送他人，并非销售活动，因为企业并未获得经济利益，但按税法规定，要视同销售货物计算缴纳增值税。自产、委托加工货物本身所耗原材料和支付的加工费等的“进项税额”、购买货物中的“进项税额”已从“销项税额”中抵扣，若不视同销售业务，买卖双方互相“赠送”，国家将无法收税。因此，这类业务要视同销售计税。按所赠货物的成本与所赠货物售价或组成计税价格乘以税率计算应纳税之和，借记“营业外支出”；按所赠货物的成本，贷记“库存商品”、“原材料”等；按应纳增值税额，贷记“应交税费——应交增值税（销项税额）”。

业务举例

华强公司将所生产乙产品无偿赠送他人，生产成本9 000元，计税价11 000元。将购进的A材料400千克，计划价30元/千克，无偿赠送他人，已提跌价准备1 100元，进行相应的会计处理。

【解】乙产品应计销项税额 = 11 000 × 13% = 1 430（元）

A材料实际成本 = 400 × 30 = 12 000（元）

A材料应计销项税额 = 12 000 × 13% = 1 560（元）

借：营业外支出	22 890	
存货跌价准备	1 100	
贷：库存商品		9 000
原材料		12 000
应交税费——应交税费（销项税额）		2 990

业务三　结转与上缴增值税的会计处理

知识准备

小规模纳税人上缴的处理相对简单，这里重点说明一般纳税人的会计处理。一般纳税人由于设账方式不同，其具体的处理方式也不同。

一、按月缴纳增值税的会计处理

按月纳税的，平时通过“应交税费——应交增值税”多栏式明细账核算增值税涉税业务，月末，结出借方与贷方发生额的合计数和差额数（余额数）。若余额在贷方，表示本月应缴而未缴的增值税。可不做账务处理。

下月初上缴上月增值税时，做账务处理如下：

借：应交税费——应交增值税

　　贷：银行存款

若余额在借方，表示尚未抵扣完的进项税额，留待下月继续抵扣，不再转出。由于以一个月为纳税期限的企业不存在当月预缴当月税款的情况，月末也不会有多交情况。若月末“应交税费——未交增值税”有借方余额，只能是当月尚未抵扣完的进项税额（以后月份继续抵扣）。

二、按日缴纳增值税的会计处理

若主管税务机关核定纳税人按日缴纳增值税，则平时按核定纳税期纳税时，属预缴性质；月末，在核实上月应缴增值税后，应于下月 15 日前清缴。

平时，企业在“应交税费——应交增值税”明细账中核算增值税业务。其中，当月上缴当月增值税额时，做账务处理如下：

借：应交税费——应交增值税（已交税金）

　　贷：银行存款

月末，结出该账户借方、贷方合计和差额。若“应交税费——应交增值税”账户为贷方差额，表示本月应缴未缴增值税税额。若“应交税费——应交增值税”账户为借方差额，由于月中有预缴税款的情况，故该借方差额不仅可能是尚未抵扣完的进项税额，而且还可能包含了多缴的部分。

三、设置“应交税费——未交增值税”账户

企业也可设置“应交税费——应交增值税（转出未交增值税）”、“应交税费——未交增值税”账户，期末将未交的增值税 转至“应交税费——未交增值税”的贷方，做账务处理如下：

借：应交税费——应交增值税（转出未交增值税）

　　贷：应交税费——未交增值税

下月初结清上月应缴增值税或上缴以前月份（年度）欠缴增值税时，做账务处理如下：

借：应交税费——未交增值税

　　贷：银行存款

业务举例

某公司设置“应交税费——未交增值税”进行期末增值税明细核算。8 月初上缴 7 月份未缴增值税 12 000 元；8 月底上缴当月应缴增值税 13 000 元，还有 1 000 元应缴增值税未缴纳。

上缴 7 月未缴增值税时，会计处理如下：

借：应交税费——未交增值税　　12 000

　　贷：银行存款　　12 000

上缴当月应缴增值税时，会计处理如下：

借：应交税费——应交增值税（已交税金）　　13 000

　　贷：银行存款　　13 000

将当月应缴未缴增值税 1 000 元转出时，会计处理如下：

借：应交税费——应交增值税（转出未交增值税）　　1 000

　　贷：应交税费——未交增值税　　1 000

任务四 填制增值税纳税申报表

根据《中华人民共和国税收征收管理法》及其实施细则、《中华人民共和国增值税暂行条例》和《中华人民共和国发票管理办法》的有关规定，增值税纳税申报分为一般纳税人和小规模纳税人两种。这里以小规模纳税人为例。

小规模纳税人无论当月是否发生应税行为，均应按期向主管税务部门报送纳税申报表。

业务举例

业务一　填制小规模纳税人纳税申报表

小规模纳税人无论当月是否发生应税行为，均应按期向主管税务部门报送纳税申报表。

天华公司为增值税小规模纳税人，纳税人识别号：410101111861525800000；法人代表李天华，财务负责人李霞；2019 年 1 月份发生以下经济业务：

1. 1 月 5 日，购入材料一批，取得增值税专用发票，注明价款 10 万元，税额 1.3 万元。款项已付，材料已入库。

2. 1 月 15 日，将上月购入的材料用于不动产在建工程，该批材料的账面价值 5 万元。

3. 1 月 20 日，支付生产水电费 2 万元，取得普通发票。

4. 1 月 21 日销售产品一批，由税务机关代开增值税专用发票，注明价款 10 万元。货已发，款未收。

5. 1 月 30 日将自产的产品作为节日福利发放给职工，该批产品的成本为 2 万元，市场不含税价格为 4 万元。

要求：进行以上业务的会计处理；计算本月应纳的增值税；填制纳税申报表。

业务完成

会计处理如下：

1. 由于小规模纳税人不进行税款抵扣，因此，购进货物时取得的增值税专用发票也不抵扣，应将税金和货款一并计入购货成本。

借：原材料	113 000	
贷：银行存款		113 000
2. 借：在建工程	50 000	
贷：原材料		50 000
3. 支付生产水电费：		
借：生产成本	20 000	
贷：银行存款		20 000
4. 借：应收账款	103 000	
贷：主营业务收入		100 000
应交税费——应交增值税		3 000
5. 将自产的产品发给职工，按销售处理。		
借：应付职工薪酬	41 200	
贷：主营业务收入		40 000
应交税费——应交增值税		1 200
同时：		
借：主营业务成本	20 000	
贷：库存商品		20 000

本期应交增值税 =3 000 +1 200 =4 200（元）

填制小规模纳税人申报表如表 3 – 13 所示。

表 3－13　　　　**增值税纳税申报表**

（小规模纳税人适用）

纳税人识别号：□□□□□□□□□□□□□□□□□□□□

纳税人名称（公章）：　　　　　　　　　　　　　　　　金额单位：元至角分

税款所属期：2019 年 01 月 01 日至 2019 年 01 月 31 日　　　　填表日期：2019 年 02 月 03 日

	项目	栏次	本期数		本年累计	
			货物及劳务	服务、不动产和无形资产	货物及劳务	服务、不动产和无形资产
一、计税依据	（一）应征增值税不含税销售额	1	140 000			
	税务机关代开的增值税专用发票不含税销售额	2	100 000			
	税控器具开具的普通发票不含税销售额	3				
	（二）销售、出租不动产不含税销售额	4	—		—	
	税务机关代开的增值税专用发票不含税销售额	5	—		—	
	税控器具开具的普通发票不含税销售额	6	—		—	
	（三）销售使用过的固定资产不含税销售额	7（7≥8）		—		—
	其中：税控器具开具的普通发票不含税销售额	8		—		—
	（四）免税销售额	9＝10＋11＋12				
	其中：小微企业免税销售额	10				
	未达起征点销售额	11				
	其他免税销售额	12				
	（五）出口免税销售额	13（13≥14）				
	其中：税控器具开具的普通发票销售额	14				
二、税款计算	项目	栏次	本期数		本年累计	
			货物及劳务	服务、不动产和无形资产	货物及劳务	服务、不动产和无形资产
	本期应纳税额	15	4 200			
	本期应纳税额减征额	16				
	本期免税额	17				
	其中：小微企业免税额	18				
	未达起征点免税额	19				
	应纳税额合计	20＝15－16	4 200			
	本期预缴税额	21			—	—
	本期应补（退）税额	22＝20－21	4 200		—	—

纳税人或代理人声明：	如纳税人填报，由纳税人填写以下各栏：
本纳税申报表是根据国家税收法律法规及相关规定填报的，我确定它是真实的、可靠的、完整的。	办税人员：李霞　　财务负责人：李霞 法定代表人：李天华　　联系电话：
	如委托代理人填报，由代理人填写以下各栏：
	代理人名称（公章）：　　经办人： 联系电话：

主管税务机关：　　　　　　接收人：　　　　　　接收日期：

＊业务二　增值税一般纳税人申报表的填制

凡增值税一般纳税人（以下简称“纳税人”）均按《增值税一般纳税人纳税申报办法》进行纳税申报。纳税人进行纳税申报必须实行电子信息采集。使用防伪税控系统开具增值税专用发票的纳税人必须在抄报税成功后，方可进行纳税申报。

知识链接

纳税申报资料必报资料

1.《增值税纳税申报表（适用于增值税一般纳税人)》及其《增值税纳税申报表附列资料（表一)、(表二)、(表三)、(表四)（表五)、(固定资产表)、(进项结构明细表)、(增值税减免税申报明细表)、(营改增税免分析测算明细表）等附表》；

2. 使用防伪税控系统的纳税人，必须报送记录当期纳税信息的IC卡（明细数据备份在软盘上的纳税人，还须报送备份数据软盘)、《增值税专用发票存根联明细表》及《增值税专用发票抵扣联明细表》；

3.《资产负债表》和《损益表》；

4.《成品油购销存情况明细表》(发生成品油零售业务的纳税人填报)；

5. 主管税务机关规定的其他必报资料。

纳税申报实行电子信息采集的纳税人，除向主管税务机关报送上述必报资料的电子数据外，还需报送纸介的《增值税纳税申报表（适用于一般纳税人)》(主表及附表)。

知识链接

纳税申报资料备查资料

1. 已开具的增值税专用发票和普通发票存根联；

2. 符合抵扣条件并且在本期申报抵扣的增值税专用发票抵扣联；

3. 海关进口货物完税凭证、运输发票、购进农产品普通发票及购进废旧物资普通发票的复印件；

4. 收购凭证的存根联或报查联；

5. 代扣代缴税款凭证存根联；

6. 主管税务机关规定的其他备查资料。

备查资料是否需要在当期报送，由各省级国家税务局确定。

业务举例

华强有限责任公司为增值税一般纳税人，适用增值税税率13%，法定代表人为王华强，纳税人识别号为410102810479494000000，开户银行：中国建设银行某市中原路支行，开户账号6222775923467891223，按月纳税。2019年7月未缴纳税额为0元；8月份应税货物销售额为1 507 087.83元，应税劳务销售额为49 499.52元，销项税额为202 356.36元，进项税额为93 169.55元，8月末未缴纳税额为109 186.81元，与2019年9月份一同缴纳（不考虑滞纳金）。该公司不属于享受即征即退优惠的企业。2019年9月生产经营情况如下：

1. 购买原材料取得防伪税控开具的增值税专用发票及认证情况见表3－14，取得货物运输业增值税专用发票13份，合计金额为39 500元，税额3 555元（39 500×9%），均在法定期限内予以认证。本期和前期取得但尚未申报抵扣的防伪税控系统开具的增值税专用发票情况及认证见表3－14和表3－15。

2. 本期有731 936.47元的外购材料用于集体福利、个人消费，其所负担的税款为95 151.74元，有19 400.29元的外购材料发生非正常损失，所负担的税款为2 522.03元。

3. 本期销售产品并取得防伪税控系统开具的增值税专用发票情况见表3－16，其中号码为00099544的发票因开具形式不符合要求而作废，号码为00099555的发票为红字发票；销售产品并开具普通发票2张，合计金额为185 000元，销售产品但未开具发票的金额为3 350元；因销售产品提供运输劳务开具普通发票15份，收取运费56 590元。

表3－14　本期取得防伪税控系统开具的增值税专用发票及认证情况　金额单位：元至角分

发票代码	发票号码	开票日期	金额	税额	销货方识别号	认证日期
略	00140803	20190901	23 584.91	3 066.038	略	20190930
	01832985	20190903	1 671.50	217.2950		20190930
	04430852	20190903	1 461 935.04	190 051.60		20190930
	00327483	20190913	27 377.12	3 559.026		20190930
	02757438	20190914	29 634.88	3 852.534		20190930
	07239766	20190915	94 290.56	12 257.77		20190930
	02649878	20190925	9 546.67	1 241.067		20190930
	07547555	20190926	96 782.39	12 581.71		20190930
合　计			1 744 823	226 827	—	—

表3－15　前期取得防伪税控系统开具的增值税专用发票及认证情况　金额单位：元至角分

发票代码	发票号码	开票日期	金额	税额	销货方识别号	认证日期
略	04453429	20190805	3 097.87	402.7231	略	20190831
	06687545	20190827	96 782.39	12 581.71		20190831
合　计			99 880.26	12 984.43	—	—

4. 另有其他补充资料如下：

9 月 26 日，购进设备一台，取得防伪税控《增值税专用发票》，金额 1 万元，税额 1 300 元，还未经过认证。

要求：根据增值税一般纳税人纳税申报表的要求计算填列适用于增值税一般纳税人的增值税纳税申报表及相关附表。

表 3-16　　防伪税控系统开具的增值税专用发票情况　　金额单位：元至角分

发票代码	发票号码	开票日期	金额	税额	销货方识别号
4100121140	00099543	20190902	75 835.90	9 858.66	略
略	00099544	20190903	93 846.15	12 200.00	
	00099545	20190903	93 846.15	12 200.00	
	00099546	20190904	11 965.81	1 555.55	
	00099547	20190905	16 907.69	2 198	
	00099548	20190906	1 794.87	233.3331	
	00099549	20190911	1 615.38	209.9994	
	00099550	20190912	154 358.97	20 066.67	
	00099551	20190913	115 961.54	15 075.00	
	00099552	20190914	180 384.62	23 450.00	
	00099553	20190915	116 153.84	15 100.00	
	00099554	20190916	1 461.54	190.0002	
	00099555	20190925	-25 777.78	-3 351.11	
	00099556	20190926	1 311.11	170.4443	
	00099557	20190927	76 923.08	10 000.00	
	00099558	20190928	427 350.00	55 555.50	
合　计			1 343 938.87	174 712.05	

业务分析

1. 购买原材料取得防伪税控开具的增值税专用发票，均在法定期限内予以认证，所以购进原材料可抵扣的税额 =226 827 元（根据表 3-14 计算）；运费可抵扣税额 3 555 元；前期未抵扣可在本期抵扣的税额 =12 984.43 元（根据表 3-15 计算），可抵扣的进项税额合计 =226 827 +3 555 +12 984.43 =243 366.43 元。

2. 用于集体福利、个人消费及发生的非正常损失，可进行进项税额转出。

进项税额转出 =95 151.74 +2 522.03 =97 673.77（元）

3.（1）根据表 3-15 计算，本期销售额 =1 343 938.87 元（扣除作废发票和红字发票金额后）；销项税额 =174 712.05 元；

（2）销售产品开具普通发票，则：

不含税销售额 = 185 000 ÷ (1 + 13%) = 163 716.81 (元)

销项税额 = 185 000 ÷ (1 + 13%) × 13% = 21 283.19 (元)

(3) 销售产品未开发票不含税销售额 = 3 350 ÷ (1 + 13%) = 2 964.60 (元)

销项税额 = 3 350 ÷ (1 + 13%) × 13% = 385.40 (元)

(4) 因销售产品提供运输劳务不含税销售额 = 56 590 ÷ (1 + 13%) = 50 079.65 (元)

运输劳务应纳税额 = 56 590 ÷ (1 + 13%) × 13% = 6 510.35 (元)

4. 其他业务。

购进固定资产税额 1 300 元，因未认证暂不可抵扣。

5. 计算本期应纳增值税税额。

本月销售收入总计 = 1 343 938.87 + 163 716.81 + 2 964.60 + 50 079.65 = 1 560 699.93 (元)

销项税额合计 = 174 712.05 + 21 283.19 + 385.40 + 6 510.35 = 202 890.99 (元)

本期可抵扣的进项税合计 = 243 366.43 (元)

本期进项税额转出 = 97 673.77 (元)

上期未交税额 = 109 186.81 (元)

本期应纳增值税税额 = 销项税额 - (进项税额 - 进项税额转出) + 上期未交税额

= 202 890.99 - (243 366.43 - 97 673.77) + 109 186.81

= 166 385.14 (元)

业务完成

根据以上资料，填制纳税申报表（表 3 - 17 至表 3 - 19）。

表 3－17

增值税纳税申报表附列资料（一）

（本期销售情况明细）

税款所属时间：2019 年 09 月 01 日至 2019 年 09 月 30 日

纳税人名称：（公章）　　　　金额单位：元至角分

项目及栏次				开具增值税专用发票		开具其他发票		未开具发票		纳税检查调整		合计			服务、不动产和无形资产扣除项目本期实际扣除金额	扣除后	
				销售额	销项（应纳）税额	销售额	销项（应纳）税额	销售额	销项（应纳）税额	销售额	销项（应纳）税额	销售额	销项（应纳）税额	价税合计		含税（免税）销售额	销项（应纳）税额
				1	2	3	4	5	6	7	8	9＝1＋3＋5＋7	10＝2＋4＋6＋8	11＝9＋10	12	13＝11－12	14＝13÷（100%＋税率或征收率）×税率或征收率
一、一般计税方法计税	全部征税项目	13%税率的货物及加工修理修配劳务	1	1 343 938.87	174 712.05	163 716.81	21 283.19	2 964.60	385.4			1 510 620.28	196 380.64	—	—	—	—
		13%税率的服务、不动产和无形资产	2			50 079.65	6 510.35					50 079.65	6 510.35				
		9%税率的货物及加工修理修配劳务	3											—	—	—	—
		9%税率的服务、不动产和无形资产	4														
		6%税率	5														
	其中：即征即退项目	即征即退货物及加工修理修配劳务	6	—	—	—	—	—	—	—	—			—	—	—	—
		即征即退服务、不动产和无形资产	7	—	—	—	—	—	—	—	—						

续表

项目及栏次				开具增值税专用发票		开具其他发票		未开具发票		纳税检查调整		合计			服务、不动产和无形资产扣除项目本期实际扣除金额	扣除后	
				销售额	销项（应纳）税额	销售额	销项（应纳）税额	销售额	销项（应纳）税额	销售额	销项（应纳）税额	销售额	销项（应纳）税额	价税合计		含税（免税）销售额	销项（应纳）税额
				1	2	3	4	5	6	7	8	9＝1＋3＋5＋7	10＝2＋4＋6＋8	11＝9＋10	12	13＝11－12	14＝13÷（100%＋税率或征收率）×税率或征收率
二、简易计税方法计税	全部征税项目	6%征收率	8							—	—			—	—	—	—
		5%征收率的货物及加工修理修配劳务	9a							—	—			—	—	—	—
		5%征收率的服务、不动产和无形资产	9b							—	—						
		4%征收率	10							—	—			—	—	—	—
		3%征收率的货物及加工修理修配劳务	11							—	—			—	—	—	—
		3%征收率的服务、不动产和无形资产	12							—	—						
		预征率 %	13a							—	—						
		预征率 %	13b							—	—						
		预征率 %	13c							—	—						
	其中：即征即退项目	即征即退货物及加工修理修配劳务	14	—	—	—	—	—	—	—	—			—	—	—	—
		即征即退服务、不动产和无形资产	15	—	—	—	—	—	—	—	—						
三、免抵退税	货物及加工修理修配劳务		16	—	—		—		—	—	—		—	—	—	—	—
	服务、不动产和无形资产		17	—	—		—		—	—	—		—				—
四、免税	货物及加工修理修配劳务		18				—		—	—	—		—	—	—	—	—
	服务、不动产和无形资产		19	—	—		—		—	—	—		—				—

表 3－18　　增值税纳税申报表附列资料（二）

（本期进项税额明细）

税款所属时间：年　月　日至　年　月　日

纳税人名称：（公章）　　金额单位：元至角分

一、申报抵扣的进项税额				
项　目	栏次	份数	金额	税额
（一）认证相符的增值税专用发票	1＝2＋3	10	1844703.26	239811.42
其中：本期认证相符且本期申报抵扣	2	8	1744823	226827
前期认证相符且本期申报抵扣	3	2	99880.26	12984.43
（二）其他扣税凭证	4＝5＋6＋7＋8a＋8b		39500	3555
其中：海关进口增值税专用缴款书	5			
农产品收购发票或者销售发票	6			
代扣代缴税收缴款凭证	7		—	
加计扣除农产品进项税额	8a	—	—	
其他	8b		39500	3555
（三）本期用于购建不动产的扣税凭证	9			
（四）本期用于抵扣的旅客运输服务扣税凭证	10			
（五）外贸企业进项税额抵扣证明	11	—	—	
当期申报抵扣进项税额合计	12＝1＋4＋11		1884203.26	243366.43
二、进项税额转出额				
项　目	栏次	税额		
本期进项税额转出额	13＝14至23之和	97673.77		
其中：免税项目用	14			
集体福利、个人消费	15	95151.74		
非正常损失	16	2522.03		
简易计税方法征税项目用	17			
免抵退税办法不得抵扣的进项税额	18			
纳税检查调减进项税额	19			
红字专用发票信息表注明的进项税额	20			
上期留抵税额抵减欠税	21			
上期留抵税额退税	22			
其他应作进项税额转出的情形	23			
三、待抵扣进项税额				
项目	栏次	份数	金额	税额
（一）认证相符的增值税专用发票	24	—	—	—
期初已认证相符但未申报抵扣	25			
本期认证相符且本期未申报抵扣	26			
期末已认证相符但未申报抵扣	27			
其中：按照税法规定不允许抵扣	28			
（二）其他扣税凭证	29＝30至33之和			
其中：海关进口增值税专用缴款书	30			
农产品收购发票或者销售发票	31			
代扣代缴税收缴款凭证	32		—	
其他	33			
	34			
四、其他				
项目	栏次	份数	金额	税额
本期认证相符的增值税专用发票	35			
代扣代缴税额	36	—	—	

表 3－19　　增值税纳税申报表附列资料（三）

（服务、不动产和无形资产扣除项目明细）

税款所属时间：　年　月　日至　年　月　日

纳税人名称：（公章）　　金额单位：元至角分

<table>
<tr><th colspan="2" rowspan="3">项目及栏次</th><th rowspan="2">本期服务、不动产和无形资产价税合计额（免税销售额）</th><th colspan="5">服务、不动产和无形资产扣除项目</th></tr>
<tr><th>期初余额</th><th>本期发生额</th><th>本期应扣除金额</th><th>本期实际扣除金额</th><th>期末余额</th></tr>
<tr><th>1</th><th>2</th><th>3</th><th>4＝2＋3</th><th>5(5≤1 且5≤4)</th><th>6＝4－5</th></tr>
<tr><td>13%税率的项目</td><td>1</td><td></td><td></td><td></td><td></td><td></td><td></td></tr>
<tr><td>9%税率的项目</td><td>2</td><td></td><td></td><td></td><td></td><td></td><td></td></tr>
<tr><td>6%税率的项目（不含金融商品转让）</td><td>3</td><td></td><td></td><td></td><td></td><td></td><td></td></tr>
<tr><td>6%税率的金融商品转让项目</td><td>4</td><td></td><td></td><td></td><td></td><td></td><td></td></tr>
<tr><td>5%征收率的项目</td><td>5</td><td></td><td></td><td></td><td></td><td></td><td></td></tr>
<tr><td>3%征收率的项目</td><td>6</td><td></td><td></td><td></td><td></td><td></td><td></td></tr>
<tr><td>免抵退税的项目</td><td>7</td><td></td><td></td><td></td><td></td><td></td><td></td></tr>
<tr><td>免税的项目</td><td>8</td><td></td><td></td><td></td><td></td><td></td><td></td></tr>
</table>

表 3－20　　增值税纳税申报表附列资料（四）

（税额抵减情况表）

税款所属时间：　年　月　日至　年　月　日

纳税人名称：（公章）　　金额单位：元至角分

<table>
<tr><th colspan="7">一、税额抵减情况</th></tr>
<tr><th rowspan="2">序号</th><th rowspan="2">抵减项目</th><th>期初余额</th><th>本期发生额</th><th>本期应抵减税额</th><th>本期实际抵减税额</th><th>期末余额</th></tr>
<tr><th>1</th><th>2</th><th>3＝1＋2</th><th>4≤3</th><th>5＝3－4</th></tr>
<tr><td>1</td><td>增值税税控系统专用设备费及技术维护费</td><td></td><td></td><td></td><td></td><td></td></tr>
<tr><td>2</td><td>分支机构预征缴纳税款</td><td></td><td></td><td></td><td></td><td></td></tr>
<tr><td>3</td><td>建筑服务预征缴纳税款</td><td></td><td></td><td></td><td></td><td></td></tr>
<tr><td>4</td><td>销售不动产预征缴纳税款</td><td></td><td></td><td></td><td></td><td></td></tr>
<tr><td>5</td><td>出租不动产预征缴纳税款</td><td></td><td></td><td></td><td></td><td></td></tr>
</table>

<table>
<tr><th colspan="8">二、加计抵减情况</th></tr>
<tr><th rowspan="2">序号</th><th rowspan="2">加计抵减项目</th><th>期初余额</th><th>本期发生额</th><th>本期调减额</th><th>本期可抵减额</th><th>本期实际抵减额</th><th>期末余额</th></tr>
<tr><th>1</th><th>2</th><th>3</th><th>4＝1＋2－3</th><th>5</th><th>6＝4－5</th></tr>
<tr><td>6</td><td>一般项目加计抵减额计算</td><td></td><td></td><td></td><td></td><td></td><td></td></tr>
<tr><td>7</td><td>即征即退项目加计抵减额计算</td><td></td><td></td><td></td><td></td><td></td><td></td></tr>
<tr><td>8</td><td>合计</td><td></td><td></td><td></td><td></td><td></td><td></td></tr>
</table>

根据上四张附表填制主表如表 3－21。

表 3－21　　增值税纳税申报表（适用于增值税一般纳税人）

根据国家税收法律法规及增值税相关规定制定本表。纳税人不论有无销售额，均应按税务机关核定的纳税期限填写本表，并向当地税务机关申报。

税款所属时间：自 2019 年 09 月 01 日 至 2019 年 09 月 30 日

填表日期：2019 年 10 月 08 日　　　　金额单位：元至角分

纳税人识别号	4 1 0 1 0 2 8 1 0 4 7 9 4 9 4 0 0 0 0 0			所属行业：	
税人名称	（公章）	法定代表人姓名	王华强	注册地址	中原区
生产经营地址	中原路				
开户银行及账号	6222 7759 2346 7891 223	登记注册类型	150 有限责任公司	电话号码	

	项目	栏次	一般项目		即征即退项目	
			本月数	本年累计	本月数	本年累计
销售额	（一）按适用税率计税销售额	1	1 560 699.93			
	其中：应税货物销售额	2	1 510 620.28			
	应税劳务销售额	3	50 079.65			
	纳税检查调整的销售额	4				
	（二）按简易办法计税销售额	5				
	其中：纳税检查调整的销售额	6				
	（三）免、抵、退办法出口销售额	7			—	—
	（四）免税销售额	8			—	—
	其中：免税货物销售额	9			—	—
	免税劳务销售额	10			—	—
税款计算	销项税额	11	202 890.99			
	进项税额	12	243 366.43			
	上期留抵税额	13				—
	进项税额转出	14	97 673.77			
	免、抵、退应退税额	15			—	—
	按适用税率计算的纳税检查应补缴税额	16			—	—
	应抵扣税额合计	17＝12＋13－14－15＋16	145 692.66			
	实际抵扣税额	18（如 17＜11，为 17，否则为 11）				
	应纳税额	19＝11－18	69 926.41			
	期末留抵税额	20＝17－18				
	简易征收办法计算的应纳税额	21				
	按简易征收办法计算的纳税检查应补缴税额	22				
	应纳税额减征额	23				
	应纳税额合计	24＝19＋21－23	57198.33			
税款缴纳	期初未缴税额（多缴为负数）	25	109 186.81			
	实收出口开具专用缴款书退税额	26				
	本期已缴税额	27＝28＋29＋30＋31				
	①分次预缴税额	28				
	②出口开具专用缴款书预缴税额	29				
	③本期缴纳上期应纳税额	30				
	④本期缴纳欠缴税额	31				
	期末未缴税额（多缴为负数）	32＝24＋25＋26－27	166 385.14			
	其中：欠缴税额（≥0）	33＝25＋26－27	109 186.81			
	本期应补（退）税额	34＝24－28－29	57 198.33			
	即征即退实际退税额	35				—
	期初未缴查补税额	36				
	本期入库查补税额	37				
	期末未缴查补税额	38＝16＋22＋36－37				

授权声明	如果你已委托代理人申报，请填写下列资料： 为代理一切税务事宜，现授权（地址）本纳税人的代理申报人，任何与本申报表有关的往来文件，都可寄予此人。 授权人签字：	申报人声明	此纳税申报表是根据《中华人民共和国增值税暂行条例》的规定填报的，我相信它是真实的、可靠的、完整的。 声明人签字：

主管税务机关：　　　　接收人：　　　　收到日期：

第四单元
4 消费税核算

学习目标

- □ 了解消费税的概念、特征、纳税期限与纳税地点
- □ 掌握消费税的纳税人与纳税范围；熟悉消费税的税目、税率
- □ 能正确进行消费税的计算
- □ 熟练进行消费税的账务处理和熟悉消费税报表的编制

知识准备

消费税是对在我国境内从事生产、委托加工和进口应税消费品的单位和个人征收的一种税。

一、消费税的特点

消费税属于流转税，是对特定消费品和消费行为在特定环节征收的一种间接税。

消费税的征收具有如下两个特点：

第一，消费税属于选择性商品税，只选择部分消费品和消费行为征收。

第二，征税环节单一，现行消费税一般选择在出厂销售或进口环节征税。

二、消费税的纳税人与纳税范围

消费税的纳税人是在我国境内生产、委托加工和进口税法规定的应税消费品的单位和个人。即纳税人必须是在我国“境内”从事活动；纳税人从事的活动必须涉及《消费税暂行条例》规定的应税消费品，两者缺一不可。

知识链接

金银首饰消费税的纳税人是指在我国境内从事金银首饰零售业务的单位和个人。生产、进口和批发金银首饰的单位及个人不纳税。金银首饰的零售业务是指：将金银首饰销售给中国人民银行批准的金银首饰生产、加工、批发、零售单位以外的单位和个人的业务。

我国现行消费税的纳税范围包括四类消费品：

第一类：过度消费会对人类健康、社会秩序、生态环境等造成危害的特殊消费品，如烟、酒、鞭炮、焰火。

第二类：奢侈品、非生活必需品，如化妆品、贵重首饰及珠宝玉石。

第三类：高能耗及高档消费品，如小汽车、摩托车。

第四类：不可再生和替代的石油类消费品，如汽油、柴油。

想一想

图 4－1 中各项是否为应纳消费税的物品？

图 4－1

三、消费品的税目与税率

（一）税目

现行消费税按产品类别共设置 15 个税目，若干个子目。它们是：（1）烟税；（2）酒和酒精税；（3）化妆品税；（4）高尔夫球及球具税；（5）高档手表税；（6）游艇税；（7）木制一次性筷子税；（8）实木地板税；（9）贵重首饰和珠宝玉石税；（10）鞭炮、焰火税；（11）成品油税，包括汽油、柴油、石脑油等子目；（12）摩托车税；（13）小汽车税，包括乘用车、中轻型商用客车；（14）电池；（15）涂料。

（二）税率

现行消费税实行从价比例税率、从量定额税率和复合计税等 3 种税率。消费税税目税率如表 4－1 所示。

表 4－1 消费税税目税率表

税目		税率（税额）
一、烟	1. 卷烟	
	（1）甲类卷烟（生产）（每条价格≥70 元）	56%加 0.003 元/支
	（2）乙类卷烟（生产）（每条价格 <70 元）	36%加 0.003 元/支
	（3）商业批发（2009.5.1）	11% +0.005 元/支
	2. 雪茄烟	36%
	3. 烟丝	30%
二、酒及酒精	1. 白酒（500 克 =1 斤）	20%加 0.5 元/500 克（或者 500 毫升）
	2. 黄酒	240 元/吨
	3. 啤酒	
	（1）类啤酒（≥3 000 元）	250 元/吨
	（2）类啤酒（ <3 000 元）	220 元/吨
	4. 其他酒	10%
	5. 酒精	5%
三、高档化妆品		15%
四、高尔夫球及球具		10%
五、高档手表（不含增值税销售价格每只≥10 000 元）		20%
六、游艇		10%
七、木制一次性筷子		5%
八、实木地板		5%
九、贵重首饰及珠宝玉石	1. 金银首饰、铂金首饰和钻石及钻石饰品	5%（零售环节）
	2. 其他贵重首饰和珠宝玉石	10%
十、鞭炮烟火		15%
十一、成品油	1. 汽油、石脑油、润滑油、溶剂油	1.52 元/升
	2. 柴油、航空煤油、燃料油	1.20 元/升
十二、摩托车	（1）气缸容量在 250 毫升（含 250 毫升）以下的	3%
	（2）气缸容量在 250 毫升（含）以上的	10%
十三、小汽车	1. 乘用车	
	（1）气缸容量在 1.0 升（含 1.0 升）以下的	1%
	（2）气缸容量在 1～1.5 升（含）升的	3%
	（3）气缸容量在 1.5～2.0 升（含）的	5%
	（4）气缸容量在 2.0～2.5 升（含）的	9%
	（5）气缸容量在 2.5～3.0 升（含）的	12%
	（6）气缸容量在 3.0～4.0 升（含）的	25%
	（7）气缸容量在 4.0 升以上的	40%
	2. 中轻型商用客车	5%
	3. 超豪华小汽车	按上 1 或 2 规定加征系统环节 10%
十四、电池		4%
十五、涂料		4%

说明：（1）在零售环节缴税的金银首饰、钻石、钻石饰品在生产、批发、进口环节不缴消费税。其他在进口环节、生产（出厂环节；特殊为移送环节）环节缴消费税的消费品在之后批发、零售环节不再缴纳消费税。

（2）镀金（银）、包金（银）首饰，以及镀金（银）、包金（银）的镶嵌首饰（简称非金银首饰），仍在生产销售环节按 10% 征收消费税。

（3）表中摩托车、小汽车的气缸容量指排气量，摩托车气缸容量 250ml 以下不再征收。

(4) 自2016年10月1日起，取消对普通美容、修饰类化妆品征收消费税，将“化妆品”税目名称更名为“高档化妆品”。征收范围包括高档美容、修饰类化妆品、高档护肤类化妆品和成套化妆品。税率调整为15%。高档美容、修饰类化妆品和高档护肤类化妆品是指生产（进口）环节销售（完税）价格（不含增值税）在10元/毫升（克）或15元/片（张）及以上的美容、修饰类化妆品和护肤类化妆品。

附件 化妆品进口环节消费税税目税率表

序号	ex	税则号列	商品名称	税率
1	非全税目商品	33030000	香水及花露水	15%
2	非全税目商品	33041000	唇用化妆品	15%
3	非全税目商品	33042000	眼用化妆品	15%
4	非全税目商品	33043000	指（趾）甲化妆品	15%
5	非全税目商品	33049100	粉，不论是否压紧	15%
6	非全税目商品	33049900	其他美容化妆品	15%

说明：仅对上表进口完税价格在10元/毫升（克）或15元/片（张）及以上的商品征收消费税。

四、消费税的纳税期限与纳税地点

（一）纳税环节与纳税义务的确认

消费税纳税义务的确认见表4－2。

表4－2 消费税纳税义务的确认表

销售方式	纳税义务发生时间
赊销和分期收款	为书面合同约定的收款日期的当天，无书面合同的或者书面合同没有约定收款日期的，为发出应税消费品的当天
预收货款	发出应税消费品的当天
托收承付和委托银行收款	发出应税消费品并办妥托收手续的当天
其他结算方式	收讫销售款或者取得索取销售款的凭据的当天
自产自用	为移送使用的当天
委托加工	为纳税人提货的当天
进口应税消费品	报关进口的当天

（二）纳税期限

消费税的纳税期限和税款的缴纳期限，与增值税相同。纳税期限分别为1日、3日、5日、10日、15日、1个月或1个季度。纳税人进口应税消费品，应当自海关填发海关进口消费税专用缴款书之日起15日内申报缴纳税款。

（三）纳税地点

纳税人销售的应税消费品、自产自用的应税消费品，除国家另有规定者外，均应在纳税人核算地的主管税务机关申报纳税，即采用属地主义原则。

委托加工的应税消费品，当受托方为个体业户时，由委托方在其核算地申报纳税，除此之外，均由受托方向其所在地的主管税务机关申报纳税。

纳税人的总机构与分支机构不在同一县（市）的，应当分别向各机构所在地的主管税务机关申报缴纳。

进口的应税消费品，由进口人或其代理人向报关地海关申报纳税。

纳税人到外县（市）销售或委托外县（市）代销自产应税消费品的，于应税消费品销售后，回纳税人核算地或所在地缴纳税款。

知识拓展

消费税与增值税的区别

差异方面	增值税	消费税
征税范围	（1）销售或进口的货物 （2）提供加工、修理修配劳务 （3）提供应税服务	（1）生产应税消费品 （2）委托加工应税消费品 （3）进口应税消费品 （4）零售应税消费品
纳税环节	多环节征收，同一货物在生产、批发、零售、进出口多环节征收	纳税环节相对单一：在零售环节缴税的金银首饰、钻石、钻石饰品在生产、批发、进口环节不缴消费税。其他在进口环节、生产环节（出厂环节；特殊为移送环节）缴消费税的消费品在之后批发、零售环节不再缴纳消费税
计税依据	只有从价定率	从价定率、从量定额、复合计税
与价格的关系	价外税	价内税
税收收入的归属	进口环节海关征收的增值税的全部属于中央；其他环节收入由中央地方共享	中央税

任务一 计算消费税应纳税额

业务一 消费税基本计税方法

现行消费税实行从价比例税率、从量定额税率和复合计税等3种税率（见表4－3）。

表4－3 消费税税率及计算公式表

征税方式	范　围	计算公式
从量定额	啤酒、黄酒、成品油	应纳税额＝应税销售数量×单位税额
从价比例	其他应税消费品	应纳税额＝应税销售额×比例税率
复合计税	卷烟、白酒	应纳税额＝应税销售数量×单位税额＋应税销售额×比例税率

知识链接

从高适用税率的情形

(1) 纳税人兼营不同税率的应税消费品，未分别核算的，按最高税率征税；

(2) 纳税人将应税消费品与非应税消费品以及适用税率不同的应税消费品组成成套消费品销售的，应根据组合产制品的销售金额按应税消费品中适用最高税率的消费品税率征税。

选一选

纳税人将应税消费品与非应税消费品以及适用税率不同的应税消费品组成成套消费品销售的，应按（　　）。

A. 应税消费品的平均税率计征　　B. 应税消费品的最高税率计征

C. 应税消费品的不同税率，分别计征　　D. 应税消费品的最低税率计征

一、从量定额计税

业务描述

现行消费税对黄酒、啤酒、成品油等税目实行从量定额税率。实行从量定额征税办法的消费品，其应纳税额的计算公式为：

应纳消费税额 = 销售数量 × 单位税额

公式中的销售数量是纳税期的销售数量，具体见图 4 - 2。

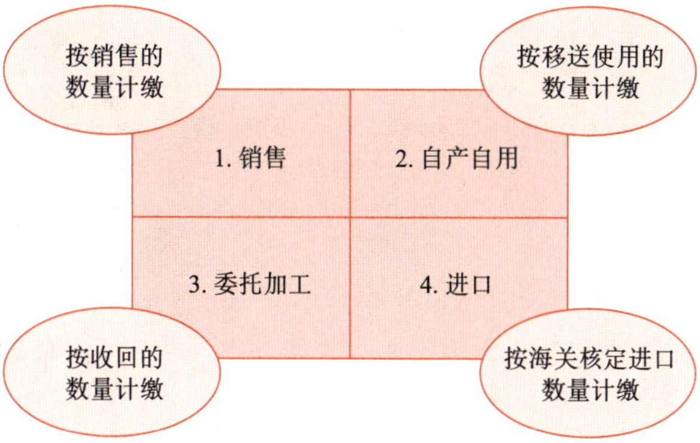

图 4 - 2

知识链接

税法规定，黄酒、啤酒是以吨为税额单位，成品油是以升为税额单位的。但考虑在实际销售过程中，销售单位往往混用，为了准确计算应纳税额，税法具体规定了吨与升两个计量标准的换算：

啤酒 1 吨 =988 升	黄酒 1 吨 =962 升	汽油 1 吨 =1 338 升
柴油 1 吨 =1 176 升	石脑油 1 吨 =1 385 升	溶剂油 1 吨 =1 282 升
润滑油 1 吨 =1 126 升	燃料油 1 吨 =1 015 升	航空煤油 1 吨 =1 246 升

业务举例

中原石油公司 5 月份采购原油 50 吨，委托华强炼油厂加工成汽油 15 吨，计算应纳消费税额。

【解】 应纳消费税税额 = 15 吨 × 1 388 升/吨 × 1. 52 元/升 = 31 646. 40（元）

二、从价定率计税

从价定率计税的消费品是指对除黄酒、啤酒、成品油、卷烟和白酒消费品以外的其他消费品进行计税的消费品。现行消费税实行消费税和增值税交叉征收，消费税实行价内税，增值税实行价外税，由此决定了实行从价定率征收的消费税，其消费税税基与增值税税基是一致的，即都是以含消费税而不含增值税的销售额作为计税基数。其计算公式为：

应纳消费税额 = 应税消费品的销售额 × 比例税率

销售额的确定方法是，纳税人销售应税消费品向购买方收取的全部价款和价外费用。价外费用所包括的内容与增值税相同。

消费税一般没有减免税规定，现行只对生产销售达到低污染排放限值的小轿车、越野车和小客车减征 30% 的消费税，其计算公式为：

减征税额 = 按法定税率计算的消费税额 × 30%

应缴税额 = 按法定税率计算的消费税额 − 减征税额

或 = 按法定税率计算的消费税额 × (1 − 30%)

知识拓展

一般情况下，消费税销售额与增值税销售额相同，但以下几种情况例外：

1. 啤酒，要将包装物及押金并入销售额（作为出厂价格），在判断从量计征档次时用到，计算税金时不再使用销售额，而是使用销售数量。而增值税中，啤酒包装物押金是否计入销售额要视具体情况而定。

2. 对于视同销售行为，一般按同类应税消费品市场价格计税，但对纳税人用于换取生产资料、消费资料、抵偿债务和投资入股等方面的应税消费品，应当以纳税人同类应税消费品的最高销售价格作为计税依据计算应交消费税。而增值税只按平均售价计税。

3. 将自产应税消费品连续生产非应税消费品环节，生产环节缴纳消费税，但不缴纳增值税。

4. 应税消费品复合计税的从价部分同增值税组成计税价格，但是消费税还要加上从量部分。因此复合计税消费品的销售额与增值税不同。

业务举例

宝莲化妆品厂A牌高档化妆品平均销售价格（不含增值税，下同）10 000元/箱；最高销售价格12 000元/箱，当月将10箱A牌高档化妆品用于换取一批生产材料，计算消费税、增值税的销项税额。

【解】

应纳消费税 = 12 000 × 10 × 15% = 18 000（元）

增值税销项税额 = 10 000 × 10 × 13% = 13 000（元）

知识链接

企业用外购已税消费品生产销售的应税消费品，准予从应缴纳消费税税额中扣除外购已税消费品已纳税额。如外购或委托加工收回的已税烟丝、化妆品、鞭炮烟火、珠宝玉石等为原料，继续加工生产的卷烟、化妆品、鞭炮烟火、贵重首饰及珠宝玉石等消费品，在其销售时，准予从应税税额中扣除外购应税消费品已纳消费税税款。

当期准予扣除外购应税消费品已纳消费税税款，在计税时按当期生产领用量计算，计算公式如下：

$$\text{当期准予扣除的外购应税消费品买价} = \text{期初库存的外购应税消费品买价} + \text{当期购进应税消费品的买价} - \text{期末库存的外购应税消费品买价}$$

$$\text{当期准予扣除的外购应税消费品应纳税额} = \text{当期准予扣除的外购应税消费品买价} \times \text{外购应税消费品适用税率}$$

业务举例

中烟卷烟厂8月份外购烟丝价款100 000元，月初库存外购已税烟丝75 000元，月末库存外购已税烟丝36 000元。当月准予抵扣的外购应纳消费品已纳税额计算如下：

【解】

当月准予扣除的外购应税消费品买价 = 75 000 + 100 000 − 36 000 = 139 000（元）

当月准予扣除的外购应税消费品已纳税额 = 139 000 × 30% = 41 700（元）

三、从价定率与从量定额复合计税

复合计税方法是从价定率与从量定额相结合，计算应纳税额的一种计税方法。实行这种计税方法的是卷烟和白酒。其计税公式为：

应纳消费税额 = 销售数量 × 定额税率 + 销售额 × 比例税率

业务举例

1. 3 月份，中烟卷烟厂从新星厂购进烟丝，取得增值税专用发票，注明价款 50 万元；全部用于生产甲类卷烟，本月销售卷烟 80 箱（标准箱），取得不含税销售额 400 万元。已知：甲类卷烟消费税税率为 56% 加 150 元/标准箱、烟丝消费税税率为 30%，计算当月该卷烟厂应纳消费税税额？

【解】

当月的消费税税额 = 150 × 80 + 4 000 000 × 56% = 2 252 000（元）

可扣的消费税税额 = 500 000 × 30% = 150 000（元）

当月应缴纳的消费税额 = 2 252 000 − 150 000 = 2 102 000（元）

2. 红星酒厂 9 月份对外销售白酒 100 吨，单价 6 000 元/吨，已开出增值税专用发票并收讫款项，计算应缴纳的消费税。

【解】 应纳消费税额 = 100 × 2 000 × 0. 5 + 100 × 6 000 × 20% = 220 000（元）

业务二　消费税特殊计税方法

业务描述

一、企业自产自用应税消费品应纳税额的计算

自产自用就是纳税人生产应税消费品后，不是用于直接对外销售，而是用于连续生产应税消费品或用于其他方面。纳税人自产自用的应税消费品，用于连续生产应税消费品的，不纳税；用于其他方面的，于移送使用时纳税。

- “用于连续生产应税消费品的”是指作为生产最终应税消费品的直接材料，并构成最终产品实体的应税消费品。如卷烟厂生产的烟丝，再用于本厂连续生产出卷烟。
- “用于其他方面”是指纳税人用于生产非应税消费品和在建工程，管理部门，非生产机构以及用于馈赠、赞助、集资、广告、样品、职工福利、奖励等方面的应税消费品。纳税人应按照生产同类消费品的销售价为计税依据；若没有同类消费品的销售价格，则可按组成计税价格计算纳税。组成计税价格计算公式如下：

$$组成计税价格 = \frac{成本 + 利润}{1 - 消费税税率}$$

$$或 = 成本 + 利润 + 消费税$$

若是复合计税，则公式为：

$$组成计税价格 = \frac{成本 + 利润 + 自产自用数量 \times 定额税率}{1 - 消费税比例税率}$$

● “同类消费品的销售价格”，是指纳税人当月销售的同类消费品的销售价格，如果当月同类消费品各期销售价格不同，应按销售数量加权平均计算。但销售价格明显偏低又无正当理由或无销售价格的，不得列入加权平均计算。如果当月无销售或者当月未完结，应按照同类消费品上月或最近月份的销售价格计算纳税。

自产自用应税消费品应纳消费税额的有关计算公式如下：

应纳消费税 = 纳税人生产同类消费品销售额 × 消费税税率

= 组成计税价格 × 消费税税率

消费税与增值税组成计税价格对比如表 4 - 4 所示。

表 4 - 4　　消费税与增值税组成计税价格对比表

应税消费品	消费税组成计税价格	增值税组成计税价格
从价计税	$\frac{成本 \times (1+成本利润率)}{1-消费税率}$	● 成本 ×（1 + 成本利润率）+ 消费税 ● 成本 ×（1 + 成本利润率）÷（1 - 消费税率）
从量计税	不组价，从量计征	
复合计税	（成本 + 利润 + 自产自用数量 × 定额税率）÷（1 - 消费税率） （注：要加上定额税）	$\frac{成本+利润+自产自用数量 \times 定额税率}{1-消费税率}$
不缴消费税的	不计税	成本 ×（1 + 成本利润率）

业务举例

1. 东风汽车厂将自制小轿车（气缸容量 2 000 毫升）一辆，转作自用，该种汽车对外销售价格 180 000 元。其应纳消费税额为多少？

【解】 应纳消费税额 = 180 000 × 5% = 9 000（元）

如果该自用轿车没有同类消费品的销售价格，其生产成本为 150 000 元，成本利润率 10%，则其组成计税价格计算如下：

消费税组成计税价格 = 150 000 ×（1 + 10%）÷（1 - 5%）= 173 684. 21（元）

应缴消费税税额 = 173 684. 21 × 5% = 8 684. 21（元）

增值税组成计税价格 = 150 000 ×（1 + 10%）+ 8 684. 21 = 173 684. 21（元）

应缴增值税税额 = 173 684. 21 × 13% = 22 578. 95（元）

2. 某摩托车厂将 10 辆自产摩托车奖励性发给优秀职工，其成本 3 000 元/辆，成本利润率 6%，适用消费税税率 10%，计算消费税和增值税销项税额。

【解】

组成计税价格 = 3 000 × 10 ×（1 + 6%）÷（1 - 10%）= 35 333. 33（元）

消费税 = 35 333. 33 × 10% = 3 533. 33（元）

增值税销项 = 35 333. 33 × 13% = 4 593. 33（元）

或 = [3 000 × 10 ×（1 + 6%）+ 3 533. 33] × 13% = 4 593. 33（元）

二、委托加工应税消费品应纳税额的计算

委托加工应税消费品是指由委托方提供原材料或主要材料，受托方只收取加工费和代垫部分辅助材料进行加工的应税消费品。以下情况，都不得作为委托加工应税消费品，而应当按照销售自制应税消费品缴纳消费税：

1. 由受托方提供原材料生产的应税消费品；
2. 受托方先将原材料卖给委托方，然后再加工的应税消费品；
3. 由受托方以委托方名义购进原材料生产的应税消费品。

税法规定的委托加工行为，受托方必须严格履行代收代缴义务，正确计算和按时代缴税款（若受托方为个体经营者，在委托方收回后，由委托方在所在地缴纳消费税）。在与委托方办理交货结算时，代收代缴消费税。

委托加工应税消费品，按照受托方的同类消费品的销售价格计算纳税。没有同类消费品的销售价格，按照组成计税价格计税，其计算公式如下：

$$组成计税价格=\frac{材料成本+加工费}{1-消费税税率}$$

若是复合计税，则计算公式为：

$$组成计税价格=\frac{材料成本+加工费+委托加工数量\times定额税率}{1-消费税比例税率}$$

组成计税价格中的“材料成本”是指委托方所提供加工的材料实际成本。凡未提供材料成本或所在地主管税务机关认为不合理的，税务机关有权重新核定材料成本。“加工费”是受托方加工应税消费品向委托方收取的全部费用（包括代垫的辅助材料实际成本）。

表 4－5 委托方与受托方的涉税比较

	委托方	受托方
适用条件	提供原料和主要材料	收加工费和代垫辅料
涉及税种	①购材料：增值税进项税 ②支付加工费：增值税进项税 ③视同自产消费品：缴消费税	①买辅料涉及增值税进项税 ②收取加工费和代垫辅料费涉及增值税销项税
消费税纳税环节	提货时受托方代收代缴（受托方为个人、个体的除外）	交货时代收代缴委托方消费税款
代收代缴后消费税的相关处理	①直接出售的不再纳消费税 ②连续加工后销售的在出厂环节缴纳消费税	及时解缴税款，否则按税收征管法规定惩处

业务举例

东风汽车制造厂受上海汽车制造厂委托加工一批汽车，委托方提供的材料成本 95 000 元，双方协议加工费为 20 000 元，消费税税率为 9%。计算沈阳汽车制造厂应代收代缴的消费税额。

【解】

组成计税价格 =（95 000 +20 000）÷（1 −9%）=126 374（元）

应纳消费税额 =126 374 ×9% =11 374（元）

委托方在向 A 企业付款时，除了按合同规定支付 20 000 元加工费外，还应向其支付 11 374 元的消费税。

三、委托加工收回的应税消费品继续加工应纳税额的计算

若委托加工收回的应税消费品直接出售，不再缴纳消费税。若以委托加工收回的已税烟丝、化妆品、珠宝玉石、鞭炮烟火等为原料，继续加工生产卷烟、化妆品、鞭炮烟火、贵重首饰及珠宝玉石等消费品销售时，准予从应纳消费税税额中扣除原已纳消费税税款。其计算公式如下：

应纳消费税 = 当期销售额 × 消费税率 − 当期准予扣除的委托加工应税消费品已纳税额

当期准予扣除的委托加工应税消费品已纳税额 = 期初库存的委托加工应税消费品已纳税款 + 当期收回的委托加工应税消费品已纳税款 − 期末库存的委托加工应税消费品已纳税款

业务举例

宝莲日化厂 9 月份委托美新化妆品厂加工宝莲 A 牌高档化妆品，收回时被代扣消费税 400 元；委托飘柔化妆品厂加工宝莲 B 牌高档化妆品，收回时被代扣消费税 500 元。该厂将两者 A 和 B 混合继续加工生产宝莲二合一化妆品出售，当月销售额 44 000 元，全部开出增值税专用发票。该厂期初库存的委托加工应税消费品已纳税款 270 元，期末库存的委托加工应税消费品已纳税款 330 元。计算应缴纳的消费税。

【解】

当月准予扣除的委托加工应税消费品已纳税款 =270 +（400 +500）−330 =840（元）

本月应纳消费税款 =44 000 ×15% −840 =5 760（元）

业务三　包装物应纳税额的计算

业务描述

应税消费品的包装物计税方法如下：

1. 包装物随同商品销售的，应计税。

2. 包装物不随同产品销售，而是收取押金，以后此包装物一年之内还要收回，此项押金则不计税。但对逾期（超过一年）未收回的包装物的押金，应计税。

知识拓展

对酒类产品生产企业销售酒类产品（不包括啤酒、黄酒）而收取的包装物押金，无论押金是否返还及会计上如何核算，均应计税，即在押金收取时征收消费税和增值税，押金逾期时，不再征收增值税和消费税；啤酒和黄酒的包装物押金，押金收取时，不征收增值税和消费税，押金逾期时，征收增值税，不征收消费税。因为啤酒和黄酒采用从量定额办法征收消费税，应税消费品的计税依据是销售量而不是销售额，征税数额与销售数量有关，而与销售额无直接关系，因此对于啤酒和黄酒如果发生包装物销售或收取押金均不存在计征消费税问题。

业务举例

1. 红星酒厂为一般纳税人，本月向西单天天百货店（小规模纳税人）销售果酒500千克，开具普通发票上注明金额93 600元；同时收取单独核算的包装物押金2 000元。计算此业务应纳消费税税额。

【解】

酒厂应计算的消费税税额为：

应纳消费税税额 =（93 600 + 2 000）÷ 1.13 × 10% = 84 601.77 × 10% = 8 460.18（元）

2. 红星酒厂本月取得啤酒（甲类）的逾期包装物押金2万元，白酒的逾期包装物押金3万元。计算增值税销项税及消费税。

【解】 由于是啤酒从量计征消费税，所以，啤酒包装物押金逾期时消费税不计算，仅计算增值税。白酒是在收取时计算缴纳增值税及消费税，逾期时不再计算缴纳增值税及消费税。所以，销项税额 = 2 ÷（1 + 13%）× 13% = 0.23万元。

3. 雪花啤酒厂销售雪花A型啤酒20吨给欣欣副食品公司，开具税控专用发票，注明价款58 000元，收取包装物押金3 000元；销售雪花B型啤酒10吨给鸿运宾馆，开具普通发票收取30 000元，收取包装物押金1 500元。计算该啤酒厂应缴纳的消费税。

【解】

A型啤酒的单位售价 =（58 000 + 3 000 ÷ 1.13）÷ 20 = 3 032.74（元/吨）（> 3 000）

适用消费税额是250元/吨，应纳消费税额 = 20 × 250 = 5 000（元）

B型啤酒的单位售价 =（30 000 + 1 500）÷ 1.13 ÷ 10 = 2 787.61（元/吨）（< 3 000）

判断适用消费税额是220元/吨，应纳消费税额 = 10 × 220 = 2 200（元）

该啤酒厂应缴纳的消费税 = 5 000 + 2 200 = 7 200（元）

知识链接

- 白酒生产企业向商业销售单位收取的“品牌使用费”是随着应税白酒的销售而向购货方收取的，属于应税白酒销售价款的组成部分。
- 啤酒生产企业销售的啤酒，不得以向其关联企业的啤酒销售公司销售的价格作为确定消费税税额的标准，而应当以其关联企业的啤酒销售公司对外的销售价格（含包装物及包装物押金）作为确定消费税税额的标准，并依此确定该啤酒消费税单位税额。

任务二
进行消费税会计核算

按税法规定，应缴消费税的纳税人应在“应交税费”账户下设置“应交消费税”明细账户，用来核算应缴、已缴和期末未缴数，进行相应的账务处理。该明细账户采用三栏式账户记账，贷方核算企业按规定应缴纳的消费税，借方核算企业实际缴纳的消费税或待扣的消费税；期末，贷方余额表示尚未缴纳的消费税，借方余额表示企业多缴的消费税。企业应缴消费税应记入损益账户“税金及附加”。企业核算应纳的消费税账户之间的关系图如图4－3所示。

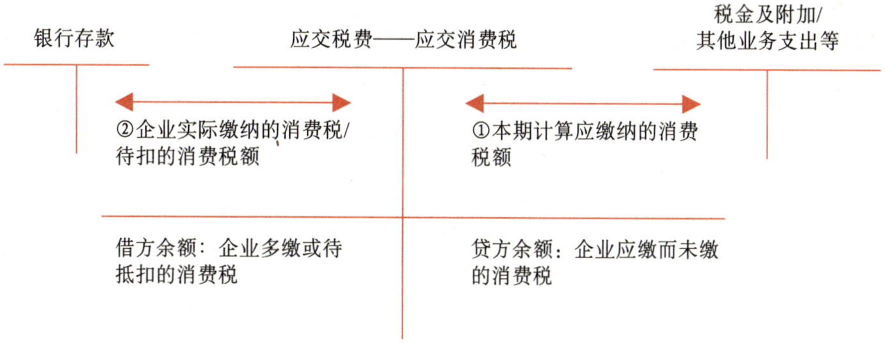

图4－3

业务一　一般销售业务的核算

业务描述

企业缴纳的消费税，应记入“税金及附加”、“应交税费——应交消费税”等账户，具体分以下几种情况：

1. 销售实现时，按规定计算的应缴消费税，做账务处理如下：

借：税金及附加

　　贷：应交税费——应交消费税

发生销货退回及退税时，做相反的账务处理。

2. 若销售时收入记入了其他业务收入，则会计分录为：

借：其他业务成本

　　贷：应交税费——应交消费税

3. 若为视同销售，借方记入相应账户：

借：在建工程/销售费用/应付职工薪酬等

　　贷：应交税费——应交消费税

4. 实际缴纳消费税时，做账务处理如下：

借：应交税费——应交消费税

　　贷：银行存款

知识链接

企业生产销售需要缴纳消费税的消费品，同样需要缴纳增值税。增值税采用价外计税的办法，而消费税属价内税，但二者的计税依据是一致的，均为含消费税而不含增值税的销售额。

业务举例

1. 东风汽车制造厂9月份销售小轿车10辆（气缸容量2.5升），出厂价每辆150 000元，价外收取有关费用（不含增值税），每辆11 000元，计算相应的税金并写出有关的账务处理。

【解】

应纳消费税税额 =（150 000 + 11 000）×9% ×10 = 144 900（元）

应纳增值税税额 =（150 000 + 11 000）×13% ×10 = 209 300（元）

根据有关凭证，做账务处理如下：

借：银行存款　　　　　　　　　　1 819 300

贷：主营业务收入　　1 610 000

　　应交税费——应交增值税（销项税额）　　209 300

同时：

借：税金及附加　　144 900

　　贷：应交税费——应交消费税　　144 900

2. 中烟卷烟厂上月销售卷烟，现因质量问题退货，退回消费税金 14 800 元。写出退货的账务处理。

借：税金及附加　　[14 800]（红字）

　　贷：应交税费——应交消费税　　[14 800]（红字）

借：银行存款　　14 800

　　贷：应交税费——应交消费税　　14 800

业务二　视同销售业务的核算

业务描述

一、企业以生产的应税消费品作为投资的会计核算

企业以生产的应税消费品作为投资，应视同销售缴纳消费税，但在会计核算上投资不宜做销售处理。因为投资与销售两者性质不同，投资作价与用于投资的应税消费品账面成本之间的差额应由整个投资期间的损益来承担，而不应仅由投资当期损益承担。现行税法要求做销售处理，主要是基于不影响所得税的计算。

企业在投资移送时，按评估、合同或协议确认价值与按规定计算的增值税、消费税之和，借记“长期股权投资”、“存货跌价准备”等，按该应税消费品的账面成本，贷记“库存商品”等，按投资的应税消费品售价或组成计税价格计算的应缴增值税、消费税，贷记“应交税费”；投资作价与用于投资的应税消费品账面成本之间的差额按资本公积处理。

业务举例

东风汽车制造厂 7 月份以其生产的 20 辆小轿车（气缸容量 2.0 升）向出租汽车公司投资。双方协议，税务机关认可的每辆汽车售价为 15 万元，每辆车的实际成本为 10 万元，计算增值税和消费税并进行相应的账务处理。

【解】

应缴增值税 = 150 000 × 13% × 20 = 390 000（元）

应缴消费税 = 150 000 × 5% × 20 = 150 000（元）

账务处理如下：

借：长期股权投资　　2 540 000

　　贷：库存商品　　2 000 000

　　　　应交税费——应交增值税（销项税额）　　390 000

　　　　　　　　——应交消费税　　150 000

二、企业以自产应税消费品用于在建工程的核算

企业以自产应税消费品用于其他方面的，于移送时缴纳消费税。企业自产自用消费品是一种内部结转关系，不存在销售行为，企业并没有现金流入，不宜做销售处理，因此，应按产品成本转账，并据其用途记入相应账户。当企业将应税消费品移送自用时，按其成本转账，借记“在建工程”、“营业外支出”、“销售费用”、“应付福利费”、“固定资产”、“管理费用”等，贷记“库存商品”或“自制半成品”。按自用产品的销售价格或组成计税价格计算应缴消费税时，贷记“应交税费——应交消费税”。

业务举例

东风汽车制造厂将自产的一辆小汽车用于内部奖励，同类汽车销售不含税售价为 18 万元，该汽车成本 11 万元，消费税税率 5%，进行相应的账务处理。

【解】

应缴增值税 = 180 000 × 13% = 23 400（元）

应缴消费税 = 180 000 × 5% = 9 000（元）

账务处理如下：

借：管理费用　　142 400

　　贷：库存商品　　110 000

　　　　应交税费——应交增值税（销项税额）　　23 400

　　　　应交税费——应交消费税　　9 000

三、企业以自产应税消费品用于职工福利的会计核算

业务举例

雪花啤酒厂将自己生产的啤酒 20 吨发给职工作为福利，10 吨用于广告宣传，让客户及顾客免费品尝。该啤酒每吨成本 2 000 元，每吨出厂价格在 3 000 元以下，进行相应的账务处理。

【解】 应缴消费税 = 30 吨 × 220 元/吨 = 6 600（元）（未考虑增值税）

- 计提消费税：

借：应付职工薪酬——福利费　　4 400

　　销售费用　　2 200

　　贷：应交税费——应交消费税　　6 600

- 结转自用啤酒成本：

借：应付福利费 40 000
　　销售费用 20 000
　　贷：库存商品 60 000

- 实际缴纳消费税时：

借：应交税费——应交消费税 6 600
　　贷：银行存款 6 600

业务三　包装物应缴消费税的核算

业务描述

包装物与应税消费品一并出售的，若消费品是从量计税，包装物只计增值税，不计消费税；若消费品是从价计税，包装物既计增值税也计消费税。在复合计税时，对从价金额部分，计消费税，对从量部分，不计消费税。具体分以下几种情况：

第一，随同产品销售而不单独计价。因为包装物收入已包括在产品销售收入中，其应纳消费税与产品销售一并进行账务处理。

第二，随同产品销售而单独计价。因为包装物收入记入“其他业务收入”科目，其应纳消费税则应记入“其他业务支出”科目。

第三，出租、出借包装物逾期未收回而没收的押金。按没收的押金计算应缴的增值税、消费税，贷记“应交税费”，扣除应交税费后的余额，贷记“营业外收入”。

业务举例

1. 红星酒厂异地销售白酒，包装物单独计价，收取包装费 700 元（不含税金），对包装物进行相应的账务处理。

【解】因销售的是酒类产品，包装物一律按销售计税。应缴的增值税、消费税计算如下：

增值税 $=700\times13\%=91$（元）

消费税 $=700\times20\%=140$（元）

账务处理如下：

借：应收账款 791
　　贷：其他业务收入 700
　　　　应交税费——应交增值税（销项税额） 91

借：其他业务支出 140
　　贷：应交税费——应交消费税 140

2. 宝莲日化厂销售高档化妆品一批，出借包装物（周转期半年）收取押金 1 500 元。因包装物逾期未归还，而没收押金，对押金进行账务处理。

【解】

增值税 =1 500 ÷ (1 +13%) ×13% =172.57 (元)

消费税 =1 500 ÷ (1 +13%) ×15% =199.12 (元)

账务处理如下:

借:其他应付款　　1 500.00

　　贷:应交税费——应交增值税(销项税额)　　172.57

　　　　应交税费——应交消费税　　199.12

　　　　营业外收入　　1 128.31

3. 华强公司销售 A 产品 100 件,成本价 150 元/件,销售价 250 元/件,已开具增值税专用发票。另收取包装物押金 8 000 元,包装物成本价 50 元/件,已开具增值税普通发票。若该 A 产品是征收消费税产品,消费税税率为 10%,对销售及押金进行账务处理。

【解】

- 销售产品时,账务处理如下:

借:银行存款　　36 250

　　贷:主营业务收入——A 产品　　25 000

　　　　应交税费——应交增值税(销项税额)　　3 250

　　　　其他应付款——存入保证金　　8 000

- 计提消费税时,账务处理如下:

借:税金及附加　　2 500

　　贷:应交税费——应交消费税　　2 500

- 逾期未退还包装物没收押金时,账务处理如下:

不含税收入 =8 000 ÷ (1 +13%) =7 079.65 (元)

增值税 =7 079.65 ×13% =920.35 (元)

消费税 =7 079.65 ×10% =707.97 (元)

记入账户的收入 =8 000 -920.35 -707.97 =6 371.68 (元)

借:其他应付款——存入保证金　　8 000.00

　　贷:营业外收入——没收押金　　6 371.68

　　　　应交税费——应交增值税(销项税额)　　920.35

　　　　　　　　——应交消费税　　707.97

业务四　委托加工应税消费品的核算

业务描述

委托加工业务收回后可直接用于销售或者连续生产应税消费品。若收回后直接用于销售的,销售时不再缴纳消费税。若收回后用于连续生产应税消费品,按规定已纳消费税款准予抵扣。因此，委托方应将受托方代收代缴的消费税，应借记“应交税费——应交消费税”账户，待收回继续加工后的应税消费品最终销售时，应贷记“应交税费——应交消费税”。委托方按贷方减去借方的差额缴纳消费税。

业务举例

1. 中烟卷烟厂委托中南方烟厂加工烟丝，两厂均为一般纳税人。中烟卷烟厂提供烟叶的账面价值 110 000 元，南方烟厂收取加工费 40 000 元，增值税 5 200 元，计算南方烟厂应代扣代缴消费税，对中烟卷烟厂进行账务处理。

【解】

- 发出材料时：

借：委托加工物资　　110 000
　　贷：原材料　　110 000

- 支付加工费时：

借：委托加工物资　　40 000
　　应交税费——应交增值税（进项税额）　　5 200
　　贷：银行存款　　45 200

- 支付代扣代缴消费税时：

代扣代缴消费税 =（110 000 + 40 000）÷（1 − 30%）× 30% = 64 286（元）

借：委托加工物资　　64 286
　　贷：银行存款　　64 286

- 加工的烟丝入库时：

借：库存商品　　214 286
　　贷：委托加工物资　　214 286

烟丝销售时，不再缴纳消费税。

2. 承上例，假定委托加工后的烟丝，中烟卷烟厂尚需要再加工成卷烟，对中烟卷烟厂进行账务处理。

【解】发出材料、支付加工费的账务处理同前，其他账务处理如下：

- 支付代扣消费税时：

借：待扣税金——待扣消费税　　64 286
　　贷：银行存款　　64 286

- 加工的烟丝入库时：

借：原材料——烟丝　　150 000
　　贷：委托加工物资　　150 000

想一想

南方烟厂如何进行账务处理？

任务三
填制消费税纳税申报表

国家税务总局制定了五类消费税纳税申报表："烟类应税消费品消费税纳税申报表"、"酒及酒精消费税纳税申报表"、"成品油消费税纳税申报表"、"小汽车消费税纳税申报表"、"其他应税消费品纳税申报表"，根据《消费税暂行条例》第十四条的规定，制定消费税纳税申报表，纳税人不论有无销售额，均应按主管税务机关核定的期限（或按次）、按期（或按次）填报申报表，并于次月1日起15日内，向主管税务机关申报纳税并结清上月应纳税款。下面以烟厂为例来说明如何填制消费税纳税申报表。

业务举例

中烟卷烟厂为增值税一般纳税人，增值税税率13%，纳税人识别号（统一社会信用代码）为410104170031686000000，该厂由会计主管张小伟负责报税和编制纳税申报表。已知该烟厂成本利润率为10%，烟丝消费税税率为30%，卷烟消费税定额税率为150元/箱，甲类卷烟每标准条对外调拨价格在70元以上，比例税率为56%；乙类卷烟每标准条对外调拨价格在70元以下，比例税率36%，2019年8月份发生下列经济业务：

1. 8月2日，购进机器设备一台，取得的增值税专用发票注明的价款为300 000元，增值税39 000元，款项已付，设备已投入使用。

2. 8月8日，购进A种烟丝一批，取得增值税专用发票注明的价款为100 000元，增值税13 000元，款项已付，材料已验收入库。A种烟丝本月有一半被生产甲、乙两种卷烟所耗用。

3. 8月15日，购进B种烟丝一批，取得的增值税专用发票注明的价款为40 000元，增值税5 200元，款项已付，材料尚未入库。

4. 8月18日，接受某公司投资转入材料一批，取得的增值税专用发票注明的价款为100 000元，增值税13 000元，材料已验收入库。

5. 8月20日，以自己生产的乙种卷烟2箱售价（不含增值税）10 000元，成本价8 000元赠送友好单位。

6. 8月25日，销售自己生产的甲种卷烟6箱，价款150 000元，增值税款19 500元。

7. 8月26日，将收购的烟叶100 000元发往郑新卷烟厂（纳税人识别号：410184170430628000000），委托其加工烟丝，支付加工费5 000元，增值税650元，郑新卷烟厂无同类烟丝的销售价格。

8. 8月28日，将上述委托加工收回的烟丝直接出售，取得价款180 000元，增值税23 400元。

要求：确定卷烟厂应缴纳多少消费税，张伟如何填写消费税纳税申报表？

业务完成

1. 本月允许扣减的已领用烟丝消费税 = 100 000 × 30% × 50% = 15 000（元）

2. 产品赠送友好单位，应作视同销售计算应纳的消费税。故赠送乙类卷烟应纳消费税：

定额消费税 = 150 × 2 = 300（元）

赠送乙类卷烟应纳消费税 = 10 000 × 36% + 300 = 3 900（元）

3. 销售甲类卷烟应纳消费税 = 150 000 × 56% + 150 × 6 = 84 900（元）

4. 委托加工烟丝应纳消费税 = (100 000 + 5 000) ÷ (1 − 30%) × 30% = 45 000（元）

5. 本月应纳消费税合计 = 3 900 + 84 900 + 45 000 − 15 000 = 118 800（元）

相关账务处理如下：

1. 购进机器设备：

借：固定资产	300 000	
应交税费——应交增值税（进项税额）	39 000	
贷：银行存款		339 000

2. 购进烟丝：

借：原材料——A 烟丝	100 000	
应交税费——应交增值税（进项税额）	13 000	
贷：银行存款		113 000

本月允许扣减的已领用烟丝的消费税：

借：应交税费——应交消费税	15 000	
贷：待扣税金——待扣消费税		15 000

3.

借：在途物资——B 烟丝	40 000	
应交税费——应交增值税（进项税额）	5 200	
贷：银行存款		45 200

4.

借：原材料	100 000	
应交税费——应交增值税（进项税额）	13 000	
贷：实收资本		113 000

5. 送友好单位，做视同销售处理。

借：管理费用——业务招待费	11 300	
贷：主营业务收入		10 000
应交税费——应交增值税（销项税额）		1 300

同时：

借：管理费用——业务招待费	3 900	
贷：应交税费——应交消费税		3 900

结转成本：

借：主营业务成本	8 000	
贷：库存商品		8 000

6. 销售甲种卷烟。

借：银行存款 169 500

贷：主营业务收入 150 000

应交税费——应交增值税（销项税额） 19 500

借：税金及附加 84 900

贷：应交税费——应交消费税 84 900

7. 将收购的烟叶委托加工：

①发出材料：

借：委托加工物资 100 000

贷：原材料——烟叶 100 000

②支付加工费：

错：委托加工物资 5 000

应交税费——应交增值税（进项税额） 650

贷：银行存款 5 650

③支付对方代扣代缴的消费税：

借：委托加工物资 45 000

贷：银行存款 45 000

④加工的烟丝入库：

借：原材料——烟丝 150 000

贷：委托加工物资 150 000

知识链接

受托方账务处理：

收取加工费：

借：银行存款 5 650

贷：其他业务收入 5 000

应交税费——应交增值税（销项税额） 650

收取代扣代缴消费税：

借：银行存款 45 000

贷：应交税费——应交消费税 45 000

8. 将委托加工收回的烟丝直接出售，不再缴纳消费税。

借：银行存款 203 400

贷：主营业务收入 180 000

应交税费——应交增值税（销项税额） 23 400

填制报表

纳税申报表填制方法如表 4 -6 所示。

表 4 – 6　**烟类应税消费品消费税纳税申报表①**

税款所属期：2019 年 8 月 1 日至 2019 年 8 月 31 日

纳税人名称（公章）：中烟卷烟厂

纳税人识别号：

4	1	0	1	0	4	1	7	0	0	3	1	6	8	6	0	0	0	0	0

填表日期：2019 年 3 月 5 日　　单位：卷烟万支、雪茄烟支、烟丝千克；金额单位：元（列至角分）

项目 消费品名称	适用税率		销售数量	销售额	应纳税额
	定额税率	比例税率			
甲类卷烟	30 元/万支	56%	6 箱	150 000.00	84 900.00
乙类卷烟	30 元/万支	36%	2 箱	10 000	3 900.00
雪茄烟	—	36%			
烟丝	—	30%			45 000.00
合计	—	—	—	—	133 800.00

本期准予扣除税额：	15 000.00	声明 此纳税申报表是根据国家税收法律的规定填报的，我确定它是真实的、可靠的、完整的。 经办人（签章）：张小伟 财务负责人（签章）： 联系电话：
本期减（免）税额：		
期初未缴税额：		
本期缴纳前期应纳税额：		
本期预缴税额：		（如果你已委托代理人申报，请填写） 授权声明 为代理一切税务事宜，现授权（地址）为本纳税人的代理申报人，任何与本申报表有关的往来文件，都可寄予此人。 授权人签章：
本期应补（退）税额：		
期末未缴税额：	118 800.00	

以下由税务机关填写

受理人（签章）：　　受理日期：　年　月　日　　受理税务机关（章）：

同时还需编制本期准予扣除税额计算表（见表 4 – 7）和受托单位需编制代收代缴税额计算表，如表 4 – 8 所示。

表 4 – 7　**本期准予扣除税额计算表**

税款所属期：2019 年 8 月 1 日至 2019 年 8 月 31 日

纳税人名称（公章）：中烟卷烟厂

纳税人识别号：

4	1	0	1	0	4	1	7	0	0	3	1	6	8	6	0	0	0	0	0

填表日期：2019 年 9 月 5 日　　金额单位：元（列至角分）

一、当期准予扣除的委托加工烟丝已纳税款计算	15 000.00
1. 期初库存委托加工烟丝已纳税款：	
2. 当期收回委托加工烟丝已纳税款：	
3. 期末库存委托加工烟丝已纳税款：	

① 本表仅限烟类消费税纳税人使用。本表为 A4 竖式，所有数字小数点后保留两位。一式两份，一份纳税人留存，一份税务机关留存。

续表

4. 当期准予扣除的委托加工烟丝已纳税款：	15 000.00
二、当期准予扣除的外购烟丝已纳税款计算	
1. 期初库存外购烟丝买价：	
2. 当期购进烟丝买价：	
3. 期末库存外购烟丝买价：	
4. 当期准予扣除的外购烟丝已纳税款：	
三、本期准予扣除税款合计：	15 000.00

说明：本表作为《烟类应税消费品消费税纳税申报表》的附报资料，由外购或委托加工收回烟丝后连续生产卷烟的纳税人填报。本表为A4竖式，所有数字小数点后保留两位。一式两份，一份纳税人留存，一份税务机关留存。

表4-8　　本期代收代缴税额计算表

税款所属期：2019年8月1日至2019年8月31日

纳税人名称（公章）：郑新卷烟厂

纳税人识别号：4 1 0 1 8 4 1 7 0 4 3 0 6 2 8 0 0 0 0 0

填表日期：2019年9月5日　　　　金额单位：元（列至角分）

名称项目 \ 应税消费品			卷烟	卷烟	雪茄烟	烟丝	合计
适用税率	生产环节	定额税率	30元/万支	30元/万支	—	—	—
		比例税率	56%	36%	36%	30%	—
	商业批发环节		5%	5%	—	—	—
受托加工数量							—
同类产品销售价格							—
材料成本						100 000.00	—
加工费						5 000.00	—
组成计税价格						150 000.00	—
本期代收代缴税款						45 000.00	

说明：本表作为《烟类应税消费品消费税纳税申报表》的附报资料，由烟类应税消费品受托加工方填报。本表为A4竖式，所有数字小数点后保留两位。一式两份，一份纳税人留存，一份税务机关留存。

知识拓展

消费税是我国1994年税制改革时设置的税种，是对货物征收增值税以后，再根据特定的财政或调节目的选择部分产品（主要是一些消费品）进行征收。

2006年4月1日起对现行消费税的税目、税率及相关政策进行了重大调整，消费科目由原来的11个增至14个。2008年11月15日国务院颁布了修订后的《中华人民共和国消费税暂行条例》，新条例自2009年1月1日起施行。

5 第五单元 企业所得税核算

学习目标

- □ 了解企业所得税的相关知识
- □ 掌握小企业所得税的计算方法和会计处理方法
- □ 能正确填制小企业所得税的纳税申报表

知识准备

一、企业所得税的纳税人

中华人民共和国境内的企业和取得收入的组织为企业得税的纳税人。企业所得税的纳税人包括：

企业所得税是对我国境内的企业和其他取得收入的组织从事生产经营活动获得的所得和其他所得征收的一种税。

知识链接

为了体现内、外资企业的税负公平，于2008年1月1日起施行《中华人民共和国企业所得税法》(以下简称《企业所得税法》)，合并了内、外资企业所得税法。

(一) 我国境内的企业

这里所说的“企业”，是指国有企业、集体企业、私营企业、联营企业、股份制企业、外商投资企业、外国企业。

个人独资企业、合伙企业不适用企业所得税法，适用个人所得税法。

(二) 取得收入的组织

这里所说的“组织”，是指经国家有关部门批准，依法注册、登记的事业单位、社会团体等组织。事业单位和社会团体取得除财政部门的各项拨款及批准的各项收费以外的经营收入，应当视同企业纳入征税范围。

企业所得税的纳税人将企业进一步分为居民企业和非居民企业，如表 5－1 所示。

表 5－1 企业所得税纳税人分类表

企业所得税纳税人分类	纳税人确定原则
居民企业	中国境内成立的企业
	中国境外成立，实际管理机构在中国境内的企业
非居民企业	中国境外成立，实际管理机构不在中国境内，但在中国境内设立机构、场所的企业
	中国境外成立，实际管理机构不在中国境内，中国境内也未设立机构、场所，但有来源于中国境内所得的企业

知识拓展

表 5－1 中所称的“实际管理机构”，是指企业的生产经营、人员、账务、财产等实施实质性全面管理和控制的机构。表中所称的机构、场所，是指在中国境内从事生产经营活动的机构、场所。具体包括：(1) 管理机构、营业机构、办事机构。(2) 工厂、农场、开采自然资源的场所。(3) 提供劳务的场所。(4) 从事建筑、安装、装配、修理、勘探等工程作业的场所。(5) 接受委托在中国境内从事生产经营活动的营业代理人。(6) 其他从事生产经营活动的机构、场所。

清算所得是指企业的全部资产可变现价值或者交易价格减除资产净值、清算费用以及相关税费等后的余额。

二、企业所得税的纳税对象

企业所得税的纳税对象，即征税范围，是指企业的生产经营所得、其他所得和清算所得。

(一) 居民企业纳税对象

居民企业的纳税对象是就来源于中国境内、境外的所得纳税。居民企业负有无限纳税义务。

(二) 非居民企业纳税对象

非居民企业在中国境内设立机构、场所的，就来源于中国境内所得及发生在中国境外但与其所设机构、场所有实际联系的所得纳税。非居民企业在中国境内未设立机构、场所的仅就来源于中国境内所得纳税。非居民企业负有限纳税义务（见表 5－2）。

表 5－2　　企业所得税纳税人与纳税对象表

纳税人		纳税对象
居民企业	中国境内成立的企业	中国境内、境外所得
	中国境外成立，实际管理机构在中国境内的企业	
非居民企业（中国境外成立，实际管理机构不在中国境内）	中国境内设立机构、场所的企业	中国境内所得
		发生在境外与所设机构、场所有实际联系的所得
	中国境内未设立机构、场所的企业	中国境内所得

（三）所得来源地的原则

企业取得的所得是来源于境内还是境外，其判断原则根据所得的不同种类分别确定。所得的种类与来源地确认原则如表 5－3 所示。

表 5－3　　所得的种类与来源地确认原则表

所得种类		来源地确认原则
销售货物所得		交易活动发生地
提供劳务所得		劳务发生地
转让财产所得	转让不动产（比如房屋）	不动产所在地
	转让动产（比如设备）	转让动产的企业或机构、场所所在地
	转让权益性投资资产（比如股票）	被投资企业所在地
股息、红利等权益性投资所得		分配股息、红利的企业所在地（即接受投资的企业所在地）
利息所得		负担、支付利息、租金、特许权使用费的企业所在地或个人的住所地
租金所得		
特许权使用费所得		
其他所得		国务院财政、税务主管部门确定

【提问】 1. 奇瑞汽车公司在澳大利亚销售一批汽车，取得 500 万元销售收入。请问：奇瑞汽车公司是哪一种纳税人类型？该销售收入是境内所得还是境外所得？该所得是否为企业所得税的征税范围？

2. 美国著名投资者股神巴菲特的投资旗舰伯克希尔·哈撒韦公司旗下附属公司 Mid American，持有比亚迪的股票，获得 800 万元的红利所得。请问：Mid American 公司是哪一种纳税人类型？其获得的红利是境内所得还是境外所得？该所得是否为企业所得税的征税范围？

3. 思科公司（境外成立）北京办事处将不需用的小汽车转让给境内企业，取得转让收入。请问：思科公司是哪一种纳税人类型？该转让所得属于境内所得还是境外所得？该所得是否为企业所得税的征税范围？

【回答】 1. 奇瑞汽车公司属于居民纳税人；境外所得；属于企业所得税征税范围。

2. Mid American 公司属于非居民企业；境内所得；属于企业所得税征税范围。

3. 思科公司属于非居民企业；境内所得；属于企业所得税征税范围。

三、企业所得税税率

（一）基本税率 25%

1. 居民企业适用基本税率 25%。

2. 中国境内设立机构、场所的非居民企业取得与所设机构、场所有实际联系的境内、外所得时适用基本税率 25%。

（二）低税率 20%

1. 中国境内设立机构、场所的非居民企业取得与所设机构、场所没有实际联系的境内所得时适用低税率 20%。

2. 中国境内未设立机构、场所的非居民企业适用低税率 20%。

纳税人、纳税对象和税率如表 5－4 所示。

表 5－4　　纳税人、纳税对象和税率表

<table>
<tr><th colspan="2">纳税人</th><th>纳税对象</th><th>税率</th></tr>
<tr><td rowspan="2">居民企业</td><td>中国境内成立的企业</td><td rowspan="2">中国境内、境外所得</td><td rowspan="2">25%</td></tr>
<tr><td>中国境外成立，实际管理机构在中国境内的企业</td></tr>
<tr><td rowspan="3">非居民企业（中国境外成立，实际管理机构不在中国境内）</td><td rowspan="2">中国境内设立机构、场所的企业</td><td>发生在境内、境外与所设机构、场所有实际联系的所得</td><td>25%</td></tr>
<tr><td>发生在中国境内与所设机构、场所有实际联系的所得</td><td rowspan="2">20%（实际征税税率暂按 10%）</td></tr>
<tr><td>中国境内也未设立机构、场所的企业</td><td>中国境内所得</td></tr>
</table>

（三）优惠税率

1. 符合条件的小型微利企业，征收率 20%。小型微利企业的条件规定如表 5－5 所示。

表 5－5　　小型微利企业的条件规定及分级优惠表

<table>
<tr><td rowspan="3">划分标准</td><td>从业人数</td><td>300 人以下</td></tr>
<tr><td>资产总额</td><td>5 000 万元以下</td></tr>
<tr><td>年度应纳税所得额</td><td>300 万元以下</td></tr>
<tr><td rowspan="2"></td><td>100 万元以下（含）</td><td>优惠税率 5%</td></tr>
<tr><td>100 万～300 万元（含）</td><td>优惠税率 10%</td></tr>
</table>

说明：（1）从业人数和资产总额指标，应按企业全年的季度平均值确定。具体计算公式如下：

季度平均值＝（季初值＋季末值）÷2

全年季度平均值＝全年各季度平均值之和÷4

年度中间开业或者终止经营活动的，以其实际经营期作为一个纳税年度确定上述相关指标。

（2）实施期限暂定从 2019 年 1 月 1 日至 2021 年 12 月 31 日三年时间。

例：某小微企业 2019 年度的应纳税所得额是 280 万元。如何计算应纳的企业所得税？

分析：将应税所得进行分段计算。100 万元以下的部分，需要缴纳 5 万元（100×5%）；100 万元～280 万元的部分，需要缴纳 18 万元［（280－100）×10%］。

解：该小微企业应纳的所得税＝100×5%＋（280－100）×10%＝23（万元）

2. 国家需要重点扶持的高新技术企业，征收率 15%。自投产年度起，免征所得税 2 年。

国家需要重点扶持的高新技术企业，是指拥有核心自主知识产权，高新技术产品或服务属于《国家重点支持的高新技术领域》规定的范围，并且研究开发费用、高新技术产品或服务收入、科技人员数量不低于规定的比例的企业。

3. 符合条件的非居民企业，征收率 10%。

这里的非居民企业包括：

（1）中国境内设立机构、场所取得与所设机构、场所没有实际联系的境内所得的非居民企业。

（2）中国境内未设立机构、场所的非居民企业。

以上这两类非居民企业适用 20% 的低税率，税法规定其享受税收优惠，因此，实际征税时按 10% 的税率纳税。

选一选

1. 奇瑞汽车公司适用的企业所得税税率是（　　）。
2. Mid American 公司适用的企业所得税税率是（　　），实际征收率是（　　）。
3. 思科公司适用的企业所得税税率是（　　）。

A. 25%　　B. 20%　　C. 15%　　D. 10%

四、征收管理

（一）纳税地点

纳税地点，是指由纳税人向其所在地主管税务机关缴纳税款的地点。纳税地点一般为纳税人的住所地，也可以在营业地、财产所在地或特定行为发生地。

纳税人与纳税地点具体如表 5－6 所示。

表 5－6　　纳税人与纳税地点表

<table>
<tr><th colspan="2">纳税人</th><th>纳税对象</th><th>纳税地点</th></tr>
<tr><td rowspan="2">居民企业</td><td>中国境内成立的企业</td><td rowspan="2">中国境内、境外所得</td><td>登记注册地</td></tr>
<tr><td>中国境外成立，实际管理机构在中国境内的企业</td><td>实际管理机构所在地</td></tr>
<tr><td rowspan="4">非居民企业（中国境外成立，实际管理机构不在中国境内）</td><td rowspan="3">中国境内设立机构、场所的企业</td><td rowspan="2">发生在境内、境外与所设机构、场所有实际联系内所得</td><td>设立一个机构、场所的，为机构、场所所在地</td></tr>
<tr><td>设立两个或两个以上机构、场所的，可以选择其主要机构、场所所在地汇总缴纳</td></tr>
<tr><td>发生在中国境内与所设机构、场所有没有实际联系的所得</td><td>扣缴义务人所在地</td></tr>
<tr><td>中国境内也未设立机构、场所的企业</td><td>中国境内所得</td><td>扣缴义务人所在地</td></tr>
</table>

（二）纳税期间

企业所得税按年计征，分月或者分季预缴，年终汇算清缴，多退少补。具体规定如下：

1. 企业所得税的纳税年度，自公历1月1日起至12月31日止。企业在一个纳税年度的中间开业，或者由于合并、关闭等原因终止经营活动，使该纳税年度的实际经营期不足12个月的，应当以其实际经营期为1个纳税年度。企业清算时，应当以清算期间作为1个纳税年度。

知识拓展

非居民企业，在境内未设立机构、场所，取得境内所得，实行源泉扣缴，以支付人为扣缴义务人，在每次支付或到期应支付时，从支付或到期应支付的款项里扣缴。

非居民企业，在境内设立机构、场所，但取得境内所得与所设机构、场所没有实际联系的，实行源泉扣缴，以支付人为扣缴义务人，在每次支付或到期应支付时，从支付或到期应支付的款项里扣缴。

2. 企业按月或按季预缴企业所得税，应当自月份或者季度终了之日起15日内，向税务机关报送预缴企业所得税纳税申报表，预缴税款。

3. 企业应当自年度终了之日起5个月内，向税务机关报送年度企业所得税纳税申报表，并汇算清缴，结清应缴应退税款。

4. 企业在纳税年度内无论盈利或者亏损，都应按时向税务机关报送预缴企业所得税纳税申报表、年度企业所得税纳税申报表。在报送企业所得税纳税申报表时，应当按照规定附送财务会计报告和其他有关资料。

任务一
确定应纳税所得额的计算方法

任务准备

一、企业所得税的计税依据

企业所得税的计税依据是应纳税所得额。企业所得税的纳税对象是所得，但并不是企业的全部所得都要缴纳企业所得税，而且企业为取得所得所发生的成本、费用、损失等还要在所得中扣除出去。因此正确计算应纳税所得的金额直接关系到国家财政收入和企业自身的税收负担，企业所得税法对应纳税所得额的计算作了详细、明确的规定。

二、应纳税所得额的计算原则

（一）权责发生制原则

权责发生制，是指取得收到现金的权利或支付现金的责任的发生为标志来确认本期收入和费用及债权和债务。即凡属于当期已经实现的收入和费用，不论款项是否在当期收付，均作为当期的收入和费用；凡不属于当期的收入和费用，即使款项已经在当期收付，也不作为当期的收入和费用。

（二）税法优先原则

税法优先原则，是指纳税人在计算应纳税所得额时，其财务、会计处理办法同国家有关税收的规定有抵触的，应当依照国家有关税收的规定计算纳税。税法没有明确规定的遵循会计准则和惯例。

业务一　计算居民企业应纳税所得额和企业所得税额

业务描述

居民企业和在中国境内设立机构、场所，取得的所得与境内所设机构、场所有实际联系的非居民企业，每月或每季预缴企业所得税，年末汇算清缴。年末汇算清缴时，确定全年的企业所得税的应纳税所得额，计算全年应缴纳的企业所得税税额，根据全年已预缴的企业所得税额，确定应补缴或应退回的企业所得税额。

一、查账征收企业所得税的应纳税所得额的计算方法

（一）直接计算法

应纳税所得额 = 收入总额 − 不征税收入 − 免税收入 − 各项扣除 − 以前年度亏损

1. 应税收入 = 收入总额 − 不征税收入 − 免税收入

2. 各项扣除 = 成本 + 费用 + 税金 + 损失 + 其他支出

各项扣除是企业实际发生的与取得收入有关的、合理的支出。

3. 以前年度亏损 = 不超过 5 年未弥补的亏损数额

应纳税所得额 = 应税收入 − 各项扣除 − 以前年度亏损

（二）间接计算法

应纳税所得额 = 会计利润总额 ± 纳税调整项目金额

知识链接

会计利润总额的计算公式为：

会计利润总额 = 营业利润 + 营业外收入 − 营业外支出

营业利润 = 主营业务收入 + 其他业务收入 − 主营业务成本 − 其他业务成本 − 税金及附加 − 管理费用 − 销售费用 − 财务费用 − 资产减值损失 + 投资收益（或 − 投资损失）+ 补贴收入

这种方法是申报纳税的方法，纳税申报表的设计思路就是通过会计利润总额加或减纳税

调整来计算应纳税所得额。纳税调整项目金额主要包括企业的会计处理和税收规定不一致的应予以调整的金额。

二、核定征收企业所得税的应纳税所得额的计算方法

居民企业和在中国境内设立机构、场所，取得的所得与境内所设机构、场所有实际联系的非居民企业因会计账簿不健全、资料残缺难以查账或其他原因不能准确计算并据实申报其应纳税所得额的，税务机关有权核定其应纳税所得额。

具体的核定方法有：

1. 按收入总额核定：能正确核算（或查实）收入，但不能正确核算（或查实）成本费用。

居民企业应纳税所得额＝应税收入额×应税所得率

非居民企业应纳税所得额＝收入总额×税务机关核定的利润率

2. 按成本费用核定：能正确核算（或查实）成本费用，但不能正确核算（或查实）收入。

居民企业应纳税所得额＝成本费用支出额÷(1－应税所得率)×应税所得率

非居民企业应纳税所得额＝成本费用总额÷(1－税务机关核定的利润率)×税务机关核定的利润率

三、企业所得税应纳税额的计算公式

1. 查账征收。

企业所得税应纳税额＝应纳税所得额×适用税率－减免税额－抵免税额

2. 核定征收企业所得税额＝应纳税所得额×适用税率

业务举例

1. 某企业本年收入总额350万元，其中，免税收入15万元，不征税收入20万元，各项扣除200万元，该公司上年未弥补亏损50万元，该企业适用税率为25%，该企业无减免税额和抵免税额。要求：按照直接计算法确定该企业本年应税收入？应纳税所得额？应纳企业所得税额？

2. 某企业经认定为小型微利企业，其本年的损益类账户的余额如下：

"主营业务收入"账户余额为3 000万元，"主营业务成本"账户余额为1 600万元，"税金及附加"账户余额为300万元，"销售费用"账户余额为600万元，"管理费用"账户余额为600万元，"财务费用"账户余额为100万元，"营业外收入"账户余额为300万元，"营业外支出"账户余额为90万元。其中，销售费用中广告费500万元，允许税前扣除450万元，管理费用中业务招待费50万元，允许税前扣除15万元，财务费用中国库券利息收入80万元，属于免税收入。该企业当年无减免税额和抵免税额。

要求： 确定该企业本年的利润总额？按照间接计算法计算企业所得税应纳税所得额和应纳税额？

业务完成

1. 直接计算法：

应税收入＝收入总额－不征税收入－免税收入＝350－20－15＝315（万元）

纳税所得额＝收入总额－不征税收入－免税收入－各项扣除－以前年度亏损＝应税收入－各项扣除－以前年度亏损＝315－200－50＝65（万元）

应纳企业所得税额＝65×25%＝16.25（万元）

2. 间接计算法：

利润总额＝3 000－1 600－300－600－600－100＋300－90＝10（万元）

应纳税所得额＝10＋50＋35－80＝15（万元）

该企业征收率为20%

应纳企业所得税额＝15×20%＝3（万元）

业务二　计算非居民企业应纳税所得额和企业所得税额

业务描述

非居民企业中在中国境内未设立机构、场所的，有来源于境内的所得和在境内虽设立机构、场所但取得的所得与其所设机构、场所没有实际联系的所得，由扣缴义务人在每次向非居民企业支付或到期应支付所得时，从支付或到期应支付的款项中扣缴企业所得税。

应纳税所得额和企业所得税额的计算方法有：

一、转让财产所得

应纳税所得额＝收入全额－财产净值

财产净值＝财产计税基础－按规定扣除的折旧、折耗、摊销、准备金

知识拓展

增值税法规定：

1. 一般纳税人销售自己使用过的属于规定不得抵扣且未抵扣进项税额的二手车，按4%征收率减半征收增值税。

2. 小规模纳税人（除其他个人外）销售自己使用过的二手车，减按2%征收率征收增值税。

3. 其他个人销售自己使用过的二手车免征增值税，免征增值税。

二、股息、红利等权益性投资所得

应纳税所得额＝收入全额

三、利息、租金、特许权使用费所得

应纳税所得额 = 收入全额

四、应纳企业所得税额 = 应纳税所得额 × 实际征收率（10%）

扣缴义务人每次代扣代缴企业所得税时，应向其主管税务机关报送《中华人民共和国扣缴企业所得税报告表》，并自代扣之日起 7 日内缴入国库。

业务举例

1. Mid American 公司未在中国境内设立机构、场所，2019 年 5 月将不需用的小汽车转让给境内亚华企业，取得转让收入 20 万元，小汽车账面净值 12 万元，请计算转让小汽车应缴纳什么税种？具体缴税的应纳税所得额和所得税额？

2. Mid American 公司持有比亚迪汽车公司的股票，在 2019 年 4 月获得 800 万元的红利所得。

请计算 Mid American 公司应纳税所得额和所得税额？

3. Mid American 公司将商标权出租给飞马公司，租赁合同约定：租期自 2019 年 1 月 1 日至 2022 年 1 月日止，共四年，每年租金 50 万元，自每年 1 月 1 日支付。请计算出租商标权应缴纳什么税种？具体应纳税所得额和所得税额？

业务完成

1. 转让小汽车应由亚华企业自 2019 年 5 月代扣代缴增值税和企业所得税。

（1）计算缴纳的增值税额 = 200 000 ÷（1 + 3%）× 2% = 3 883.50（元）

（2）计算缴纳的企业所得税

企业所得税应纳税所得额 = 20 − 12 = 8（万元）

应纳企业所得税额 = 8 × 10% = 0.8（万元）

2. 红利所得应由比亚迪汽车公司自 2019 年 4 月代扣代缴企业所得税。

（1）应纳税所得额为 800 万元

（2）应纳企业所得税额 = 800 × 10% = 80（万元）

3. 出租商标权应由飞马公司自 2019 年 1 月 1 日代扣代缴增值税和企业所得税。

（1）计算缴纳的营业税额 = 50 × 6% = 3（万元）

（2）计算缴纳企业所得税

企业所得税应纳税所得额为 50 万元：

应纳企业所得税额 = 50 × 10% = 5（万元）

任务二
确定与计算应税收入

知识准备

应税收入是指企业每一个纳税年度的收入总额，减除不征税收入、免税收入后的余额。

一、确认收入总额

企业收入总额，是指企业以货币形式和非货币形式从各种来源取得的收入。企业以货币形式取得的收入，包括库存现金、银行存款、应收账款、应收票据等。企业以非货币形式取得的收入，包括固定资产、无形资产、存货、股权投资等。应税收入的具体构成内容有：

1. 销售货物收入。是指企业销售商品、产品、原材料、包装物、低值易耗品以及其他存货取得的收入。

2. 提供劳务收入。是指企业从事加工、修理修配、建筑安装、交通运输、邮电通讯、仓储租赁、文化体育、技术服务、餐饮住宿、旅游、娱乐、教育培训、中介代理、卫生保健、社区服务以及其他劳务服务取得的收入。

3. 转让财产收入。是指企业转让固定资产、无形资产、债权、股权以及其他财产取得的收入。这里的财产，是指企业的长期资产，不包括存货。

4. 股息、红利等权益性投资收益。是指企业进行权益性投资从被投资方取得的收入。

5. 利息收入。是指企业将资金提供给他人使用但不构成权益性投资，或者因他人占用企业资金取得的收入，包括存款利息、贷款利息、欠款利息等。

6. 租金收入。是指企业提供固定资产、包装物或者其他有形资产的使用权取得的收入。

7. 特许权使用费收入。是指企业提供或转让专利权、非专利技术、商标权、著作权以及其他特许权的使用权取得的收入。

8. 接受捐赠收入。是指企业接受其他企业、组织或者个人无偿给予的货币性资产和非货币性资产。

9. 其他收入。是指企业取得的逾期未退的包装物押金收入、确实无法偿付的应付款项、资产溢余收入、债务重组收入、补贴收入、违约金收入、汇兑收益等。

二、不征税收入

不征税收入，是指从性质和根源上不属于企业营利性活动带来的经济利益、不负有纳税义务并不作为应纳税所得额组成部分的收入。不征税收入包括以下内容。

1. 财政拨款。是指政府在履行社会公共管理职能时，按年度预算安排的资金拨款，比如对农业、教育、医疗、环保、科技等领域的资金投入，具体可表现为财政补助、专项财政补贴等。

2. 行政事业性收费。是指国家机关、事业单位、代行政府职能的社会团体及其他组织根据法律法规等有关规定，在向公民、法人提供特定服务的过程中，按照成本补偿和非营利原则向特定服务对象收取的费用。

知识拓展

行政事业性收费包括行政管理类收费，如各种证件、牌照、簿卡等收费；资源补偿类收费；鉴定类收费；考试类收费等。

知识拓展

国土部门征收的征地管理费、土地登记费；建设部门征收的城市房屋拆迁管理费；建设部门征收的建设工程质量监督费等。

3. 政府性基金。是指各级政府及其所属部门为支持某项公共事业发展，向公民、法人和其他组织无偿征收的具有专项用途的财政资金。

行政事业性收费和政府性基金，两者都属财政性资金，都是国家财政收入。

4. 国务院规定的其他不征税收入。企业取得的来源于政府及其有关部门的财政补助、补贴、贷款贴息以及直接减免的增值税和即征即退、先征后退、先征后返的各种税收，但不包括企业按规定取得的出口退税款。

三、免税收入

免税收入，是指属于企业的应纳税所得，但依照税法规定免予征收企业所得税的收入。免税收入包括以下内容：

1. 国债利息收入。企业因购买国债所得的利息收入，免征企业所得税。

2. 居民企业直接投资于其他居民企业取得的投资收益，免征企业所得税。

3. 在中国境内设立机构、场所的非居民企业从居民企业取得的与该机构、场所有实际联系的股息、红利等权益性投资收益，免征企业所得税。

4. 符合条件的非营利组织的收入。非营利组织，是指依法履行登记，从事公益性或非营利性活动，取得的收入除用于与该组织有关的、合理的支出外，全部用于公益性或者非营利性事业的组织。非营利组织接受的单位或者个人的捐款、政府补助以及按照规定收取的会费等，免征企业所得税。

业务一　确认货物的销售收入

业务描述

一、确认销售货物收入实现的条件

企业销售收入的确认，必须同时满足下列四个条件：

1. 销售货物合同已经签订，已将货物所有权上的主要风险和报酬转移给购货方。
2. 企业既没有对已售出的货物保留与所有权相联系的继续管理权，也没有实施有效控制。
3. 与交易相关的金额能够流入本企业。
4. 相关的收入和成本能够可靠计量。

二、当企业采取不同的销售方式时，销售收入实现时间的确认

具体如图 5－1 所示。

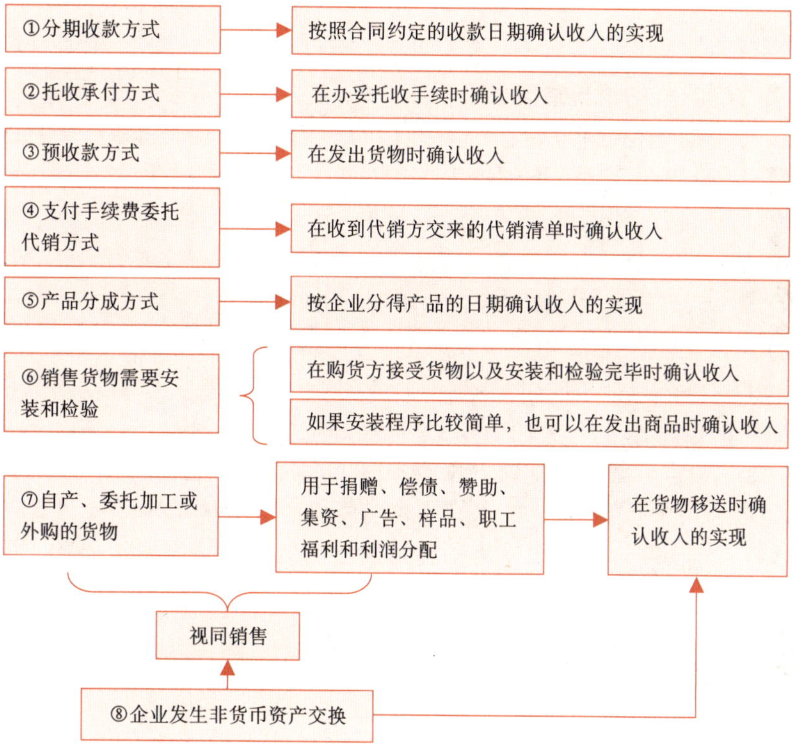

图 5－1

图 5－1 中⑦、⑧所述的“视同销售”，均是将企业的资产移送他人，改变资产的所有权属，应按企业所得税法规定确定销售收入。

三、销售货物收入金额的确认

1. 以旧换新方式销售货物的，销售新的货物应当按照收入确认条件确认收入；回收旧的货物应当按照购进货物处理。

2. 商品销售涉及商业折扣的，应当按照扣除商业折扣后的金额确定销售商品收入金额。商业折扣是企业为促进商品销售而在销售价格上给予的价格折扣。

3. 商品销售涉及现金折扣的，应当按照扣除现金折扣之前的金额确定销售收入金额，现金折扣在实际发生时作为财务费用处理。现金折扣是销售方为鼓励购货方在规定的期限内尽快付款而给予的折扣。

4. 企业因销售的商品在质量、品种不符合要求等原因发生的销售折让或销售退回，企业已经确认销售收入的销售折让或销售退回，应当在发生销售折让或销售退回的当期冲减当期销售收入。

5. 企业以“买一赠一”方式销售商品的，不属于捐赠，应将总的销售金额按各项商品的公允价值的比例来分摊确认各项商品的销售收入。

6. 视同销售货物的，属于企业自制的资产，应按企业同类资产同期对外销售价格确定销售收入；属于外购的资产，应按购入时的价格确定销售收入。

业务举例

光明电器商场5月份的销售情况如下：

1. 5月10日，销售电视机100台，同时回收100台旧电视，回收价每台400元。销售新电视的增值税专用发票中价款40万元，增值税为5.2万元，已办好托收手续，托收金额36万元。

2. 5月25日，销售空调一批，空调每台3 300元（不含增值税），若一次购买200台及以上的产品，每件可得到300元的折扣，某客户一次购买250台，签订购销合同，按规定期限内付款可享受2/10，1/20，N/30，该企业于10天内收到货款。

3. 上月销售电冰箱400台，增值税发票上注明价款总计68万元，增值税额8.84万元，货款已收。5月15日货到后买方发现一半商品质量不合格，经协商双方同意在其中一半商品价格上给予4%的折让，另外一半商品退回。退回电冰箱已入库，退款已支付。

4. 5月20日，销售微波炉100台，预收10 000元。每销售一台微波炉送一个电水壶，微波炉不含增值税售价750元/台，电水壶不含增值税售价150元/台，5月23日发货。

5. 5月30日，将300台电饭煲作为福利发放给商场职工。该电饭煲购入时的不含增值税售价350元/台。

要求：计算光明电器商场5月份的销售收入确认金额？

业务完成

1. 收入确认时间：5月10日。

销售电视机，采用托收承付方式，已经办好托收手续，应确认收入。

收入确认金额：电视机40万元。

以旧换新，销售新的货物收入按收入确认条件确认收入；回收旧的货物应当按照购进货物处理。

2. 收入确认时间：5月25日。

折扣销售空调，签订购销合同，买方已承诺付款，可以确认收入。

收入确认金额：空调75万元。

销售250台，超过200台，每台售价3 000元，300元属于商业折扣；2/10，1/20，N/30属于现金折扣。销售收入确认金额为250×(3 300－300)＝750 000元。

3. 收入确认金额：电冰箱－353 600元。

当月销售折让、退回冲减当月的销售收入，销售折让金额13 600元（340 000×4%），销售退回金额340 000元。

4. 收入确认时间：5 月 23 日。

预收款销售，发货时确认收入。

收入确认金额：微波炉 62 500 元，电水壶 12 500 元。

所赠的水壶视同销售。从企业所得税的角度来看，微波炉和水壶总收入为 75 000 元，其中：

微波炉收入 =75 000 ×［750 ÷（750 +150）］=62 500（元）

电水壶收入 =75 000 -62 500 =12 500（元）

5. 销售确认时间：5 月 30 日。

外购的货物用于职工福利，视同销售，在货物转移时确认收入。

销售确认金额：电饭煲 105 000 元。

企业作为职工福利发放给职工的电饭煲，属于外购的资产，应按购入时的价格确定销售收入：300 ×350 =105 000 元。

光明电器商场 5 月份的销售收入：

销售收入 =400 000 +750 000 -353 600 +62 500 +12 500 +105 000 =976 400（元）

业务二　确认提供劳务收入

业务描述

一、劳务收入实现时间的确认

同一会计年度内开始并完成的劳务，应当在提供劳务交易完成并且收到款项或取得收款权利时，确认提供劳务收入。劳务的开始和完成分属不同会计年度的，应当在资产负债表日按照完工进度确认提供劳务收入。

1. 企业受托加工制造大型机械设备、船舶、飞机以及从事建筑、安装、装配工程业务，持续时间超过 12 个月的，按照纳税年度内完工进度或完成的工作量确认收入的实现。

2. 企业为特定用户开发软件的收入，应根据开发的完工进度确认收入。

3. 企业长期为客户提供重复的劳务取得的收入，应当在相关劳务活动发生时确认收入。

4. 企业将劳务用于捐赠、偿债、赞助、集资、广告、样品、职工福利和利润分配，视同提供劳务。

二、劳务收入金额的确认

企业提供劳务收入金额，应当按照从接受劳务方已收或应收的合同或者协议价款。

合同完工进度 = 累计实际发生的合同成本/合同预计总成本 ×100%

或 = 已经完工的合同工作量/合同预计总工作量 ×100%

当期确认的合同收入 =（合同总收入 × 完工进度）- 以前会计年度累计已确认的收入

业务举例

某建筑公司 2017 年 8 月 1 日承包一项建筑工程，工期 2 年，合同总收入 1 000 万元，2017 年 8 月 1 日收取发包方工程款 500 万元，剩余工程款于工程结束时结算。该项目预计总成本为 400 万元，有关资料如表 5－7。

表 5－7

时间	累计实际发生成本（万元）	完工程度（%）
2017 年 12 月 31 日	120	30%
2018 年 12 月 31 日	200	80%
2019 年 7 月 31 日	80	100%

要求：（1）该项劳务收入确认时间是多少？

（2）该项劳务收入确认金额是多少？

业务完成

（1）该项劳务收入确认时间：

劳务的开始和完成分属不同会计年度的，应分别在 2017 年 12 月 31 日、2018 年 12 月 31 日、2019 年 7 月 31 日确认收入。

（2）该项劳务收入确认金额：

2017 年收入确认金额＝1 000×30%＝300（万元）

2018 年收入确认金额＝1 000×80%－300＝500（万元）

2019 年收入确认金额＝1 000－800＝200（万元）

业务三　确认其他收入

业务描述

其他收入包括确认转让财产、股息红利、利息、租金、特许权使用费、接受捐赠等收入。其确认收入实现时间及金额具体见表 5－8 所示。

表 5－8　确认收入实现时间及金额表

收入种类		确认收入实现的时间	确认收入的金额
转让财产	转让财产	按照转让合同或协议完成所有权属变更手续，财产移送时确认收入的实现	按照转让合同或协议约定的价款确认转让财产收入金额（合同或协议价款不公允除外）
	转让股权	按照转让协议生效，并且完成股权变更手续时确认收入的实现	

续表

收入种类	确认收入实现的时间	确认收入的金额
股息、红利等权益性投资收益	按照被投资方做出利润分配决定的日期确认收入的实现	按照被投资方做出利润分配决定的金额确认收入
利息收入	合同约定的付款日期确认收入的实现	合同约定的金额确认收入
租金收入		
特许权使用费收入		
捐赠收入	按照实际收到捐赠资产的日期确认收入的实现	实际收到的金额确认收入

知识拓展

企业所得税法规定，视同转让财产的情形包括：

（1）企业发生的非货币性资产交换，用于交换的非货币性资产包括固定资产、无形资产、债权、股权等。

（2）企业将固定资产、无形资产、债权、股权等财产用于捐赠、偿债、赞助、集资、广告、样品、职工福利和利润分配，视同转让财产。

企业取得转让财产收入、债务重组收入、捐赠收入、无法偿付的应付款等，应当一次性计入确认收入的年度计算缴纳企业所得税。

业务举例

光华公司2019年9月10日出售卡车一辆，售价25万元，该车属于购买时未抵扣过进项税额的固定资产，原值30万元，8月31日已提折旧10万元，发生清理费用0.5万元。

要求：确定转让卡车的收入是多少？

业务完成

由于该车属于购买时未抵扣过进项税额的固定资产，转让应计算缴纳增值税。

应纳增值税税额 $=250\ 000 \div (1+3\%) \times 2\% = 4\ 854.37$（万元）

转让卡车的收入 $=250\ 000-4\ 854.37=245\ 145.63$（元）

任务三 确定与计算各项扣除

知识准备

一、准予扣除支出的内容

企业所得税法规定，企业实际发生的与取得收入有关的、合理的支出，包括成本、费用、税金、损失和其他支出，准予在计算应纳税所得额时扣除。扣除项目的具体内容有：

（一）成本

成本，是指企业在生产经营活动中发生的销售成本、销货成本、业务支出以及其他耗费。具体表现为企业销售货物、提供劳务、转让财产的成本。

1. 销售货物的成本。是指企业所销售货物的生产成本。

2. 提供劳务的成本。是指企业提供劳务作业而发生的与劳务收入配比的成本，如提供修理、搬运、服务等相应的材料、薪酬及相关费用。

3. 转让财产的成本。是指转让的固定资产、无形资产的原值减除累计折旧、累计摊销后的净值。

（二）费用

费用，是指企业在每一个纳税年度的生产经营过程中发生的销售费用、管理费用、财务费用。

1. 销售费用。是指企业在销售产品和提供劳务等过程中发生的费用，包括由企业负担的销售人员的职工薪酬、商品维修费、运输费、装卸费、包装费、保险费、广告费、业务宣传费、展览费等费用。

2. 管理费用。是指企业为组织和管理生产经营活动所发生的各种费用。具体包括企业筹建期间发生的开办费、行政管理部门发生的费用（包括：固定资产折旧费、修理费、办公费、水电费、差旅费、管理人员的职工薪酬等）、业务招待费、研究费用、技术转让费、相关长期待摊费用摊销、财产保险费、聘请中介机构费、咨询费、诉讼费等费用。

3. 财务费用。是指企业筹集生产经营所需资金而发生的费用，包括利息净支出、汇兑净损失、银行相关手续费、企业给予的现金折扣（减享受的现金折扣）等费用。

（三）税金

税金，是指企业发生的除企业所得税和允许抵扣的增值税以外的企业缴纳的各项税金及其附加，包括消费税、城市维护建设税、资源税、土地增值税、城镇土地使用税、车船税、房产税、印花税、教育费附加等税金及附加。

判一判

某企业当期销售货物实际缴纳增值税20万元、消费税10万元、城建税2.1万元、教育费附加0.9元，还缴纳房产税1万元、城镇土地使用税0.5万元、印花税0.2万元，企业当期所得税前可扣除的税金是多少？

（四）损失

损失，是指企业在生产经营活动中发生的固定资产和存货的盘亏、毁损、报废损失，转让财产损失，呆账、坏账损失，自然灾害等不可抗力因素造成的损失以及其他损失。

（五）其他支出

其他支出，是指除成本、费用、税金、损失外，企业在生产经营活动中发生的与生产经营活动有关的、合理的支出。

二、不得扣除的支出

《企业所得税法》规定，下列支出不得在计算应纳税所得额时扣除。

（一）向投资者支付的股息、红利等权益性投资收益款项

企业接受投资后，向投资者分配的股息、红利是企业用缴纳企业所得税后的净利润分配的，因此，在计算缴纳企业所得税的应纳税所得额时，是不能向投资者分配股息、红利的。

（二）企业所得税税款

企业所得税款是在完成应纳税所得额的计算过程后得出的应纳税款，因此确定应纳税所得额时是不能扣除企业所得税款的。

（三）税收滞纳金

税收滞纳金，是指企业违反税收法规，被税务机关处以的滞纳金。

（四）罚金、罚款和被没收财物的损失

罚金和被没收财物，是指企业违反国家有关法律，被司法机关处以的罚金和被没收财物。

罚款，是指企业违反国家有关法规规定，被有关部门处以的罚款。

（五）超过规定标准的捐赠支出

企业捐赠支出超过年度利润总额12%的部分，不允许在税前扣除。

（六）赞助支出

赞助支出，是指企业发生的与生产经营活动无关的各种非广告性质的支出。

（七）未经核定的准备金支出

企业所得税法所称“未经核定的准备金支出”，是指不符合国务院财政、税务主管部门规定的各项资产减值准备、风险准备等准备金支出。

（八）与取得收入无关的其他支出

业务一 计算工资、薪金以及工资附加费的扣除

业务描述

一、工资、薪金

企业发生的合理的工资薪金支出，准予据实扣除。

工资薪金是指企业每一纳税年度支付给在本企业任职或者受雇的员工的所有现金形式或者非现金形式的劳动报酬，包括基本工资、奖金、津贴、补贴、年终加薪、加班工资，以及与员工任职或者受雇有关的其他支出。

知识拓展

企业所得税法规定，国有性质的企业，其工资薪金不得超过政府有关部门给予的限定数额；超过部分，不得扣除。

二、职工福利费、工会经费、职工教育经费

企业发生的职工福利费支出，拨缴的工会经费和发生的职工教育经费支出“三项费用”准予扣除的限额如表5－9所示。

表5－9　三项费用扣除限额表

项　目	不超过工资薪金总额	超过规定比例部分的处理
职工福利费	14%	不得扣除
工会经费	2%	不得扣除
职工教育经费	8%	准予在以后纳税年度结转扣除

注：自2018年1月1日起，企业发生的职工教育经费支出，不超过工资、薪金总额8%的部分，准予税前扣除。

知识拓展

职工教育经费列支范围有哪些？

根据《财政部、全国总工会等部门关于印发〈关于企业职工教育经费提取与使用管理的意见〉的通知》（财建〔2006〕317号）的规定，企业的职工教育经费的列支范围包括以下11项：

1. 上岗和转岗培训；
2. 各类岗位适应性培训；
3. 岗位培训、职业技术等级培训、高技能人才培训；
4. 专业技术人员继续教育；
5. 特种作业人员培训；
6. 企业组织的职工外送培训的经费支出；
7. 职工参加的职业技能鉴定、职业资格认证等经费支出；
8. 购置教学设备与设施；
9. 职工岗位自学成才奖励费用；
10. 职工教育培训管理费用；
11. 有关职工教育的其他开支。

财建〔2006〕317号文件同时规定，以下两种情况不得从职工教育经费中列支：

1. 企业职工参加社会上的学历教育以及个人为取得学位而参加的在职教育，所需费用应由个人承担，不能挤占企业的职工教育培训经费。

2. 对于企业高层管理人员的境外培训和考察，其一次性单项支出较高的费用应从其他管理费用中支出，避免挤占日常的职工教育培训经费开支。

三、保险费

1. 基本社会保险费。企业按照规定的范围和标准为职工缴纳的基本养老保险费、基本医疗保险费、失业保险费、工伤保险费、生育保险费等基本社会保险费和住房公积金（简称“五险一金”），准予扣除。

2. 企业为投资者或者职工支付的补充养老保险费、补充医疗保险费，在国务院财政、税务主管部门规定的范围和标准内，准予扣除。

3. 企业按规定为特殊工种职工支付的人身安全保险费，在国务院财政、税务主管部门规定的范围和标准内，准予扣除。

知识拓展

1. 企业所得税法规定，企业为投资者或者职工支付的商业保险费，不得扣除。

2. 2018 年 11 月 8 日发布《国家税务总局关于责任保险费企业所得税税前扣除有关问题的公告》，明确规定雇主责任险、公众责任险等责任险在企业所得税前扣除。

业务举例

某企业本年为本企业雇员支付工资 300 万元、奖金 40 万元、地区补贴 10 万元，假定该企业工资薪金支出符合合理标准，当年支付职工福利费 50 万元、工会经费 6.8 万元、职工教育经费 30 万元，当年职工福利费、工会经费和职工教育经费可在所得税前列支的限额是多少？

业务完成

其当年工资总额 = 300 + 40 + 10 = 350（万元）

其当年可在所得税前列支的职工福利费限额 = 350 × 14% = 49（万元）

工会经费限额 = 350 × 2% = 7（万元）

职工教育经费限额 = 350 × 8% = 28（万元）

某企业当年“三项经费”支出情况如表 5 – 10 所示。

表 5 – 10　某企业三项经费支出计算表　单位：万元

经费项目	会计列支	税法标准	纳税调整
工资	350	350	0
职工福利费	50	49	+1
工会经费	6.8	7	0
职工教育经费	30	28	+2 万元结转以后年度

业务举例

光华公司上年为本公司员工支付工资薪金总额 350 万元。当年支付的职工福利费为 50

万元，拨缴的工会经费 6 万元，职工教育经费 10 万元，按照国家规定标准为本公司员工缴纳的基本养老保险为 35 万元，基本医疗保险为 25 万元，失业保险、工伤保险和生育保险共计 20 万元，并为高空作业的职工购买人身安全保险 10 万元，此外，还支付职工的人寿保险 30 万元。

要求：（1）计算各项工资附加费用扣除标准。

（2）判断该公司当年支付的各项工资附加费是否符合扣除标准？

业务完成

（1）职工福利费扣除标准 = 350 × 14% = 49（万元）

工会经费扣除标准 = 350 × 2% = 7（万元）

职工教育经费扣除标准 = 350 × 8% = 28（万元）

（2）该公司实际支付的职工福利费 50 万元，超过的 1 万元不能扣除。

实际支付的工会经费 6 万元，没有超过标准，准予扣除。

实际支付的职工教育经费 10 万元，当年准予扣除 28 万元，未超标准。

企业缴纳的基本养老保险 35 万元，基本医疗保险 25 万元，失业保险、工伤保险和生育保险共计 20 万元，并为高空作业的职工购买的人身安全保险 10 万元的准予扣除。

企业支付职工的人寿保险 30 万元，不得扣除。

业务二　计算管理费用中的有关费用的扣除

业务描述

一、财产保险费

企业按照规定缴纳的财产保险费，准予扣除。

二、劳动保护费

企业发生的合理的劳动保护支出，准予扣除。

判一判

光华公司 2019 年 8 月为职工统一定制工作服的支出为 15 万元，请判断该支出是否准予扣除？

三、业务招待费

企业发生的与生产经营活动有关的业务招待费支出，按照发生额的60%扣除，但最高不得超过当年销售或营业收入的5‰。

当年销售（营业）收入包括销售货物收入、劳务收入、出租财产收入、转让无形资产使用权收入、视同销售收入等。

四、研究开发费

研究开发费，是指企业从事规定范围内的研究开发活动（开发新技术、新产品、新工艺）发生的相关费用。研发费用未形成无形资产的，计入当期损益的部分，允许再按其当年研发费用实际发生额的50%，直接抵扣当年的应纳税所得额。

知识链接

根据《关于提高研究开发费用税前加计扣除比例的通知》财税［2018］99号文件，企业开展研发活动中实际发生的研发费用，未形成无形资产计入当期损益的，在按规定据实扣除的基础上，在2018年1月1日至2020年12月31日期间，再按照实际发生额的75%在税前加计扣除；形成无形资产的，在上述期间按照无形资产成本的175%在税前摊销。

五、开办费支出

企业筹建期间的开办费支出，自企业生产经营之日的当年一次性扣除，或者按照长期待摊费用的规定处理，但一经选定，不得变更。

六、总机构分摊的费用

非居民企业在中国境内设立的机构、场所，就其中国境外总机构发生的与该机构、场所生产经营有关的费用，能够提供总机构出具的证明文件，并合理分摊的，准予扣除。

业务举例

光华企业为居民企业，本年取得销售收入6 000万元。发生管理费用500万元，其中业务招待费60万元，统一制作工作服费15万元，人寿保险费30万元，高空作业人身安全保险费10万元，研究开发费20万元，诉讼费2万元，咨询费3万元，办公费50万元，折旧费57万元。

要求：（1）计算业务招待费用扣除标准？

（2）计算研究开发费用扣除标准？

（3）判断该公司当年支付的管理费是否符合扣除标准？

业务完成

（1）业务招待费的扣除标准：60万元×60%＝36万元与6 000万元×5‰＝30万元孰低

原则，扣除标准为 30 万元。

（2）研发费用未形成无形资产的，允许再按其当年研发费用实际发生额的 50%，税前抵扣。研究开发费用的扣除标准为 20 万元 × 175% = 35 万元。

（3）管理费用中业务招待费税前扣除 30 万元，统一制作工作服费税前扣除 15 万元，人寿保险费 30 万元不能税前扣除，高空作业人身安全保险费税前扣除 10 万元，研究开发费税前扣除 35 万元，诉讼费税前扣除 2 万元，咨询费税前扣除 3 万元，办公费税前扣除 50 万元，折旧费税前扣除 57 万元。

业务三　计算销售费用中的有关费用的扣除

业务描述

企业发生的符合规定的广告费和业务宣传费支出，不超过当年销售或营业收入 15% 的部分，准予扣除；超过部分，准予结转以后纳税年度扣除。企业申报扣除的广告费，必须符合以下条件：

1. 广告是经过工商部门批准的专门机构制作的。
2. 已经实际支付费用，并已取得相应发票。
3. 通过一定的媒体传播。

业务举例

光华公司上年实现销售收入 6 000 万元，实际发生广告费和业务宣传费 500 万元。

要求：计算准予扣除的广告费和业务宣传费是多少？

业务完成

解：广告费和业务宣传费准予扣除 500 万元。广告费和业务宣传费的扣除标准为实际发生额（500 万元）和营业收入的 15% 的较低者（900 万元），实际支付额超过扣除标准的，准予结转以后纳税年度扣除。

业务四　计算财务费用中的有关费用的扣除

业务描述

一、利息费用

1. 非金融企业向金融企业借款的利息支出，准予据实扣除。

2. 非金融企业向非金融企业借款的利息支出，不超过按照金融机构同期同类贷款利率计算的数额的部分，准予据实扣除；超过部分不许扣除。

知识拓展

金融机构包括各类银行、保险公司以及城市、农村信用社，还有各类财务公司以及其他从事信托投资、租赁业务的非银行金融机构。

二、借款费用

1. 企业在生产经营活动中发生的借款费用，准予扣除。

2. 企业为购置、建造固定资产、无形资产和经过 12 个月以上的建造才能达到预定可销售状态的存货发生借款的，在有关资产购置、建造期间发生的合理的借款费用，应予以资本化，计入有关资产的成本；有关资产交付使用后发生的借款费用，准予扣除。

知识拓展

借款费用包括企业因借款而发生的利息、因发行债券而产生的折价或者溢价的摊销金额、在借款过程中发生的诸如手续费、佣金、印刷费等交易费用以及因外币借款而发生的汇兑差额。它反映的是企业借入资金所付出的劳动和代价。

业务举例

1. 某公司本年度“财务费用”账户中利息，含有以年利率 6% 从银行借入的 8 个月期的生产用 100 万元贷款的借款利息；也包括 5 万元的向本企业职工借入与银行同期的生产用 80 万元资金的借款利息。该公司本年度可在计算应纳税所得额时扣除的利息费用是多少？

解：

可在计算应纳税所得额时扣除的银行利息费用 = 100 × 6% ÷ 12 × 8 = 4（万元）

向本企业职工借入款项可扣除的利息费用限额 = 80 × 6% ÷ 12 × 8 = 3.2（万元）

该企业支付职工的利息超过同类同期银行贷款利率，只可按照限额扣除。

该公司本年度可在计算应纳税所得额时扣除的利息费用 = 4 + 3.2 = 7.2（万元）

2. 光华公司本年 1 月 1 日从中国工商银行借入短期借款 100 万元，期限 1 年，贷款利率 6.5%。同期向小额贷款公司借款 200 万元，期限 1 年，贷款利率 10%。两笔借款均用于厂房扩建，厂房于 6 月 30 日竣工决算并交付使用。请计算光华公司本年的利息费用，并判断该公司的借款利息是否符合扣除标准？

解： 1—6 月的利息总计 13.25 万元[（100 × 6.5% + 200 × 10%）÷ 2]应予以资本化，其中向小额贷款公司的借款超过银行利率部分 3.5 万元（200 × 3.5% ÷ 2）计提的折旧应进行纳税调整。

7—12 月的利息总计 13.25 万元，计入财务费用，其中向小额贷款公司的借款超过银行利率部分 3.5 万元，不准扣除。

业务五 计算营业外支出中的有关费用的扣除

业务描述

一、公益性捐赠支出

企业发生的公益性捐赠支出，不超过年度利润总额（会计利润）12%的部分，准予扣除。自2019年1月1日至2022年12月31日，企业通过公益性社会组织或者县级（含县级）以上人民政府及其组成部门和直属机构，用于目标脱贫地区的扶贫捐赠支出，准予在计算企业所得税应纳税所得额时据实扣除。目标脱贫地区包括832个国家扶贫开发工作重点县、集中连片特困地区县（新疆阿克苏地区6县1市享受片区政策）和建档立卡贫困村。在政策执行期限内，目标脱贫地区实现脱贫的，可继续适用扶贫捐赠支出准予据实扣除的优惠政策。

注意：进行扶贫公益性捐赠时，根据规定，应取得省级以上（含省级）财政部门印制并加盖接受捐赠单位印章的公益性捐赠票据，或加盖接受捐赠单位印章的《非税收入一般缴款书》收据联，方可按规定进行税前扣除。

例：某企业2019年度的利润总额为100万元，当年度发生符合条件的扶贫方面的公益性捐赠20万元，发生符合条件的教育方面的公益性捐赠10万元。扣除限额是多少？

分析：2019年度该企业的公益性捐赠支出税前扣除限额为12万元（100×12%），其中教育捐赠支出10万元在扣除限额内，可以全额扣除；企业用于符合条件的扶贫捐赠支出，无须考虑税前扣除限额，准予全额税前据实扣除。2019年度，该企业的公益性捐赠支出共计30万元，均可在税前全额扣除。

若该企业当年度发生符合条件的扶贫方面的公益性捐赠10万元，发生符合条件的教育方面的公益性捐赠20万元。扶贫支出10万元全额扣除，教育支出的扣除限额是12万元，合计税前扣除限额是22万元。

二、资产损失

企业当期发生的固定资产和流动资产盘亏、毁损净损失，由其提供清查盘存资料经主管税务机关审核后，准予扣除。

业务举例

光华企业为居民企业，上年度利润总额为4 535 192.31元，发生营业外支出70.5万元，其中直接向某排球队赞助20万元，支付卫生监督部门的罚款0.5万元，公益性捐赠50万元。

要求：（1）计算公益性捐赠的扣除标准。

（2）该企业当年发生的营业外支出各项目是否符合扣除标准？

业务完成

公益性捐赠的扣除标准 = 4 535 192.31 × 12% = 544 223.08（元）

公益性捐赠 50 万元低于扣除标准，准予税前扣除；赞助支出不准予税前扣除；卫生监督部门的罚款不准予税前扣除。

业务六　计算有关资产的费用扣除

业务描述

一、固定资产的费用

（一）折旧费用

企业按照直线法计算的固定资产折旧，准予扣除。自 2019 年 1 月 1 日起，属于《国民经济行业分类和代码（GB/T 4754－2017）》中规定的制造业企业，可采用固定资产加速折旧的方法计提折旧，准予扣除。

知识拓展

企业所得税法规定，企业应当自固定资产投入使用月份的次月起计算折旧；停止使用的固定资产，应当自停止使用月份的次月起停止计算折旧。

知识链接

企业所得税法规定，下列固定资产不得计算折旧扣除：

（1）房屋、建筑物以外的未投入使用的固定资产。

房屋、建筑物不论是否使用，均应计提折旧扣除；房屋、建筑物以外的固定资产未使用时，即使会计上已计提折旧，税法也不允许扣除。

（2）以经营租赁方式租入的固定资产。

企业以经营租赁方式租入固定资产，该固定资产的所有权属于出租方，应由出租方计算折旧扣除。

（3）以融资租赁方式租出的固定资产。

企业以融资租赁方式租出固定资产，该固定资产所有权上的风险和报酬转移给承租方，应由承租方计算折旧扣除。

（4）已足额提取折旧仍继续使用的固定资产。

（5）与经营活动无关的固定资产。

（6）单独估价作为固定资产入账的土地。

（7）其他不得计算折旧扣除的固定资产。

（二）清理费用

转让固定资产，该项固定资产的净值以及转让发生的费用，准予扣除。

（三）固定资产的改扩建、大修支出

1. 已足额提取折旧的固定资产的改扩建支出，会计上记入“长期待摊费用”账户，税法上按照固定资产预计尚可使用年限分期摊销。

2. 租入固定资产的改扩建支出，会计上记入“长期待摊费用”账户，税法上按照合同约定的剩余租赁期限分期摊销。

3. 固定资产的大修理支出，会计上记入“长期待摊费用”账户，税法上按照固定资产尚可使用年限分期摊销。

（四）租赁费

1. 企业以经营租赁方式租入固定资产发生的租赁费支出，按照租赁期限均匀扣除。

2. 以融资租赁方式租入固定资产发生的租赁费支出，不准扣除；租赁费支出构成融资租入固定资产价值，应当按照规定提取折旧费用，分期扣除。

知识拓展

经营性租赁，是指所有权不转移的租赁。融资性租赁，是指企业以融资为目的，实质上转移与资产所有权有关的全部或绝大部分风险和报酬的租赁。

二、无形资产的费用

（一）摊销费用

企业按直线法计算的无形资产的摊销，在不低于10年的期限内准予分期扣除。

（二）研究开发费

研究开发费，是指企业从事规定范围内的研究开发活动（开发新技术、新产品、新工艺）发生的相关费用。研发费用形成无形资产的，按照该无形资产成本的150%在税前摊销，摊销年限不得低于10年（扣除标准变化请参考财税〔2018〕99号文）。

业务举例

光华公司本年度固定资产增加情况分析：本年6月30日办公楼扩建竣工并投入使用，该公司为厂房扩建共借款两笔：本年1月1日从中国工商银行借入短期借款100万元，期限一年，贷款利率6.5%。同期向小额贷款公司借款200万元，期限一年，贷款利率10%，厂房扩建的资金支出为500万元，包括自有资金200万元，借入资金300万元，税法规定其折旧年限为20年，残值率5%。

要求：（1）办公楼扩建的会计处理。

（2）准予扣除的折旧费是多少？准予扣除的利息费用是多少？

（3）纳税调整数额是多少？

业务完成

1. 会计处理。

(1) 本年6月30日会计处理：资金500万元和利息13.25万元（100×6.5%÷2+200×10%÷2）。

借：固定资产　　5 132 500

　　贷：在建工程　　5 132 500

(2) 12月31日会计处理：7—12月计提利息13.25万元。

借：财务费用　　132 500

　　贷：应付利息　　132 500

7—12月计提折旧会计分录：

折旧额=5 132 500×(1-5%)÷20÷2=121 896.88（元）

借：管理费用　　121 896.88

　　贷：累计折旧　　121 896.88

2. (1) 向工商银行贷款利率为6.5%，会计上将其1—6月的借款利息3.25万元（100×6.5%÷2）计入资产成本，7—12月的借款利息3.25万元，计入财务费用。税法不需要调整。

(2) 向小额贷款公司一年期借款200万元，贷款利率10%，会计上将1—6月的借款利息10万元（200×10%÷2）计入资产成本，7—12月的借款利息10万元，计入财务费用。并在7—12月计提折旧，但税法规定，非金融企业向非金融企业借款的利息支出，不超过按照金融机构同期同类贷款利率计算的数额的部分，准予据实扣除；超过部分不允许扣除。因此，向小额贷款公司借款1—6月超过银行利率（3.5%）计提折旧额831.25元[2 000 000×3.5%÷2×(1-5%)÷20÷2]，不得扣除；7—12月超过银行利率（3.5%）计入财务费用3.5万元（200×3.5%÷2），不得扣除。

(3) 准予扣除的折旧费用=(5 000 000+1 000 000×6.5%÷2+2 000 000×6.5%÷2)×(1-5%)÷20÷2=121 065.63（元）

准予扣除的利息费用=2 000 000×6.5%÷2=65 000（元）

3. 纳税调整。

应纳税所得额需调增数额=831.25+35 000=35 831.25（元）

业务举例

光华公司2019年9月10日出售卡车一辆，售价25万元，该车属于购买时未抵扣过进项税额的固定资产，原值30万元，8月31日已提折旧10万元，发生清理费用0.5万元。

要求：(1) 计算转让卡车的收入。

(2) 计算转让固定资产准予扣除的数额。

(3) 进行相应的会计处理。

业务完成

（1）由于该车属于购买时未抵扣过进项税额的固定资产，其应纳增值税税额为：

250 000 ÷ (1 + 3%) × 2% = 4 854.37（万元）

转让卡车的收入为 245 192.31 元。

2019 年 9 月 10 日会计分录：

借：银行存款	250 000.00	
贷：固定资产清理		245 145.63
应交税费——应交增值税（销项税额）		4 854.37
借：固定资产清理	5 000	
贷：银行存款		5 000

2019 年 9 月 30 日会计分录：

借：固定资产清理	200 000	
累计折旧	100 000	
贷：固定资产		300 000
借：固定资产清理	40 145.63	
贷：营业外收入		40 145.63

（2）准予扣除的数额 = 200 000 + 5 000 = 205 000（元）

企业所得税法律制度规定，转让财产的应纳税所得额等于收入全额减财产净值，转让财产发生的费用，准予扣除，因此，营业外收入 40 145.63 元就是转让卡车的所得。

任务四
确定与计算应弥补的亏损

业务描述

一、确定亏损的含义

企业所得税法规定的亏损，是指每一纳税年度的收入总额减除不征税收入、免税收入和各项扣除后小于零的数额。企业的免税收入和不征税收入不得用于弥补以前年度亏损。

亏损与应纳税所得额的关系：

应纳税所得额 = 收入总额 − 不征税收入 − 免税收入 − 各项扣除 − 以前年度亏损

前四项计算结果 >0，为依照税法规定计算的所得，可以用来弥补。

前四项计算结果 <0，为依照税法规定计算的亏损，是下一个纳税年度应弥补的亏损。

二、亏损弥补的具体规定

（一）亏损弥补期限

1. 企业纳税年度发生的亏损可以用下一年度的所得弥补，下一年度的所得不足以弥补的，可以逐年延续弥补，但最长不得超过 5 年，5 年内不论盈利或亏损，都作为实际弥补期限计算。

2. 计算企业损益的年度，自开始生产经营的年度起计算。

（二）企业汇总缴纳企业所得税的亏损弥补

1. 企业境外营业机构的亏损不得用境内营业机构的盈利弥补。

2. 企业在境外同一个国家的各营业机构之间的盈亏可以互相弥补。

业务举例

某企业 2012—2018 年依照《企业所得税法》和实施条例的规定，将每一纳税年度的收入总额减除不征税收入、免税收入和各项扣除后的余额分别为：2012 年 -70 万元、2013 年 20 万元、2014 年 -30 万元、2015 年 -20 万元、2016 年 30 万元、2017 年 10 万元、2018 年 100 万元。请思考 2012—2018 年亏损弥补的顺序？

业务完成

（1）2012 年的亏损，法定补亏期为 2013—2017 年，至 2017 年，弥补 2012 年亏损 60 万元，2012 年亏损尚余 10 万元未得到弥补，以后也不能税前弥补了。

（2）2014 年的亏损，法定补亏期为 2015—2019 年，因 2016 年、2017 年均弥补 2012 年的亏损，2018 年弥补 2014 年的亏损 30 万元。

（3）2015 年的亏损，法定补亏期为 2016—2020 年，同样 2016—2017 年已无所得可以弥补这两年的亏损，2018 年的所得在这两个亏损的法定补亏期之内，先用于弥补 2014 年亏损，还有剩余 70 万元，可再用于弥补 2015 年亏损，补亏后余 50 万元，为企业所得税应纳税所得额。

任务五
计算居民企业的应纳税额

业务描述

在查账征收企业所得税的方式下，居民企业应缴纳的所得税额应等于应纳税所得额乘以适用税率，其计算公式为：

应纳税额 = 应纳税所得额 × 适用税率 - 减免和抵免税额

根据计算公式可以看出，应纳税额的多少取决于应纳税所得额和税率两个因素。其中，应纳税所得额的计算一般有两种方法：

一、直接计算法

在直接计算法下的计算公式为：

应纳税所得额 = 收入总额 - 不征税收入 - 免税收入 - 各项扣除 - 以前年度亏损

二、间接计算法

在直接计算法下的计算公式为：

应纳税所得额 = 会计利润 + 纳税调整项目金额

业务举例

光华企业为居民企业，2019 年发生以下经营业务，假设以前年度没有亏损需要弥补，采用两种方法计算光华企业应缴企业所得税额。业务资料如下：

（1）取得销售收入 6 000 万元。

（2）销售成本 4 000 万元。

（3）发生销售费用 800 万元（其中广告费和业务宣传费 500 万元）；管理费用 500 万元（其中业务招待费 60 万元，统一制作工作服费 15 万元，人寿保险费 30 万元，高空作业人身安全保险费 10 万元，研究开发费 20 万元，诉讼费 2 万元，咨询费 3 万元，办公费 50 万元，折旧费 57 万元）；财务费用 80 万元（其中向小型贷款公司借款利息 10 万元，国债利息收入 15 万元）。

（4）税金及附加 100 万元。

（5）计入成本、费用的工资总额 350 万元，拨缴的工会经费 6 万元，支付的职工教育经费 10 万元，支出的职工福利费 50 万元。

（6）企业为职工上缴的社会保险费 80 万元（其中基本养老保险 35 万元，基本医疗保险 25 万元，失业保险、工伤保险和生育保险费合计 20 万元）。

（7）企业本年度进行办公楼扩建于 6 月 30 日竣工决算并投入使用。为进行扩建共借款两笔：2019 年 1 月 1 日从中国工商银行借入短期借款 100 万元，期限 1 年，贷款利率 6.5%。同期向小额贷款公司借款 200 万元，期限 1 年，贷款利率 10%。

（8）企业本年度 9 月 30 日转让一辆卡车，价值 30 万元，已提折旧 10 万元，转让过程中发生清理费用 5 000 元，清理净收益 40 192.31 元。

（9）发生营业外支出 70.5 万元（其中直接向某排球队赞助 20 万元，支付卫生监督部门的罚款 0.5 万元，公益性捐赠 50 万元）。税法规定其折旧年限为 20 年，残值率 5%。

要求：

（1）计算该企业各项成本、费用的扣除标准。

（2）计算该企业 2019 年度应纳税所得额。

（3）计算该企业 2019 年度应纳所得税税额。

（4）该企业 2019 年已累计预缴企业所得税 113.3798 万元，计算 2019 年度应汇算清缴的企业所得税税额。

任务完成

1. 直接计算法。

(1) 国债利息收入，免征企业所得税，调减 15 万元。

(2) 转让财产的应纳税所得额等于收入全额减财产净值，转让财产发生的费用，准予扣除，因此，营业外收入 40 192. 31 元就是收入减财产净值，再减转让费用后的数额。

(3) 广告费和业务宣传费的扣除标准为实际发生额（500 万元）和营业收入的 15% 的较低者（900 万元），实际支付额小于扣除标准的，准予扣除。

(4) 业务招待费 60 万元，扣除标准为实际发生额的 60%（36 万元）和营业收入的 5‰ 的较低者（30 万元）。当期准予扣除金额为 30 万元，调增 30 万元。

(5) 统一定制工作服的支出，准予扣除。

(6) 支付职工的人寿保险 30 万元，不得扣除，调增 30 万元。

(7) 为高空作业的职工购买人身安全保险 10 万元，准予扣除。

(8) 诉讼费、咨询费、办公费 25 万元，准予扣除。

(9) 符合条件的研究开发费 20 万元，准予加计扣除研究开发费的 50%，即扣除研究开发费的 150%，金额 30 万元，调减 10 万元。

(10) 折旧费 121 896. 88 元中的 831. 25 元(2 000 000 × 3. 5% ÷ 2 × (1 − 5%) ÷ 20 ÷ 2)不准扣除。1—6 月的利息总计 13. 25 万元{(100 × 6. 5% + 200 × 10%) ÷ 2}应予以资本化，其中向小额贷款公司的借款超过银行利率部分 3. 5% 计提的折旧应进行纳税调整。

(11) 7—12 月的利息总计 13. 25 万元，计入财务费用，其中向小额贷款公司的借款超过银行利率部分 3. 5 万元，不准扣除。

(12) 该公司实际支付的职工福利费 50 万元，职工福利费扣除标准 = 350 × 14% = 49 万元，超过的 1 万元不能扣除。

实际支付的工会经费 6 万元，工会经费扣除标准 = 350 × 2% = 7 万元，没有超过标准，准予扣除。

实际支付的职工教育经费 10 万元，职工教育经费扣除标准 = 350 × 2. 5% = 8. 75 万元，超过的 1. 25 万元准予结转以后纳税年度扣除，当年准予扣除 8. 75 万元。

(13) 企业支付的基本养老保险为 35 万元，基本医疗保险为 25 万元，失业保险、工伤保险和生育保险共计 20 万元。

(14) 公益性捐赠的扣除限额 = 会计利润 × 12% = 4 535 192. 31 × 12% = 544 223. 08 元。公益性捐赠是 500 000 元，没有超过限额 544 223. 08 元，准予扣除。

具体计算见表 5 − 11 所示。

表 5 − 11　　应纳税所得额计算表

2019 年度

应纳税所得额项目	发生额（元）	扣除标准（元）	调整金额（元）	调整后应纳税得（元）
销售商品收入	60 000 000. 00			60 000 000. 00
转让财产收入	40 192. 31			40 192. 31
收入总额	60 040 192. 31			60 040 192. 31

续表

应纳税所得额项目	发生额（元）	扣除标准（元）	调整金额（元）	调整后应纳税得（元）
减：免税收入	150 000.00			150 000.00
不征税收入				
应税收入	59 890 192.31			59 890 192.31
减：				
1. 成本	40 000 000.00			40 000 000.00
2. 销售费用	8 000 000.00		0	8 000 000.00
其中：广告费和业务宣传费	5 000 000.00	9 000 000.00		5 000 000.00
3. 管理费用	5 000 000.00		−500 831.25	4 499 168.75
其中：业务招待费	600 000.00	300 000.00	−300 000.00	300 000.00
统一定制工作服	150 000.00	150 000.00		150 000.00
职工的人寿保险	300 000.00	0	−300 000.00	0
人身安全保险	100 000.00	100 000.00		100 000.00
诉讼费、咨询费、办公费	250 000.00	250 000.00		250 000.00
研究开发费	200 000.00	300 000.00	100 000.00	300 000.00
折旧费	220 000.00	219 125.00	−831.25	219 125.00
4. 财务费用	800 000.00		−35 000.00	765 000.00
其中：小型贷款公司借款利息	100 000.00	65 000.00	−35 000.00	65 000.00
5. 计入成本、费用的三项经费	660 000.00	637 500.00	−22 500.00	−22 500.00
6. 计入成本、费用的社会保险费	800 000.00	800 000.00		0
7. 税金及附加	1 000 000.00	0	1 000 000.00	1 000 000.00
8. 营业外支出	705 000.00		−205 000.00	500 000.00
其中：直接向某排球队赞助	200 000.00	0	−200 000.00	
卫生监督部门的罚款	5 000.00	0	−5 000.00	
公益性捐赠	500 000.00	544 223.08	0	
9. 以前年度亏损				0
应纳税所得额				5 148 523.56

该年度应纳税额 = 5 148 523.56 × 25% = 1 287 130.89（元）

该年度应汇算清缴的企业所得税税额 = 1 287 130.89 − 1 133 798 = 153 332.89（元）

2. 间接计算法。间接计算是通过利润表的会计利润加或减调整项目金额计算应纳税所得额，见表 5 − 12 至表 5 − 14 所示。

表 5 − 12 单位：元

总账	明细账	期末余额	方向
应付职工薪酬	职工工资	3 500 000	贷方
	社会保险费	800 000	
	职工教育经费	100 000	
	职工福利费	500 000	
	工会经费	60 000	

表 5－13

单位：元

总账	明细账	本期（年）发生额	本期发生额方向
管理费用	业务招待费	600 000	借方
	统一制定工作服	150 000	
	人寿保险	300 000	
	人身安全保险	100 000	
	研究开发费	200 000	
	折旧费	570 000	
	职工薪酬	1 100 000	
	社会保险费	480 000	
	工会经费	60 000	
	职工教育经费	100 000	
	职工福利费	500 000	
	诉讼费	20 000	
	咨询费	30 000	
	办公费	500 000	
	其他	290 000	
	合计	5 000 000	
销售费用	广告费	3 500 000	借方
	业务宣传费	1 500 000	
	职工薪酬	800 000	
	社会保险费	200 000	
	展览费	500 000	
	运输费	800 000	
	装卸费	400 000	
	其他	300 000	
	合计	8 000 000	
财务费用	金融机构贷款利息	782 500	借方
	小额贷款公司贷款利息	100 000	
	国债利息	150 000	
	手续费	17 500	
	现金折扣	50 000	
	合计	800 000	
营业外支出	赞助支出	200 000	借方
	卫生罚款	5 000	
	公益性捐赠	500 000	
	合计	705 000	
所得税费用		1 133 798	借方
营业外收入	转让固定资产	40 192. 31	贷方
	合计	40 192. 31	
本年利润		3 401 494. 31	贷方

表 5－14　　　　利　润　表

单位名称：光华企业　　　　2019 年　　　　单位：元

项　目	本年累计金额	上年金额
一、营业收入	60 000 000	
减：营业成本	40 000 000	
税金及附加	1 000 000	
销售费用	8 000 000	
管理费用	5 000 000	
财务费用	800 000	
加：投资收益（损失以“－”填列）		
二、营业利润	5 200 000	
加：营业外收入	40 192. 31	
减：营业外支出	705 000	
三、利润总额	4 535 192. 31	
减：所得税费用	1 133 798	
四、净利润	3 401 394. 31	

具体计算见表 5－15 所示。

表 5－15　　　　纳税调整计算表

2019 年度

纳税调整项目	账载金额	税收金额	调增金额	调减金额
收入类调整项目				
1. 国债利息	150 000. 00	0		150 000. 00
2. 加计扣除研究开发费	20 000. 00	30 000. 00		100 000. 00
扣除类调整项目				
业务招待费	600 000. 00	300 000. 00	300 000. 00	
人寿保险	300 000. 00	0	300 000. 00	
折旧	220 000. 00	219 125. 00	831. 25	
向小型贷款公司借款利息	100 000. 00	65 000. 00	35 000. 00	
职工福利费	500 000. 00	490 000. 00	10 000. 00	
工会经费	60 000. 00	70 000. 00		
职工教育经费	100 000. 00	87 500. 00	12 500. 00	
赞助支出	200 000. 00	0	200 000. 00	
卫生罚款	5 000. 00	0	5 000. 00	
合计			863 331. 25	250 000. 00

2019 年度应纳税所得额＝4 535 192. 31－250 000＋863 331. 25＝5 148 523. 56（元）

2019 年度应纳税额＝5 148 523. 56×25%＝1 287 130. 89（元）

2019 年度汇算清缴企业所得税税额＝1 287 130. 89－1 133 798＝153 332. 89（元）

任务六
企业所得税的账务处理

知识准备

一、预缴企业所得税的账务处理

（一）预缴所得税的方式

预缴所得税有以下 3 种方式：

1. 据实预缴。据实预缴是指按月（季）实际利润总额乘以适用税率进行预缴企业所得税。

2. 按照上一纳税年度应纳税所得额的平均额预缴。

3. 税务机关确定的其他方法预缴。

按月或按季预缴企业所得税的，应当自月份或季度终了之日起 15 日内，向税务机关报送预缴企业所得税纳税申报表，预缴税款。

（二）预缴企业所得税的会计处理

1. 计算预缴企业所得税。

借：所得税费用

　　贷：应交税费——应交企业所得税

2. 结转所得税费用。

借：本年利润

　　贷：所得税费用

3. 预缴企业所得税。

借：应交税费——应交企业所得税

　　贷：银行存款

二、年度汇算清缴企业所得税的账务处理

（一）汇算清缴

企业所得税汇算清缴，是指纳税人在纳税年度终了后 5 个月内，依照税收相关法律、法规及规定，自行计算全年应纳税所得额和应纳所得税税额，根据月度或季度预缴所得税的数额，确定该年度应补或应退企业所得税税额，并在年度终了之日起 5 个月内，向主管税务机关办理年度企业所得税纳税申报，结清全年企业所得税税款的行为。

（二）年度汇算清缴后应补或应退企业所得税的会计处理

1. 计算应补企业所得税。

借：利润分配——未分配利润

　　贷：应交税费——应交企业所得税

2. 补缴企业所得税。

借：应交税费——应交企业所得税

　　贷：银行存款

应退企业所得税的账务处理与应补企业所得税的账务处理正好相反。

业务举例

光华公司经税务局确认，按季实际利润预缴企业所得税，适用所得税税率25%。该公司2019年一季度利润总额1 650 000元，一季度预缴企业所得税412 500元，二季度利润总额1 050 000元，二季度预缴企业所得税262 500元，三、四季度利润总额1 835 192.31元，三、四季度预缴企业所得税458 798元。年度汇算清缴后全年应纳税所得额为5 148 523.56元，应缴企业所得税税额为1 287 130.89元，已预缴企业所得税合计为1 133 798元，应补缴企业所得税税额153 332.89元。光华公司预缴企业所得税及汇算清缴应补缴企业所得税的账务处理。

业务完成

1. 一季度预缴所得税的账务处理。

（1）计算预缴企业所得税：

借：所得税费用	412 500	
贷：应交税费——应交企业所得税		412 500

（2）结转所得税费用：

借：本年利润	412 500	
贷：所得税费用		412 500

（3）预缴企业所得税：

借：应交税费——应交企业所得税	412 500	
贷：银行存款		412 500

（二、三、四季度账务处理略）

2. 年度汇算清缴后应补缴所得税的账务处理。

（1）计算应补企业所得税：

借：利润分配——未分配利润	153 332.89	
贷：应交税费——应交企业所得税		153 332.89

（2）补缴企业所得税：

借：应交税费——应交企业所得税	153 332.89	
贷：银行存款		153 332.89

任务七
企业所得税的申报、缴纳

知识准备

一、企业所得税的税款征收方式

企业所得税的税款征收方式包括查账征收和核定征收两种方式。居民企业、非居民企业因会计账簿不健全，资料残缺难以查账，或者其他原因不能准确计算并据实申报应纳税所得额的，税务机关有权采取核定征收方式征收税款。

二、企业所得税纳税申报

企业所得税纳税申报方式分为月（季）报和年报，企业应在规定的期限内采取网上申报方式进行纳税申报，提交纳税申报和同期财务会计报表。

（一）企业所得税月（季）报申报表

本书仅就常用的查账征收方式适用的《企业所得税预缴纳税申报表》。预缴所得税一般按照企业当月（季）利润进行预缴。

（二）企业所得税年度申报表

纳税年度终了后，企业应在5个月内进行企业所得税的汇算清缴，填报《企业所得税年度纳税申报表》。2019年新修订的企业所得税申报表A、B两类表，A类适用于查账征收企业，B类表适用于实行核定征收企业。B类表简单仅1张主表，没有附表。A类表比较复杂，有1张基础信息表、1张主表和39张附表，申报表用字母A和6位数字表示表单号。如企业基础信息表表号为A000000，主表为A100000等。所得税的居民企业纳税人（以下简称“纳税人”）在月（季）度预缴纳税申报时填报。虽然表很多，但由于许多企业没有相关业务，有些附表就不必填写，所以实际填表并没有太多。

修订后的年度申报表采用围绕主表进行填报，主表数据大部分由附表生成，既可以电子申报，又可以手工填写。每张表既能独立体现税收的优惠政策，又与主表相互关联，层级分明，内容清晰，便于填报。报表共四级：一级是主表，三级是附表。架构如下：

1. 基础信息表1张，主要有纳税人的名称、注册地、行业、注册资本、从业人数、股东结构、会计政策、存货办法、对外投资情况等信息。可以替代企业的备案资料，随时掌握企业的资产、从业人数等情况变化，并可判断是否属于小微企业。在出台小微企业税收优惠政策后，无须再报送其他资料，即可判断是否享受。

2. 主表1张，在会计利润的基础上，按税法规定进行纳税调整，计算应税所得及应纳税额。

3. 附表39张：收入费用明细表（一级）6张，纳税调整表（一级1张，二级12张，三级2张）15张；亏损弥补表（一级）1张；税收优惠表（二级5张，三级6张）11张；境外所得抵免表4张（一级1张，二级3张）；汇总纳税表（一级1张，二级1张）2张。

由于教学内容所限，这里仅介绍最常用的A类表的月（季）预缴纳税申报表和年度申报表。

业务一　填写企业所得税预缴纳税申报表

业务举例

光华公司是实行查账征收的一般企业纳税人，2019年3月30日有从业人员320人，资产总额8 000万元，2019年6月30日有从业人员334人，资产总额8 100万元。经税务局确认，按季实际利润预缴企业所得税。该公司2019年6月30日，1—6月利润表中的营业收入2 855万元，营业成本1 980万元，利润总额270万元；一季度末利润表中的营业收入1 445万元，营业成本980万元，利润总额165万元，一季度已经预缴41.25万元，适用所得税税率25%，计算申报二季度企业所得税。纳税年度终了后，企业在5个月内填报企业所得税年度纳税申报表。计算填写光华公司2019年第二季度企业所得税申报表。

业务完成

1. 预缴纳税申报表填写。

预缴纳税申报表中的“营业收入”、“营业成本”、“利润总额”直接根据利润表中的相应项目填写，不必进行纳税调整。二季度的相关项目数据直接根据至6月30日的相应项目累计数据减去相应项目的一季度数据填列。光华企业季度预缴企业所得税申报表填写如表5－16所示。

表5－16　　A200000　　中华人民共和国企业所得税月（季）度预缴纳税申报表（A类）

税款所属期间：2019年04月01日　至　2019年06月30日

纳税人识别号（统一社会信用代码）：□□□□□□□□□□□□□□□□□□□□

纳税人名称：光华公司　　　　金额单位：人民币元（列至角分）

预缴方式	☑按照实际利润额预缴	□按照上一纳税年度应纳税所得额平均额预缴	□按照税务机关确定的其他方法预缴
企业类型	☑一般企业	□跨地区经营汇总纳税企业总机构	□跨地区经营汇总纳税企业分支机构

预缴税款计算

行次	项　　目	本年累计金额
1	营业收入	28 550 000
2	营业成本	19 800 000
3	利润总额	2 700 000

续表

行次	项 目			本年累计金额
4	加：特定业务计算的应纳税所得额			
5	减：不征税收入			
6	减：免税收入、减计收入、所得减免等优惠金额（填写 A201010）			
7	减：固定资产加速折旧（扣除）调减额（填写 A201020）			
8	减：弥补以前年度亏损			
9	实际利润额（3 +4 −5 −6 −7 −8）\ 按照上一纳税年度应纳税所得额平均额确定的应纳税所得额			2 700 000
10	税率（25%）			25%
11	应纳所得税额（9×10）			675 000
12	减：减免所得税额（填写 A201030）			
13	减：实际已缴纳所得税额			412 500
14	减：特定业务预缴（征）所得税额			
15	本期应补（退）所得税额（11 −12 −13 −14）\ 税务机关确定的本期应纳所得税额			262 500
汇总纳税企业总分机构税款计算				
16	总机构填报	总机构本期分摊应补（退）所得税额（17 +18 +19）		
17		其中：总机构分摊应补（退）所得税额（15×总机构分摊比例__%）		
18		财政集中分配应补（退）所得税额（15×财政集中分配比例__%）		
19		总机构具有主体生产经营职能的部门分摊所得税额（15×全部分支机构分摊比例__%×总机构具有主体生产经营职能部门分摊比例__%）		
20	分支机构填报	分支机构本期分摊比例		
21		分支机构本期分摊应补（退）所得税额		
附报信息				
高新技术企业	□是 ☑否	科技型中小企业	□是 ☑否	
技术入股递延纳税事项	□是 ☑否			
按季度填报信息				
季初从业人数	320 人	季末从业人数	334 人	
季初资产总额（万元）	8 000 万元	季末资产总额（万元）	8 100 万元	
国家限制或禁止行业	□是 ☑否	小型微利企业	□是 ☑否	
谨声明：本纳税申报表是根据国家税收法律法规及相关规定填报的，是真实的、可靠的、完整的。 纳税人（签章）： 2019 年 07 月 02 日				
经办人： 经办人身份证号： 代理机构签章： 代理机构统一社会信用代码：		受理人： 受理税务机关（章）： 受理日期： 年 月 日		

国家税务总局监制

A200000 《中华人民共和国企业所得税月（季）度预缴纳税申报表（A类）》填报说明

一、适用范围

本表适用于实行查账征收企业所得税的居民企业纳税人（以下简称“纳税人”）在月（季）度预缴纳税申报时填报。执行《跨地区经营汇总纳税企业所得税征收管理办法》（国家税务总局公告2012年第57号发布）的跨地区经营汇总纳税企业的分支机构，在年度纳税申报时填报本表。省（自治区、直辖市和计划单列市）税务机关对仅在本省（自治区、直辖市和计划单列市）内设立不具有法人资格分支机构的企业，参照《跨地区经营汇总纳税企业所得税征收管理办法》征收管理的，企业的分支机构在年度纳税申报时填报本表。

二、表头项目

（一）报表名称

1. 月（季）度预缴纳税申报

正常情况填报税款所属期月（季）度第一日至税款所属期月（季）度最后一日；年度中间开业的纳税人，在首次月（季）度预缴纳税申报时，填报开始经营之日至税款所属月（季）度最后一日，以后月（季）度预缴纳税申报时按照正常情况填报；年度中间终止经营活动的纳税人，在终止经营活动当期纳税申报时，填报税款所属期月（季）度第一日至终止经营活动之日，以后月（季）度预缴纳税申报表不再填报。

2. 年度纳税申报　填报税款所属年度1月1日至12月31日。

（二）纳税人识别号（统一社会信用代码）填报税务机关核发的纳税人识别号或有关部门核发的统一社会信用代码。

（三）纳税人名称

填报营业执照、税务登记证等证件载明的纳税人名称。

三、有关项目填报说明

（一）预缴方式

纳税人根据情况选择。“按照上一纳税年度应纳税所得额平均额预缴”和“按照税务机关确定的其他方法预缴”两种预缴方式属于税务行政许可事项，纳税人需要履行行政许可相关程序。

（二）企业类型

纳税人根据情况选择。

纳税人为《跨地区经营汇总纳税企业所得税征收管理办法》规定的跨省、自治区、直辖市和计划单列市设立不具有法人资格分支机构的跨地区经营汇总纳税企业，总机构选择“跨地区经营汇总纳税企业总机构”；仅在同一省（自治区、直辖市、计划单列市）内设立不具有法人资格分支机构的跨地区经营汇总纳税企业，并且总机构、分支机构参照《跨地区经营汇总纳税企业所得税征收管理办法》规定征收管理的，总机构选择“跨地区经营汇总纳税企业总机构”。

纳税人为《跨地区经营汇总纳税企业所得税征收管理办法》规定的跨省、自治区、直辖市和计划单列市设立不具有法人资格分支机构的跨地区经营汇总纳税企业，分支机构选择“跨地区经营汇总纳税企业分支机构”；仅在同一省（自治区、直辖市、计划单列市）内设立不具有法人资格分支机构的跨地区经营汇总纳税企业，并且总机构、分支机构参照《跨地区经营汇总纳税企业所得税征收管理办法》规定征收管理的，分支机构选择“跨地区经营汇总纳税企业分支机构”。

上述企业以外的其他企业选择“一般企业”。

（三）预缴税款计算

预缴方式选择“按照实际利润额预缴”的纳税人填报第1行至第15行，预缴方式选择“按照上一纳税年度应纳税所得额平均额预缴”的纳税人填报第9、10、11、12、13、15行，预缴方式选择“按照税务机关确定的其他方法预缴”的纳税人填报第15行。

1. 第1行“营业收入”：填报纳税人截至本税款所属期末，按照国家统一会计制度规定核算的本年累计营业收入。

如：以前年度已经开始经营且按季度预缴纳税申报的纳税人，第二季度预缴纳税申报时本行填报本年1月1日至6月30日期间的累计营业收入。

2. 第2行“营业成本”：填报纳税人截至本税款所属期末，按照国家统一会计制度规定核算的本年累计营业成本。

3. 第3行“利润总额”：填报纳税人截至本税款所属期末，按照国家统一会计制度规定核算的本年累计利润总额。

4. 第4行“特定业务计算的应纳税所得额”：从事房地产开发等特定业务的纳税人，填报按照税收规定计算的特定业务的应纳税所得额。房地产开发企业销售未完工开发产品取得的预售收入，按照税收规定的预计计税毛利率计算的预计毛利额填入此行。企业开发产品完工后，其未完工预售环节按照税收规定的预计计税毛利率计算的预计毛利额在汇算清缴时调整，月（季）度预缴纳税申报时不调整。本行填报金额不得小于本年上期申报金额。

5. 第5行“不征税收入”：填报纳税人已经计入本表“利润总额”行次但属于税收规定的不征税收入的本年累计金额。

6. 第6行“免税收入、减计收入、所得减免等优惠金额”：填报属于税收规定的免税收入、减计收入、所得减免等优惠的本年累计金额。

本行根据《免税收入、减计收入、所得减免等优惠明细表》（A201010）填报。

7. 第7行“固定资产加速折旧（扣除）调减额”：填报固定资产税收上享受加速折旧优惠计算的折旧额大于同期会计折旧额期间发生纳税调减的本年累计金额。

本行根据《固定资产加速折旧（扣除）明细表》（A201020）填报。

8. 第8行“弥补以前年度亏损”：填报纳税人截至税款所属期末，按照税收规定在企业所得税税前弥补的以前年度尚未弥补亏损的本年累计金额。根据《财政部 税务总局关于延长高新技术企业和科技型中小企业亏损结转年限的通知》（财税〔2018〕76号）的规定，自2018年1月1日起，当年具备高新技术企业或科技型中小企业资格的企业，其具备资格年度之前的5个年度发生的尚未弥补完的亏损，准予结转以后年度弥补，最长结转年限由5年延长至10年。

当本表第3+4-5-6-7行≤0时，本行=0。

9. 第9行“实际利润额 \ 按照上一纳税年度应纳税所得额平均额确定的应纳税所得额”：预缴方式选择“按照实际利润额预缴”的纳税人，根据本表相关行次计算结果填报，第9行=第3+4-5-6-7-8行；预缴方式选择“按照上一纳税年度应纳税所得额平均额预缴”的纳税人，填报按照上一纳税年度应纳税所得额平均额计算的本年累计金额。

10. 第10行“税率（25%）”：填报25%。

11. 第11行“应纳所得税额”：根据相关行次计算结果填报。第11行=第9×10行，且第11行≥0。

12. 第12行“减免所得税额”：填报纳税人截至税款所属期末，按照税收规定享受的减免企业所得税的本年累计金额。

本行根据《减免所得税额明细表》（A201030）填报。

13. 第13行“实际已缴纳所得税额”：填报纳税人按照税收规定已在此前月（季）度申报预缴企业所得税的本年累计金额。

建筑企业总机构直接管理的跨地区设立的项目部，按照税收规定已经向项目所在地主管税务机关预缴企业所得税的金额不填本行，而是填入本表第14行。

14. 第14行“特定业务预缴（征）所得税额”：填报建筑企业总机构直接管理的跨地区设立的项目部，按照税收规定已经向项目所在地主管税务机关预缴企业所得税的本年累计金额。

本行本期填报金额不得小于本年上期申报的金额。

15. 第15行“本期应补（退）所得税额 \ 税务机关确定的本期应纳所得税额”：按照不同预缴方式，分情况填报：

预缴方式选择“按照实际利润额预缴”以及“按照上一纳税年度应纳税所得额平均额预缴”的纳税人根据本表相关行次计算填报。第15行=第11-12-13-14行，当第11-12-13-14行<0时，本行填0。其中，企业所得税收入全额归属中央且按比例就地预缴企业的分支机构，以及在同一省（自治区、直辖市、计划单列市）内的按比例就地预缴企业的分支机构，第15行=第11行×就地预缴比例-第12行×就地预缴比例-第13行-第14行，当第11行×就地预缴比例-第12行×就地预缴比例-第13行-第14行<0时，本行填0。

预缴方式选择“按照税务机关确定的其他方法预缴”的纳税人填报本期应纳企业所得税的金额。

（四）汇总纳税企业总分机构税款计算

企业类型选择“跨地区经营汇总纳税企业总机构”的纳税人填报第16、17、18、19行；企业类型选择“跨地区经营汇总纳税企业分支机构”的纳税人填报第20、21行。

1. 第16行“总机构本期分摊应补（退）所得税额”：跨地区经营汇总纳税企业的总机构根据相关行次计算结果填报，第16行=第17+18+19行。

2. 第17行“总机构分摊应补（退）所得税额（15×总机构分摊比例__%）”：根据相关行次计算结果填报，第17行=第15行×总机构分摊比例。其中：跨省、自治区、直辖市和计划单列市经营的汇总纳税企业“总机构分摊比例”填报25%，同一省（自治区、直辖市、计划单列市）内跨地区经营汇总纳税企业“总机构分摊比例”按照各省（自治区、直辖市、计划单列市）确定的总机构分摊比例填报。

3. 第18行“财政集中分配应补（退）所得税额（15×财政集中分配比例__%）”：根据相关行次计算结果填报，第18行=第15行×财政集中分配比例。其中：跨省、自治区、直辖市和计划单列市经营的汇总纳税企业“财政集中分配比例”填报25%，同一省（自治区、直辖市、计划单列市）内跨地区经营汇总纳税企业“财政集中分配比例”按照各省（自治区、直辖市、计划单列市）确定的财政集中分配比例填报。

4. 第19行“总机构具有主体生产经营职能的部门分摊所得税额（15×全部分支机构分摊比例__%×总机构具有主体生产经营职能部门分摊比例__%）”：根据相关行次计算结果填报，第19行=第15行×全部分支机构分摊比例×总机构具有主体生产经营职能部门分摊比例。其中：跨省、自治区、直辖市和计划单列市经营的汇总纳税企业“全部分支机构分摊比例”填报50%，同一省（自治区、直辖市、计划单列市）内跨地区经营汇总纳税企业“分支机构分摊比例”按照各省（自治区、直辖市、计划单列市）确定的分支机构分摊比例填报；“总机构具有主体生产经营部门分摊比例”按照设立的具有主体生产经营职能的部门在参与税款分摊的全部分支机构中的分摊比例填报。

5. 第20行“分支机构本期分摊比例”：跨地区经营汇总纳税企业分支机构填报其总机构出具的本期《企业所得税汇总纳税分支机构所得税分配表》“分配比例”列次中列示的本分支机构的分配比例。

6. 第21行“分支机构本期分摊应补（退）所得税额”：跨地区经营汇总纳税企业分支机构填报其总机构出具的本期《企业所得税汇总纳税分支机构所得税分配表》“分配所得税额”列次中列示的本分支机构应分摊的所得税额。

四、附报信息

企业类型选择“跨地区经营汇总纳税企业分支机构”的，不填报“附报信息”所有项目。

（一）高新技术企业

必报项目。

根据《高新技术企业认定管理办法》《高新技术企业认定管理工作指引》等文件规定，符合条件的纳税人履行相关认定程序后取得“高新技术企业证书”。凡是取得“高新技术企业证书”且在有效期内的纳税人，选择“是”；未取得“高新技术企业证书”或者“高新技术企业证书”不在有效期内的纳税人，选择“否”。

（二）科技型中小企业

必报项目。

符合条件的纳税人可以按照《科技型中小企业评价办法》进行自主评价，并按照自愿原则到“全国科技型中小企业信息服务平台”填报企业信息，经公示无异议后纳入“全国科技型中小企业信息库”。凡是取得本年“科技型中小企业入库登记编号”且编号有效的纳税人，选择“是”；未取得本年“科技型中小企业入库登记编号”或者已取得本年“科技型中小企业入库登记编号”但被科技管理部门撤销登记编号的纳税人，选择“否”。

（三）技术入股递延纳税事项

必报项目。

根据《财政部 国家税务总局关于完善股权激励和技术入股有关所得税政策的通知》（财税〔2016〕101号）文件规定，企业以技术成果投资入股到境内居民企业，被投资企业支付的对价全部为股票（权）的，企业可以选择适用递延纳税优惠政策。本年内发生以技术成果投资入股且选择适用递延纳税优惠政策的纳税人，选择“是”；本年内未发生以技术成果投资入股或者以技术成果投资入股但选择继续按现行有关税收政策执行的纳税人，选择“否”。

五、按季度填报信息

企业类型选择“跨地区经营汇总纳税企业分支机构”的，不填报“按季度填报信息”所有项目。本项下所有项目按季度填报。按月申报的纳税人，在季度最后一个属期的月份填报。

（一）季初从业人数、季末从业人数

必报项目。

纳税人填报税款所属季度的季初和季末从业人员的数量。季度中间开业的纳税人，“季初从业人数”填报开业时从业人数。季度中间停止经营的纳税人，“季末从业人数”填报停止经营时从业人数。从业人数是指与企业建立劳动关系的职工人数和企业接受的劳务派遣用工人数之和。汇总纳税企业总机构填报包括分支机构在内的所有从业人数。

（二）季初资产总额（万元）、季末资产总额（万元）

必报项目。

纳税人填报税款所属季度的季初和季末资产总额。季度中间开业的纳税人，“季初资产总额”填报开业时资产总额。

季度中间停止经营的纳税人，“季末资产总额”填报停止经营时的资产总额。填报单位为人民币万元，保留小数点后2位。

（三）国家限制或禁止行业

必报项目。

纳税人从事行业为国家限制和禁止行业的，选择“是”；其他选择“否”。

（四）小型微利企业

必报项目。

本纳税年度截至本期末的从业人数季度平均值不超过300人、资产总额季度平均值不超过5000万元、本表“国家限制或禁止行业”选择“否”且本期本表第9行“实际利润额\按照上一纳税年度应纳税所得额平均额确定的应纳税所得额”不超过300万元的纳税人，选择“是”；否则选择“否”。计算方法如下：

季度平均值 =（季初值 + 季末值）÷2

截至本期末季度平均值 = 截至本期末各季度平均值之和 ÷ 相应季度数

年度中间开业或者终止经营活动的，以其实际经营期计算上述指标。

六、表内表间关系

（一）表内关系

1. 预缴方式选择“按照实际利润额预缴”的纳税人，第9行 = 第3+4−5−6−7−8行。

2. 第11行 = 第9×10行。

3. 预缴方式选择“按照实际利润额预缴”“按照上一纳税年度应纳税所得额平均额预缴”的纳税人，第15行 = 第11−12−13−14行。当第11−12−13−14行<0时，第15行=0。

其中，企业所得税收入全额归属中央且按比例就地预缴企业的分支机构，以及在同一省（自治区、直辖市、计划单列市）内的按比例就地预缴企业的分支机构，第15行 = 第11行×就地预缴比例−第12行×就地预缴比例−第13行−第14行。当第11行×就地预缴比例−第12行×就地预缴比例−第13行−第14行<0时，第15行=0。

4. 第16行 = 第17+18+19行。

5. 第17行 = 第15行×总机构分摊比例。

6. 第18行 = 第15行×财政集中分配比例。

7. 第19行 = 第15行×全部分支机构分摊比例×总机构具有主体生产经营职能部门分摊比例。

（二）表间关系

1. 第6行 = 表A201010第41行。

2. 第7行 = 表A201020第5行第5列。

3. 第12行 = 表A201030第30行。

4. 第15行 = 表A202000“应纳所得税额”栏次填报的金额。

5. 第17行 = 表A202000“总机构分摊所得税额”栏次填报的金额。

6. 第18行 = 表A202000“总机构财政集中分配所得税额”栏次填报的金额。

7. 第19行 = 表A202000“分支机构情况”中对应总机构独立生产经营部门行次的“分配所得税额”列次填报的金额。

业务二　填写企业所得税年度纳税申报表

业务举例

续上例，光华公司纳税年度终了后，企业在5个月内填报企业所得税年度纳税申报表。计算填写光华公司2019年度企业所得税申报表。

业务完成

光华企业进行年度汇算清缴，所得税年度纳税申报表中的“利润总额”相关项目根据年度利润表填写，纳税调整项目应根据相关附表填写，但本书省略相关附表填写过程，纳税调整详细内容参见任务六。光华企业年度企业所得税纳税申报表填写如表5－17所示。

表5－17　A100000 中华人民共和国企业所得税年度纳税申报表（A类）

税款所属期间：2019年1月1日至2019年12月31日

纳税人名称：光华企业　　纳税人识别号：□□□□□□□□□□□□□□□□□□　　金额单位：元（列至角分）

行次	类别	项目	金额
1		一、营业收入（填写A101010\101020\103000）	60 000 000
2		减：营业成本（填写A102010\102020\103000）	40 000 000
3		税金及附加	1 000 000
4		销售费用（填写A104000）	8 000 000
5		管理费用（填写A104000）	5 000 000
6		财务费用（填写A104000）	800 000
7		资产减值损失	
8		加：公允价值变动收益	
9		投资收益	150 000
10		二、营业利润（1－2－3－4－5－6－7＋8＋9）	5 200 000
11		加：营业外收入（填写A101010\101020\103000）	40 192.31
12		减：营业外支出（填写A102010\102020\103000）	705 000
13		三、利润总额（10＋11－12）	4 535 192.31
14	应纳税所得额计算	减：境外所得（填写A108010）	
15		加：纳税调整增加额（填写A105000）	863 331.25
16		减：纳税调整减少额（填写A105000）	250 000
17		减：免税、减计收入及加计扣除（填写A107010）	150 000
18		加：境外应税所得抵减境内亏损（填写A108000）	
19		四、纳税调整后所得（13－14＋15－16－17＋18）	5 148 523.56
20		减：所得减免（填写A107020）	
21		减：抵扣应纳税所得额（填写A107030）	
22		减：弥补以前年度亏损（填写A106000）	
23		五、应纳税所得额（19－20－21－22）	5 148 523.56

续表

行次	类别	项目	金额
24	应纳税额计算	税率（25%）	25%
25		六、应纳所得税额（23×24）	1 287 130.89
26		减：减免所得税额（填写 A107040）	
27		减：抵免所得税额（填写 A107050）	
28		七、应纳税额（25－26－27）	1 287 130.89
29		加：境外所得应纳所得税额（填写 A108000）	
30		减：境外所得抵免所得税额（填写 A108000）	
31		八、实际应纳所得税额（28＋29－30）	1 287 130.89
32		减：本年累计实际已预缴的所得税额	1 133 798.00
33		九、本年应补（退）所得税额（31－32）	153 332.89
34		其中：总机构分摊本年应补（退）所得税额（填写 A109000）	
35		财政集中分配本年应补（退）所得税额（填写 A109000）	
36		总机构主体生产经营部门分摊本年应补（退）所得税额（填写 A109000）	
37	附列资料	以前年度多缴的所得税额在本年抵减额	
38		以前年度应缴未缴在本年入库所得税额	

A100000《中华人民共和国企业所得税年度纳税申报表（A 类）》填报说明

本表为企业所得税年度纳税申报表的主表，纳税人应当根据《中华人民共和国企业所得税法》及其实施条例（以下简称“税法”）、相关税收政策，以及国家统一会计制度（企业会计准则、小企业会计准则、企业会计制度、事业单位会计准则和民间非营利组织会计制度等）的规定，计算填报利润总额、应纳税所得额和应纳税额等有关项目。

纳税人在计算企业所得税应纳税所得额及应纳税额时，会计处理与税收规定不一致的，应当按照税收规定计算。税收规定不明确的，在没有明确规定之前，暂按国家统一会计制度计算。

一、有关项目填报说明

（一）表体项目

本表是在纳税人会计利润总额的基础上，加减纳税调整等金额后计算出“纳税调整后所得”。会计与税法的差异（包括收入类、扣除类、资产类等差异）通过《纳税调整项目明细表》（A105000）集中填报。

本表包括利润总额计算、应纳税所得额计算、应纳税额计算三个部分。

1. “利润总额计算”中的项目，按照国家统一会计制度规定计算填报。实行企业会计准则、小企业会计准则、企业会计制度、分行业会计制度的纳税人，其数据直接取自《利润表》（另有说明的除外）；实行事业单位会计准则的纳税人，其数据取自《收入支出表》；实行民间非营利组织会计制度的纳税人，其数据取自《业务活动表》；实行其他国家统一会计制度的纳税人，根据本表项目进行分析填报。

2. “应纳税所得额计算”和“应纳税额计算”中的项目，除根据主表逻辑关系计算以外，通过附表相应栏次填报。

（二）行次说明

第 1～13 行参照国家统一会计制度规定填写。本部分未设“研发费用”“其他收益”“资产处置收益”等项目，对于已执行《财政部关于修订印发 2018 年度一般企业财务报表格式的通知》（财会〔2018〕15 号）的纳税人，在《利润表》中归集的“研发费用”通过《期间费用明细表》（A104000）第 19 行“十九、研究费用”的管理费用相应列次填报；在《利润表》中归集的“其他收益”“资产处置收益”“信用减值损失”“净敞口套期收益”项目则无须填报，同时第 10 行“二、营业利润”不执行“第 10 行＝第 1－2－3－4－5－6－7＋8＋9 行”的表内关系，按照《利润表》“营业利润”项目直接填报。

1. 第 1 行“营业收入”：填报纳税人主要经营业务和其他经营业务取得的收入总额。本行根据“主营业务收入”和“其他业务收入”的数额填报。一般企业纳税人根据《一般企业收入明细表》（A101010）填报；金融企业纳税人根据《金融企业收入明细表》（A101020）填报；事业单位、社会团体、民办非企业单位、非营利组织等纳税人根据《事业单位、民间非营利组织收入、支出明细表》（A103000）填报。

2. 第 2 行“营业成本”项目：填报纳税人主要经营业务和其他经营业务发生的成本总额。本行根据“主营业务成本”和“其他业务成本”的数额填报。一般企业纳税人根据《一般企业成本支出明细表》（A102010）填报；金融企业纳税人根据《金融企业支出明细表》（A102020）填报；事业单位、社会团体、民办非企业单位、非营利组织等纳税人，根据《事业单位、民间非营利组织收入、支出明细表》（A103000）填报。

3. 第 3 行“税金及附加”：填报纳税人经营活动发生的消费税、城市维护建设税、资源税、土地增值税和教育费附加等相关税费。本行根据纳税人相关会计科目填报。纳税人在其他会计科目核算的税金不得重复填报。

4. 第 4 行“销售费用”：填报纳税人在销售商品和材料、提供劳务的过程中发生的各种费用。本行根据《期间费用明细表》（A104000）中对应的“销售费用”填报。

5. 第 5 行“管理费用”：填报纳税人为组织和管理企业生产经营发生的管理费用。本行根据《期间费用明细表》（A104000）中对应的“管理费用”填报。

6. 第 6 行“财务费用”：填报纳税人为筹集生产经营所需资金等发生的筹资费用。本行根据《期间费用明细表》（A104000）中对应的“财务费用”填报。

7. 第 7 行“资产减值损失”：填报纳税人计提各项资产准备发生的减值损失。本行根据企业“资产减值损失”科目上的数额填报。实行其他会计制度的比照填报。

8. 第 8 行“公允价值变动收益”：填报纳税人在初始确认时划分为以公允价值计量且其变动计入当期损益的金融资产或金融负债（包括交易性金融资产或负债，直接指定为以公允价值计量且其变动计入当期损益的金融资产或金融负债），以及采用公允价值模式计量的投资性房地产、衍生工具和套期业务中公允价值变动形成的应计入当期损益的利得或损失。本行根据企业“公允价值变动损益”科目的数额填报，损失以“－”号填列。

9. 第 9 行“投资收益”：填报纳税人以各种方式对外投资所取得的收益或发生的损失。根据企业“投资收益”科目的数额计算填报，实行事业单位会计准则的纳税人根据“其他收入”科目中的投资收益金额分析填报，损失以“－”号填列。实行其他会计制度的纳税人比照填报。

10. 第 10 行“营业利润”：填报纳税人当期的营业利润。根据上述项目计算填报。已执行《财政部关于修订印发 2018 年度一般企业财务报表格式的通知》（财会〔2018〕15 号）的纳税人，根据《利润表》对应项目填列。

11. 第 11 行“营业外收入”：填报纳税人取得的与其经营活动无直接关系的各项收入的金额。一般企业纳税人根据《一般企业收入明细表》（A101010）填报；金融企业纳税人根据《金融企业收入明细表》（A101020）填报；实行事业单位会计准则或民间非营利组织会计制度的纳税人根据《事业单位、民间非营利组织收入、支出明细表》（A103000）填报。

12. 第 12 行“营业外支出”：填报纳税人发生的与其经营活动无直接关系的各项支出的金额。一般企业纳税人根据《一般企业成本支出明细表》（A102010）填报；金融企业纳税人根据《金融企业支出明细表》（A102020）填报；实行事业单位会计准则或民间非营利组织会计制度的纳税人根据《事业单位、民间非营利组织收入、支出明细表》（A103000）填报。

13. 第 13 行“利润总额”：填报纳税人当期的利润总额。根据上述项目计算填报。

14. 第 14 行“境外所得”：填报纳税人取得的境外所得且已计入利润总额的金额。本行根据《境外所得纳税调整后所得明细表》（A108010）填报。

15. 第 15 行“纳税调整增加额”：填报纳税人会计处理与税收规定不一致，进行纳税调整增加的金额。本行根据《纳税调整项目明细表》（A105000）“调增金额”列填报。

16. 第 16 行“纳税调整减少额”：填报纳税人会计处理与税收规定不一致，进行纳税调整减少的金额。本行根据《纳税调整项目明细表》（A105000）“调减金额”列填报。

17. 第 17 行“免税、减计收入及加计扣除”：填报属于税收规定免税收入、减计收入、加计扣除金额。本行根据《免税、减计收入及加计扣除优惠明细表》（A107010）填报。

18. 第 18 行“境外应税所得抵减境内亏损”：当纳税人选择不用境外所得抵减境内亏损时，填报 0；当纳税人选择用境外所得抵减境内亏损时，填报境外所得抵减当年度境内亏损的金额。用境外所得弥补以前年度境内亏损的，还需填报《企业所得税弥补亏损明细表》（A106000）和《境外所得税收抵免明细表》（A108000）。

19. 第 19 行“纳税调整后所得”：填报纳税人经过纳税调整、税收优惠、境外所得计算后的所得额。

20. 第 20 行“所得减免”：填报属于税收规定的所得减免金额。本行根据《所得减免优惠明细表》（A107020）填报。

21. 第 21 行“弥补以前年度亏损”：填报纳税人按照税收规定可在税前弥补的以前年度亏损数额。本行根据《企业所得税弥补亏损明细表》（A106000）填报。

22. 第 22 行“抵扣应纳税所得额”：填报根据税收规定应抵扣的应纳税所得额。本行根据《抵扣应纳税所得额明细表》（A107030）填报。

23. 第 23 行“应纳税所得额”：填报第 19 - 20 - 21 - 22 行金额。按照上述行次顺序计算结果为负数的，本行按 0 填报。

24. 第 24 行“税率”：填报税收规定的税率 25%。

25. 第 25 行“应纳所得税额”：填报第 23 × 24 行金额。

26. 第 26 行“减免所得税额”：填报纳税人按税收规定实际减免的企业所得税额。本行根据《减免所得税优惠明细表》（A107040）填报。

27. 第 27 行“抵免所得税额”：填报企业当年的应纳所得税额中抵免的金额。本行根据《税额抵免优惠明细表》（A107050）填报。

28. 第 28 行“应纳税额”：填报第 25 - 26 - 27 行金额。

29. 第 29 行“境外所得应纳所得税额”：填报纳税人来源于中国境外的所得，按照我国税收规定计算的应纳所得税额。本行根据《境外所得税收抵免明细表》（A108000）填报。

30. 第 30 行“境外所得抵免所得税额”：填报纳税人来源于中国境外所得依照中国境外税收法律以及相关规定应缴纳并实际缴纳（包括视同已实际缴纳）的企业所得税性质的税款（准予抵免税款）。本行根据《境外所得税收抵免明细表》（A108000）填报。

31. 第 31 行“实际应纳所得税额”：填报第 28 + 29 - 30 行金额。其中，跨地区经营企业类型为“分支机构（须进行完整年度申报并按比例纳税）”的纳税人，填报（第 28 + 29 - 30 行）×“分支机构就地纳税比例”金额。

32. 第 32 行“本年累计实际已缴纳的所得税额”：填报纳税人按照税收规定本纳税年度已在月（季）度累计预缴的所得税额，包括按照税收规定的特定业务已预缴（征）的所得税额，建筑企业总机构直接管理的跨地区设立的项目部按规定向项目所在地主管税务机关预缴的所得税额。

33. 第 33 行“本年应补（退）的所得税额”：填报第 31 - 32 行金额。

34. 第 34 行“总机构分摊本年应补（退）所得税额”：填报汇总纳税的总机构按照税收规定在总机构所在地分摊本年应补（退）所得税额。本行根据《跨地区经营汇总纳税企业年度分摊企业所得税明细表》（A109000）填报。

35. 第 35 行“财政集中分配本年应补（退）所得税额”：填报汇总纳税的总机构按照税收规定财政集中分配本年应补（退）所得税款。本行根据《跨地区经营汇总纳税企业年度分摊企业所得税明细表》（A109000）填报。

36. 第 36 行“总机构主体生产经营部门分摊本年应补（退）所得税额”：填报汇总纳税的总机构所属的具有主体生产经营职能的部门按照税收规定应分摊的本年应补（退）所得税额。本行根据《跨地区经营汇总纳税企业年度分摊企业所得税明细表》（A109000）填报。

二、表内、表间关系

（一）表内关系

1. 第 10 行 = 第 1 - 2 - 3 - 4 - 5 - 6 - 7 + 8 + 9 行。已执行财会〔2018〕15 号的纳税人，不执行本规则。

2. 第 13 行 = 第 10 + 11 - 12 行。

3. 第 19 行 = 第 13 - 14 + 15 - 16 - 17 + 18 行。

4. 第 23 行 = 第 19 - 20 - 21 - 22 行。

5. 第 25 行 = 第 23 × 24 行。

6. 第 28 行 = 第 25 - 26 - 27 行。

7. 第31行=第28+29-30行。其中，跨地区经营企业类型为“分支机构（须进行完整年度申报并按比例纳税）”的纳税人，第31行=（第28+29-30行）×表A000000“102分支机构就地纳税比例”。

8. 第33行=第31-32行。

（二）表间关系

1. 第1行=表A101010第1行或表A101020第1行或表A103000第2+3+4+5+6行或表A103000第11+12+13+14+15行。

2. 第2行=表A102010第1行或表A102020第1行或表A103000第19+20+21+22行或表A103000第25+26+27行。

3. 第4行=表A104000第26行第1列。

4. 第5行=表A104000第26行第3列。

5. 第6行=表A104000第26行第5列。

6. 第9行=表A103000第8行或者第16行（仅限于填报表A103000的纳税人，其他纳税人根据财务核算情况自行填写）。

7. 第11行=表A101010第16行或表A101020第35行或表A103000第9行或第17行。

8. 第12行=表A102010第16行或表A102020第33行或表A103000第23行或第28行。

9. 第14行=表A108010第14列合计-第11列合计。

10. 第15行=表A105000第45行第3列。

11. 第16行=表A105000第45行第4列。

12. 第17行=表A107010第31行。

13. 第18行：

（1）当第13-14+15-16-17行≥0，第18行=0；

（2）当第13-14+15-16-17<0且表A108000第5列合计行≥0，表A108000第6列合计行>0时，第18行=表A108000第5列合计行与表A100000第13-14+15-16-17行绝对值的孰小值；

（3）当第13-14+15-16-17<0且表A108000第5列合计行≥0，表A108000第6列合计行=0时，第18行=0。

14. 第20行：

当第19行≤0时，第20行=0；

当第19行>0时，

（1）第19行≥表A107020合计行第11列，第20行=表A107020合计行第11列；

（2）第19行<表A107020合计行第11列，第20行=第19行。

15. 第21行=表A106000第11行第9列。

16. 第22行=表A107030第15行第1列。

17. 第26行=表A107040第33行。

18. 第27行=表A107050第7行第11列。

19. 第29行=表A108000合计行第9列。

20. 第30行=表A108000合计行第19列。

21. 第34行=表A109000第12+16行。

22. 第35行=表A109000第13行。

23. 第36行=表A109000第15行。

知识链接

财税〔2019〕13号《关于实施小微企业普惠性税收减免政策的通知》规定，为进一步支持小微企业发展，现就实施小微企业普惠性税收减免政策有关事项通知如下：

一、对月销售额10万元以下（含本数）的增值税小规模纳税人，免征增值税。

二、对小型微利企业年应纳税所得额不超过100万元的部分，减按25%计入应纳税所得额，按20%的税率缴纳企业所得税；对年应纳税所得额超过100万元但不超过300万元的部分，减按50%计入应纳税所得额，按20%的税率缴纳企业所得税。

上述小型微利企业是指从事国家非限制和禁止行业，且同时符合年度应纳税所得额不超过300万元、从业人数不超过300人、资产总额不超过5 000万元等三个条件的企业。

从业人数，包括与企业建立劳动关系的职工人数和企业接受的劳务派遣用工人数。所称从业人数和资产总额指标，应按企业全年的季度平均值确定。具体计算公式如下：

季度平均值＝（季初值＋季末值）÷2

全年季度平均值＝全年各季度平均值之和÷4

年度中间开业或者终止经营活动的，以其实际经营期作为一个纳税年度确定上述相关指标。

三、由省、自治区、直辖市人民政府根据本地区实际情况，以及宏观调控需要确定，对增值税小规模纳税人可以在50%的税额幅度内减征资源税、城市维护建设税、房产税、城镇土地使用税、印花税（不含证券交易印花税）、耕地占用税和教育费附加、地方教育附加。

四、本通知执行期限为2019年1月1日至2021年12月31日。

第六单元
6 个人所得税核算

学习目标

- □ 了解个人所得税的相关知识，能正确进行个人所得税的计算
- □ 熟悉扣缴个人所得税和非企业法人单位个人所得税的会计处理
- □ 会填制企业扣缴个人所得税的纳税申报表

知识准备

一、个人所得税的概念及特点

（一）个人所得税的概念

个人所得税是对个人（自然人）取得的各项所得征收的一种税。

（二）个人所得税的特点

1. 综合征收与分类征收相结合。世界各国的个人所得税制大体可分为三种类型：分类所得税制、综合所得税制和混合所得税制。我国2018年6月修订、自2019年1月1日起施行的《中华人民共和国个人所得税法修正案（草案）》，采用了综合与分类相结合的个人所得税制。即将原来的工资、薪金所得，劳务报酬所得，稿酬所得和特许权使用费所得合并为综合所得，实行按月扣缴，按年汇算清缴。将原“个体工商户的生产、经营所得”和“对企事业单位的承包经营、承租经营所得”合并为“经营所得”，其他各项所得分项计算个人所得税。

2. 超额累进税率与比例税率并用。根据各类个人所得的不同性质和特点，将两类税率综合运用。其中，综合所得、经营所得采用超额累进税率，实现量能负担。利息、股息、红利所得、财产租赁所得、财产转让所得、偶然所得及其他所得，采用比例税率，实行等比负担。

3. 费用扣除较宽。新修订的个人所得税法，采用费用定额扣除和定率扣除两种方法。如居民个人的综合所得，以每一纳税年度的收入额减除费用6万元以及专项扣除、专项附加

扣除和依法确定的其他扣除后的余额，为应纳税所得额。专项附加扣除考虑了个人负担的差异性，更符合个人所得税基本原理，有利于税制公平。

二、个人所得税的纳税人

个人所得税的纳税人分为居民纳税人和非居民纳税人。

（一）居民纳税人

在中国境内有住所，或者无住所而一个纳税年度内在中国境内居住满 183 天的个人，为居民个人，其从中国境内和境外取得的所得，依照法律规定缴纳个人所得税。居民纳税人应当就其从境内、境外取得的全部所得缴纳个人所得税。承担无限责任义务的个体工商户、个人独资企业、合伙企业也是个人所得税的居民纳税人。个人独资企业以投资者为纳税人，合伙企业以每一个合伙人（自然人）为纳税人。

（二）非居民纳税人

在中国境内无住所又不居住，或者无住所而一个纳税年度内在中国境内居住不满 183 天的个人，为非居民个人，其从中国境内取得的所得，依照法律规定缴纳个人所得税。非居民纳税人只就其来源于中国境内取得的所得缴纳个人所得税，履行有限纳税义务。

知识拓展

我国根据国际惯例，对居民纳税人和非居民纳税人的划分采用了国际上常用的住所标准和居住时间标准。

住所标准：以公民户籍所在地的居住地为住所。在中国境内有住所的个人，是指因户籍、家庭、经济利益关系而在中国境内习惯性居住的个人。

居住时间标准：居住时间是指个人在一国境内实际居住的日数。以一个纳税年度内在中国境内居住是否满 183 天为标准。

三、个人所得税的征收对象及范围

个人所得税的纳税对象是应纳税所得额。所得额的形式包括现金、实物、有价证券和其他形式的经济利益。所得为实物的，应当按照取得凭证上所注明的价格计算应纳税所得额；无凭证的实物或者凭证上所注明的价格明显偏低的，参照市场价格核定应纳税所得额。所得为有价证券的，根据票面价格和市场价格核定应纳税所得额。所得为其他形式经济利益的，参照市场价格核定应纳税所得额。

知识链接

个人所得税的所得有从中国境内与境外取得的所得。从中国境内取得的所得，是指来源于中国境内的所得；从中国境外取得的所得，是指来源于中国境外的所得。下列所得，不论支付地点是否在中国境内，均为来源于中国境内的所得：

因任职、受雇、履约等而在中国境内提供劳务取得的所得；将财产出租给承租人在中国境内使用而取得的所得；转让中国境内的建筑物、土地使用权等财产或者在中国境内转让其他财产取得的所得；许可各种特许权在中国境内使用而取得的所得；从中国境内的公司、企业以及其他经济组织或者个人取得的利息、股息、红利所得。

在中国境内无住所的个人，在中国境内居住累计满183天的年度连续不满六年的，经向主管税务机关备案，其来源于中国境外且由境外单位或者个人支付的所得，免予缴纳个人所得税；在中国境内居住累计满183天的任一年度中有一次离境超过30天的，其在中国境内居住累计满183天的年度的连续年限重新起算。

在中国境内无住所，但是在一个纳税年度中在中国境内连续或者累计居住不超过90日的个人，其来源于中国境内的所得，由境外雇主支付并且不由该雇主在中国境内的机构、场所负担的部分，免予缴纳个人所得税。

应纳个人所得税的项目包括以下9项：

①工资、薪金所得；②劳务报酬所得；③稿酬所得；④特许权使用费所得；⑤经营所得；⑥利息、股息、红利所得；⑦财产租赁所得；⑧财产转让所得；⑨偶然所得。

居民个人按纳税年度合并计算个人所得税，非居民个人按月或者按次分项计算个人所得税；第⑤项至第⑨项所得，依照法律规定分别计算个人所得税。

四、个人所得税的税率

1. 综合所得，包括4项，分别为工资、薪金所得；劳务报酬所得；稿酬所得和特许权使用费所得。适用3%～45%的超额累进税率，如表6－1所示。

表6－1　　个人所得税税率表一（综合所得适用）

级数	全月应纳税所得额含税级距	或全年应纳税所得额含税级距	税率（%）	速算扣除数	
				按月计算	按年计算
1	不超过3 000元的	不超过36 000元的	3	—	—
2	超过3 000元至12 000元的部分	超过36 000元至144 000元的部分	10	210	2 520
3	超过12 000元至25 000元的部分	超过144 000元至300 000元的部分	20	1 410	16 920
4	超过25 000元至35 000元的部分	超过300 000元至420 000元的部分	25	2 660	31 920
5	超过35 000元至55 000元的部分	超过420 000元至660 000元的部分	30	4 410	52 920
6	超过55 000元至80 000元的部分	超过660 000元至960 000元的部分	35	7 160	85 920
7	超过80 000元部分	超过960 000元部分	45	15 160	181 920

注：（1）本表所称全年应纳税所得额是指依照本法第六条的规定，居民个人取得综合所得以每一纳税年度收入额减除费用六万元以及专项扣除、专项附加扣除和依法确定的其他扣除后的余额。

（2）非居民个人取得综合所得依照本表按月换算后计算应纳税额。

知识拓展

速算扣除数，是按全额累进税率计算的税额减去按超额累进税率计算的税额后的差额，其计算公式如下：本级速算扣除数 = 本级全额累进税率 - 本级超额累进税率

例：对个人所得税率表6-1中的第三级，求该级相应的速算扣除数。因为该级的最高所得税额为25 000元，税率为20%，所以：

全额累进税率计算的税金 = 25 000 × 20% = 5 000（元）

超额累进税率计算的税金 = 3 000 × 3% + (12 000 - 3 000) × 10% + (25 000 - 12 000) × 20% = 3 590（元）

速算扣除数 = 5 000 - 3 590 = 1 410（元）

下列津贴和补贴项目不属于纳税人工资、薪金所得收入，不予征税：

独生子女补贴；执行公务员工资制度纳入基本工资总额的补贴、津贴差额和家属成员的副食补贴；托儿补助费；差旅费津贴、误餐补助；按国家规定，单位为个人缴纳的基本养老保险、基本医疗保险、失业保险和住房公积金。

2. 经营所得，适用5% ~35%的超额累进税率，税率表如表6-2所示。

表6-2　　个人所得税税率表二（经营所得适用）

级数	全年应纳税所得额含税级距（年）	税率（%）	速算扣除数
1	不超过30 000元的	5	—
2	超过30 000元至90 000元的部分	10	1 500
3	超过90 000元至300 000元的部分	20	10 500
4	超过300 000元至500 000元的部分	30	40 500
5	超过500 000元的部分	35	65 500

注：本表所称全年应纳税所得额是指依照本法第六条的规定，以每一纳税年度的收入总额减除成本、费用以及损失后的余额。

知识链接

个人独资企业和合伙企业为什么不交企业所得税

个人独资企业是依据个人独资企业法成立的，不属于法人企业，企业所得税是对法人企业征收的，个人独资企业不属于企业所得税的纳税人，征收个人所得税；财政部国家税务总局关于合伙企业合伙人所得税问题的通知财税〔2008〕159号《中华人民共和国企业所得税法》及其实施条例和《中华人民共和国个人所得税法》有关规定：合伙企业是指依照中国法律、行政法规成立的合伙企业，合伙企业以每一个合伙人为纳税义务人。合伙企业合伙人是自然人的，缴纳个人所得税；合伙人是法人和其他组织的，缴纳企业所得税。

3. 利息、股息、红利所得；财产租赁所得；财产转让所得；偶然所得和其他所得，适用比例税率，税率为20%。

五、减免税优惠及其他规定

（一）法定减免税项目

法定免税项目及法定减税项目见表6－3。

表6－3

减免税优惠	包含项目
法定免税项目	1. 省、国务院部委和部队军以上单位，以及外国组织、国际组织颁发的科学、教育、技术、文化、卫生、体育、环境保护等方面的奖金 2. 国债和国家发行的金融债券利息；国债利息，是指个人持有中华人民共和国财政部发行的债券而取得的利息；所说的国家发行的金融债券利息，是指个人持有经国务院批准发行的金融债券而取得的利息 3. 按照国家统一规定发给的补贴、津贴；是指按照国务院规定发给的政府特殊津贴、院士津贴、资深院士津贴，以及国务院规定免纳个人所得税的其他补贴、津贴 4. 福利费、抚恤金、救济金；福利费，是指根据国家有关规定，从企业、事业单位、国家机关、社会团体提留的福利费或者工会经费中支付给个人的生活补助费；救济金，是指各级人民政府民政部门支付给个人的生活困难补助费 5. 保险赔款 6. 军人的转业费、复员费、退役金 7. 按照国家统一规定发给干部、职工的安家费、退职费、基本养老金或者退休费、离休费、离休生活补助 8. 依照我国有关法律规定应予免税的各国驻华使馆、领事馆的外交代表、领事官员和其他人员的所得；该项所说的依照我国法律规定应予免税的各国驻华使馆、领事馆的外交代表、领事官员和其他人员的所得，是指依照《中华人民共和国外交特权与豁免条例》和《中华人民共和国领事特权与豁免条例》规定免税的所得 9. 中国政府参加的国际公约、签订的协议中规定免税的所得 10. 国务院可以规定其他减税情形，报全国人民代表大会常务委员会备案
法定减税项目	1. 残疾、孤老人员和烈属的所得 2. 因严重自然灾害造成重大损失的 3. 其他经国务院财政部门批准减税的

（二）其他规定

1. 在中国境内有住所，或者无住所而在境内居住满183天的个人，从中国境内和境外取得的所得，应当分别计算应纳税额。

知识拓展

有下列情形之一的，税务机关有权按照合理方法进行纳税调整：

1. 个人与其关联方之间的业务往来，不符合独立交易原则且无正当理由；

2. 居民个人控制的，或者居民个人和居民企业共同控制的设立在实际税负明显偏低的国家（地区）的企业，无合理经营需要，对应当归属于居民个人的利润不作分配或者减少分配；

3. 个人实施其他不具有合理商业目的的安排而获取不当税收利益。

税务机关依照前款规定作出纳税调整，需要补征税款的，应当补征税款，并依法加收利息。

2. 对个人将其所得通过中国境内非营利的社会团体、国家机关向教育、公益事业、和遭受严重自然灾害地区、贫困地区的捐赠，捐赠额不超过应纳税所得额30%的部分，准予从个人所得税税前的所得额中扣除。但下列公益救济性捐赠支出，准予从应纳税所得额中全额扣除，具体包括向红十字事业、农村义务教育、公益性青少年活动场所等①。

3. 为了配合国家住房制度的改革，支持住房租赁市场的发展，从2008年3月1日起，对个人出租住房取得的所得减按10%的税率征收个人所得税。

六、个人所得税的申报缴纳

（一）纳税申报

个人所得税以所得人为纳税人，以支付所得的单位或者个人为扣缴义务人。扣缴义务人应当按照国家规定办理全员全额扣缴申报。纳税人有中国公民身份号码的，以中国公民身份号码为纳税人识别号；纳税人没有中国公民身份号码的，由税务机关赋予其纳税人识别号。扣缴义务人扣缴税款时，纳税人应当向扣缴义务人提供纳税人识别号。

有下列情形之一的，纳税人应当依法办理纳税申报：

1. 取得综合所得需要办理汇算清缴；
2. 取得应税所得没有扣缴义务人；
3. 扣缴义务人未扣缴税款；
4. 取得境外所得；
5. 因移居境外注销中国户籍；
6. 非居民个人在中国境内从两处以上取得工资、薪金所得；
7. 国务院规定的其他情形。

扣缴义务人应当按照国家规定办理全员全额扣缴申报，并向纳税人提供其个人所得和已扣缴税款等信息。对扣缴义务人按照所扣缴的税款，付给2%的手续费。

---

① 个人所得税前可以全额扣除的捐赠还包括：对福利性、非营利性老年机构的捐赠、对教育事业的捐赠、向中国残疾人福利基金会、扶贫基金会、环保基金会、医药卫生事业发展基金会、教育发展基金会、老龄事业发展基金会、中华慈善总会、法律援助基金会、见义勇为基金会等21家基金会的捐赠、向科研机构、高等院校研究开发经费的捐赠和向地震灾区的捐赠。

知识拓展

已在境外缴纳的个人所得税税额，是指纳税义务人从中国境外取得的所得，依照该所得来源国家或者地区的法律应当缴纳并且实际已经缴纳的税额。

税法所说的依照税法规定计算的应纳税额，是指纳税义务人从中国境外取得的所得，区别不同国家或者地区和不同所得项目，依照税法规定的费用减除标准和适用税率计算的应纳税额；同一国家或者地区内不同所得项目的应纳税额之和，为该国家或者地区的扣除限额。

纳税义务人在中国境外一个国家或者地区实际已经缴纳的个人所得税税额，低于依照前款规定计算出的该国家或者地区扣除限额的，应当在中国缴纳差额部分的税款；超过该国家或者地区扣除限额的，其超过部分不得在本纳税年度的应纳税额中扣除，但是可以在以后纳税年度的该国家或者地区扣除限额的余额中补扣。补扣期限最长不得超过五年。

纳税义务人依照税法的规定申请扣除已在境外缴纳的个人所得税税额时，应当提供境外税务机关填发的完税凭证原件。

居民个人取得综合所得按年计算个人所得税；有扣缴义务人的，由扣缴义务人按月或者按次预扣预缴税款，居民个人年度终了后需要补税或者退税的，按照规定办理汇算清缴。预扣预缴办法由国务院税务主管部门制定。居民个人向扣缴义务人提供专项附加扣除信息的，扣缴义务人按月预扣预缴税款时应当按照规定予以扣除，不得拒绝。

非居民个人取得综合所得，有扣缴义务人的，由扣缴义务人按月或者按次扣缴税款，不办理汇算清缴。

（二）纳税期限

1. 扣缴义务人每月所扣的税款，应当在次月 15 日内缴入国库，并向税务机关报送纳税申报表。

2. 纳税人取得综合所得需要办理汇算清缴的，应当在取得所得的次年 3 月 1 日至 6 月 30 日内办理汇算清缴。

3. 纳税人取得经营所得的，应当在月度或者季度终了后 15 日内向税务机关报送纳税申报表，并预缴税款；次年 3 月 31 日前办理汇算清缴。

4. 纳税人取得应税所得没有扣缴义务人的，应当在取得所得的次月 15 日内向税务机关报送纳税申报表，并缴纳税款。

5. 纳税人取得应税所得，扣缴义务人未扣缴税款的，纳税人应当在次年 6 月 30 日前，缴纳税款；税务机关通知限期缴纳的，纳税人应当按照期限缴纳税款。

6. 纳税人从中国境外取得所得的，应当在取得所得的次年 3 月 1 日至 6 月 30 日内申报纳税。

7. 纳税人因移居境外注销中国户籍的，应当在注销中国户籍前办理税款清算。

8. 非居民个人在中国境内从两处以上取得工资、薪金所得的，应当在取得所得的次月 15 日内向税务机关申报纳税。

（三）缴税的其他规定

纳税人办理汇算清缴退税或者扣缴义务人为纳税人办理汇算清缴退税的，税务机关审核后，按照国库管理的有关规定办理退税。

知识拓展

公安、人民银行、金融监督管理等相关部门应当协助税务机关确认纳税人的身份、银行账户信息。教育、卫生、医疗保障、民政、人力资源社会保障、住房城乡建设、人民银行、金融监督管理等相关部门应当向税务机关提供纳税人子女教育、继续教育、大病医疗、住房贷款利息、住房租金等专项附加扣除信息。

个人转让不动产的，税务机关应当依据不动产登记信息核验应缴的个人所得税，登记机构办理转移登记时，应当查验与该不动产转让相关的个人所得税的完税凭证。个人转让股权办理变更登记的，登记机关应当查验与该股权交易相关的个人所得税的完税凭证。

有关部门依法将纳税人、扣缴义务人遵守本法的情况纳入信用信息系统，并实施联合激励或者惩戒。

任务一
计算个人所得税

由于个人所得税采取综合计说和分项计税的方法，每项个人收入的扣除范围和标准不尽相同，应纳税所得额的计算方法存在差异，因此，应缴纳个人所得税的计算，应根据不同的情况进行计算。各项所得的计算，以人民币为单位。所得为人民币以外货币的，按照人民币汇率中间价折合成人民币缴纳税款。

业务一　计算综合所得应纳税额

综合所得包括工资、薪金所得；劳务报酬所得；稿酬所得和特许权使用费所得四项，合并为综合所得。

1. 工资、薪金所得，是指个人因任职或者受雇而取得的工资、薪金、奖金、年终加薪、劳动分红、津贴、补贴以及与任职或者受雇有关的其他所得。

2. 劳务报酬所得，是指个人从事设计、装潢、安装、制图、化验、测试、医疗、法律、会计、咨询、讲学、新闻、广播、翻译、审稿、书画、雕刻、影视、录音、录像、演出、表演、广告、展览、技术服务、介绍服务、经纪服务、代办服务以及其他劳务取得的所得。

3. 稿酬所得，是指个人因其作品以图书、报刊形式出版、发表而取得的所得。稿酬所得的收入额按照所取得收入的70%计算。

4. 特许权使用费所得，是指个人提供专利权、商标权、著作权、非专利技术以及其他特许权的使用权取得的所得；提供著作权的使用权取得的所得，不包括稿酬所得。

劳务报酬所得、稿酬所得、特许权使用费所得以收入减除20%的费用后的余额为收入额。

以上这四项所得采用综合计算，适用5% ~45%的超额累进税率。

居民个人的综合所得，以每一纳税年度的收入额减除费用6万元以及专项扣除、专项附加扣除和依法确定的其他扣除后的余额，为应纳税所得额。专项扣除包括居民个人按照国家规定的范围和标准缴纳的基本养老保险、基本医疗保险、失业保险等社会保险费和住房公积金等；专项附加扣除包括子女教育、继续教育、大病医疗、住房贷款利息和住房租金等支出。个人将其所得对教育事业和其他公益慈善事业捐赠的部分，按照国务院有关规定从应纳税所得中扣除。

计算公式：

居民个人的综合所得 = 年度收入额 − 60 000 − 专项扣除 − 专项附加扣除和依法规定的其他扣除

居民个人应纳税额 = 居民个人的综合所得 × 适用税率 − 速算扣除数

说明：

（1）居民个人计算综合所得的应税收入中，工资、薪金所得全额计税；劳务报酬所得、特许权使用费所得扣除20%后计税；稿酬所得扣除20%后再扣减30%计税。

（2）居民个人计算综合所得的专项扣除是指“三险一金”或“五险一金”中个人缴纳部分。

（3）居民个人计算综合所得的专项附加扣除包括以下六项：

①子女教育专项附加扣除。纳税人的子接受学前教育和学历教育的相关支出，按照每个子女每年12 000元（每月1 000元）的标准定额扣除。

知识拓展

学前教育包括年满3岁至小学入学前教育。学历教育包括义务教育（小学和初中教育）、高中阶段教育（普通高中、中等职业教育）、高等教育（大学专科、大学本科、硕士研究生、博士研究生教育）。受教育子女的父母分别按扣除标准的50%扣除；经父母约定，也可以选择由其中一方按扣除标准的100%扣除。具体扣除方式在一个纳税年度内不得变更。

②继续教育专项附加扣除。纳税人接受学历继续教育的支出，在学历教育期间按照每年4 800元（每月400元）定额扣除。纳税人接受技能人员职业资格继续教育、专业技术人员职业资格继续教育支出，在取得相关证书的年度，按照每年3 600元定额扣除。个人接受同一学历教育事项，符合税法规定扣除条件的，该项教育支出可以由其父母按照子女教育支出扣除，也可以由本人按照继续教育支出扣除，但不得同时扣除。

③大病医疗专项附加扣除。纳税人一个纳税年度内，在社会医疗保险管理信息系统记录的（包括医保目录范围内的自付部分和医保目录范围外的自费部分）由个人负担超过15 000元的医药费用支出部分，为大病医疗支出，可以按照每年60 000元标准限额据实扣除。纳税人发生的大病医疗支出由纳税人本人在办理汇算清缴时扣除，纳税人应当留存医疗服务收费相关票据原件（或复印件）。

④住房贷款利息专项附加扣除。纳税人本人或配偶使用商业银行或住房公积金个人住房贷款为本人或其配偶购买住房，发生的首套住房贷款利息支出，在偿还贷款期间，可以按照每年12 000元（每月1 000元）标准定额扣除。非首套住房贷款利息支出，纳税人不得扣除。纳税人只能享受一套首套住房贷款利息扣除。经夫妻双方约定，可以选择由其中一方扣除，具体扣除方式在一个纳税年度内不得变更。纳税人应当留存住房贷款合同、贷款还款支出凭证。

⑤住房租金专项附加扣除。纳税人本人及配偶在纳税人的主要工作城市没有住房，而在主要工作城市租赁住房发生的租金支出，可以按照以下标准定额扣除：

一是承租的住房位于直辖市、省会城市、计划单列市以及国务院确定的其他城市，扣除标准为每年14 400元（每月1 200元）。

二是承租的住房位于其他城市的，市辖区户籍人口超过100万的，扣除标准为每年12 000元（每月1 000元）。

三是承租的住房位于其他城市的，市辖区户籍人口不超过100万（含）的，扣除标准为每年9 600元（每月800元）。

知识拓展

主要工作城市是指纳税人任职受雇所在城市，无任职受雇单位的，为其经常居住城市。城市范围包括直辖市、计划单列市、副省级城市、地级市（地区、州、盟）全部行政区域范围。夫妻双方主要工作城市相同的，只能由一方扣除住房租金支出。夫妻双方主要工作城市不相同的，且各自在其主要工作城市都没有住房的，可以分别扣除住房租金支出。住房租金支出由签订租赁住房合同的承租人扣除。纳税人及其配偶不得同时分别享受住房贷款利息专项附加扣除和住房租金专项附加扣除。纳税人应当留存住房租赁合同。

⑥赡养老人专项附加扣除。纳税人赡养60岁（含）以上父母以及其他法定赡养人的赡养支出，可以按照以下标准定额扣除：

一是纳税人为独生子女的，按照每年24 000元（每月2 000元）的标准定额扣除。

二是纳税人为非独生子女的，应当与其兄弟姐妹分摊每年24 000元（每月2 000元）的扣除额度，分摊方式包括平均分摊、被赡养人指定分摊或者赡养人约定分摊，具体分摊方式在一个纳税年度内不得变更。采取指定分摊或约定分摊方式的，每一纳税人分摊的扣除额最高不得超过每年120 00元（每月1 000元），并签订书面分摊协议。指定分摊与约定分摊不一致的，以指定分摊为准。纳税人赡养2个及以上老人的，不按老人人数加倍扣除。

其他法定赡养人是指祖父母、外祖父母的子女已经去世，实际承担对祖父母、外祖父母赡养义务的孙子女、外孙子女。

（4）综合所得中的其他扣除，包括个人缴付符合国家规定的企业年金、职业年金，个人购买符合国家规定的商业健康保险、税收递延型商业养老保险的支出，以及国务院规定可以扣除的其他项目。

专项扣除、专项附加扣除和依法确定的其他扣除，以居民个人一个纳税年度的应纳税所得额为限额；一个纳税年度扣除不完的，不结转以后年度扣除。

（5）个人将其所得对教育、扶贫、济困等公益慈善事业进行捐赠，捐赠额未超过纳税人申报的应纳税所得额30%的部分，可以从其应纳税所得中扣除；国务院规定对公益慈善事业实行全额税前扣除的，从其规定。

（6）居民年度收入额，年度是指公历1月1日至12月31日，该四类收入类型为收入合计。

知识拓展

纳税人首次享受专项附加扣除，应当提交相关信息，纳税人对所提交信息的真实性负责。信息发生变化的，应当及时提供相关信息。只取得一处工资薪金所得的个人，可在日常预缴环节缴纳全部税款的，不需办理汇算清缴。对于取得两处以上综合所得的个人，收入减除专项扣除（“三险一金”）后超过6万元的，应办理汇算清缴；对同一专项附加扣除项目，只能选择从其中一处扣除；有劳务报酬、稿酬、特许权使用费所得的个人，其收入减除“三险一金”后超过6万元的应办理汇算清缴；在汇算清缴时提供有关信息，办理专项附加扣除。

业务举例

1. 居住在郑州市的小刘和丈夫小张均是独生子女，需要赡养二位老人和养育一个小孩，小孩在读幼儿园，还有每月还房贷2 500元。每月月薪在扣除“三险一金”后，小刘收入8 000元，丈夫小张收入11 000元。夫妻商量后，子女教育和房贷利息支出由小刘丈夫一方计算扣除。则小刘可扣除赡养老人2 000元，小张可扣除的有：赡养老人2 000元，子女教育1 000元，房贷利息1 000元。夫妻二人除工资之外无其他收入。计算他们每月应缴的个人所得税是多少？

【解】

小刘每月应税所得额 = 8 000 − 5 000 − 2 000 = 1 000（元）

小刘每月缴税金额 = 1 000 × 3% = 30（元）

小张每月应税所得额 = 11 000 − 5 000 − 2 000 − 1 000 − 1 000 = 2 000（元）

小张每月缴税金额 = 2 000 × 3% = 60（元）

2. 小王在广州市一家新媒体公司打工，租房居住，在某郑州某大学读在职研究生，且需要赡养老人。扣除“三险一金”后月薪13 000元，除工资之外无其他收入。计算公司每月应扣缴小王的个人所得税。

【解】小王可扣除的支出：房租1 200元、继续教育400元和赡养老人2 000元等三项专项附加支出。

其应税所得额 = 13 000 - 5 000 - 1 200 - 400 - 2 000 = 4 400（元）

每月应扣缴交的税额 = 4 400 × 10% - 210 = 230（元）

3. 某单位职工李某全年收支情况如下：全年应发工资、奖金及各种补贴为111 800元。全年单位扣缴住房公积金19 680元，基本养老保险1 200元，基本医疗保险960元，失业保险240元，工会会费115元。获得国家科学技术进步奖200 000元，取得稿收入1 000元，取得技术服务收入5 000元，取得非专利技术特许权使用费所得收入30 000元。李某当年支出儿子大学学费12 000元，自身学历学位继续教育费20 000元，住房贷款利息8 000元，参加技术培训支出培训费3 800元，计算李某全年应纳个人所得税。

【解】

1. 工会会费115元不能作为专项扣除；
2. 国家科学技术进步奖200 000元免税；
3. 学历继续教育支出可扣4 800元；
4. 住房贷款利息支出可扣12 000元；
5. 技术培训支出培训费可扣3 800元。

年度应税收入总额 = 111 800 + 1 000 × (1 - 20%) × 70% + 5 000 × (1 - 20%) + 30 000 × (1 - 20%) = 139 560（元）

专项扣除 = 19 680 + 1 200 + 960 + 240 = 22 080（元）

专项附加扣除 = 12 000 + 4 800 + 8 000 + 3 800 = 28 600（元）

李某的综合所得 = 年度应税收入额 - 60 000 - 专项扣除 - 专项附加扣除和依法规定的其他扣除 = 139 560 - 60 000 - 22 080 - 28 600 = 28 880（元）

查个人所得税税率表一（综合所得适用），知其适用税率为3%，速算扣除数0元。

李某全年应纳税额 = 居民个人的综合所得 × 适用税率 - 速算扣除数
= 28 880 × 3% - 0 = 866.4（元）

知识拓展

非居民个人的工资、薪金所得，以每月收入额减除费用5 000元后的余额为应纳税所得额；劳务报酬所得、稿酬所得、特许权使用费所得，以每次收入额为应纳税所得额。

业务二　计算经营所得应纳税额

业务描述

经营所得是指个体工商户、个人独资企业、合伙企业等非法人组织（不包括法人分支机构）从事工业、手工业、建筑业、交通运输业、商业、饮食业、服务业、修理业以及其他行业生产、经营取得的所得。包括个人经政府有关部门批准取得执照，从事办学、医疗、咨询以及其他有偿服务活动取得的所得；对企事业单位的承包经营、承租经营以及转包、转租取得的所得以及其他个人从事个体工商业生产、经营取得的所得。

经营所得，以每一纳税年度的收入总额减除成本、费用以及损失后的余额，为应纳税所得额。其中成本、费用是指纳税义务人从事生产、经营所发生的各项直接支出和分配计入成本的间接费用以及销售费用、管理费用、财务费用；允许扣除的税金是指，个体工商户按规定缴纳的消费税、城市维护建设税及教育费附加、资源税、环境保护税、土地使用税、土地增值税、房产税、车船税、印花税、耕地占用税；所说的损失是指纳税义务人生产、经营过程中发生的固定资产和存货的盘亏、毁损、报废损失，转让财产损失，坏账损失，自然灾害等不可抗力因素造成的损失以及其他损失。

知识链接

独资企业的投资者以其全部生产经营所得为应税所得额，合伙企业的投资者按照合伙企业的全部生产经营所得和合伙协议约定的分配比例确定应税所得额，没有约定比例的，以全部生产经营所得和合伙人数量平均计算每个投资者的应税所得额。

从事生产、经营的纳税义务人未提供完整、准确的纳税资料，不能正确计算应纳税所得额的，由主管税务机关核定其应纳税所得额。

根据个人所得税法及其实施条例和相关政策规定，个体工商户个人所得税税前扣除标准如下：

1. 对个体工商户业主投资者的生产经营所得依法计征个人所得税时，个体工商户业主投资者本人的费用扣除标准统一确定为600 000元/年（5 000元/月×12个月），投资者的工资不得在税前扣除。

2. 个体工商户向其从业人员实际支付的合理的工资、薪金支出，允许在税前据实扣除。

3. 个体工商户研究开发新产品、新技术、新工艺所发生的开发费用，以及研究开发三新而购置的单台价值在5万元以下的测试仪器和试验性装置的购置费，准予扣除；超出标准的，按固定资产管理。

其他关于利息、三项经费、租赁费、汇兑损益、从业人员工资、工会经费、职工教育经费支出、发生的职工福利费、广告及业务宣传费、业务招待费、亏损弥补等，均与企业所得税扣除规定相同。

知识拓展

1. 个体工商户下列支出不得扣除：

（1）个人所得税税款；（2）税收滞纳金；（3）罚金、罚款和被没收财物的损失；（4）不符合扣除规定的捐赠支出；（5）赞助支出；（6）用于个人和家庭的支出；

(7) 与取得生产经营收入无关的其他支出；(8) 国家税务总局规定不准扣除的支出(与企业所得税基本相同)。

2. 个体工商户生产经营活动中，应当分别核算生产经营费用和个人、家庭费用。对于生产经营与个人、家庭生活混用难以分清的费用，其40%视为与生产经营有关费用，准予扣除。

3. 个体工商户纳税年度发生的亏损，准予向以后年度结转，用以后年度的生产经营所得弥补，但结转年限最长不得超过5年。

4. 个体工商户与企业联营而分得的利润，按利息、股息、红利所得项目征税。

5. 个体工商户和从事生产、经营的个人，取得与生产、经营活动无关的各项所得，应按规定分别计算征收个人所得税。

业务举例

小华酒家系个体工商户，账证比较齐全，某年12月份产品销售收入180 000元，购料及生产用水电等共50 000元，支付工资30 000元，销售费用10 000元，销售税金8 000元，办公费用12 000元，缴纳其他税费合计3 100元，业主个人费用扣除标准5 000元/月。假定1—11月累计应税所得额为757 000元，累计已预缴个人所得税210 000元。计算该个体户12月应纳的所得税。

【解】

(1) 12月份应税所得额 = 180 000 - (50 000 + 30 000 + 10 000 + 8 000 + 12 000 + 3 100) - 5 000 = 61 900 (元)

(2) 全年合计应纳税所得额 = 757 000 + 61 900 = 818 900 (元)

(3) 依据表6-2判断，适用税率35%，速算扣除数65 500 (元)

(4) 12月应纳税额 = 818 900 × 30% - 65 500 - 210 000 = 29 120 (元)

业务三　计算财产租赁所得应纳税额

业务描述

财产租赁所得，是指个人出租建筑物、土地使用权、机器设备、车船以及其他财产取得的所得。财产租赁所得，以一个月内取得的收入为一次。每次收入不超过4 000元的，减除费用800元；4 000元以上的，减除20%的费用，其余额为应纳税所得额，税率为20%。

计算公式 = [每次租金收入 - 800(或租金收入的20%)] × 20%

知识链接

个人按市场价格出租居民住房，减按 10% 税率征收。个人出租房产，在计算缴纳所得税时从收入中依次扣除以下费用：

（1）财产租赁过程中缴纳的税费（城建税、教育费附加、房产税、印花税）；

（2）向出租方支付的租金；

（3）由纳税人负担的该出租财产实际开支的修缮费用（每次 800 元为限，一次扣不完的下次继续扣除，直到扣完为止）。

业务举例

某市丁某 1—6 月每月取得出租居民住房租金收入 5 000 元（按市场价出租，当期未发生修缮费用）。若丁某租赁过程中缴纳的相关税费共计 2 190 元，计算丁某 1—6 月应缴纳的个人所得税。

【解】 1—6 月租金收入应缴纳的个人所得税 =(5 000×6－2 190)×(1－20%)×10%

=2 224.8（元）

业务四　计算财产转让所得应纳税额

业务描述

财产转让所得，是指个人转让有价证券、股权、建筑物、土地使用权、机器设备、车船以及其他财产取得的所得。财产转让所得，按照一次转让财产的收入额减除财产原值和合理费用后的余额，计算纳税。两个或者两个以上的个人共同取得同一项目收入的，应当对每个人取得的收入分别按照税法规定减除费用后计算纳税。纳税义务人未提供完整、准确的财产原值凭证，不能正确计算财产原值的，由主管税务机关核定其财产原值。扣除的合理费用，是指卖出财产时按照规定支付的有关费用。

知识链接

财产原值，是指：(1) 有价证券，为买入价以及买入时按照规定缴纳的有关费用；(2) 建筑物，为建造费或者购进价格以及其他有关费用；(3) 土地使用权，为取得土地使用权所支付的金额、开发土地的费用以及其他有关费用；(4) 机器设备、车船，为购进价格、运输费、安装费以及其他有关费用；(5) 其他财产，参照以上方法确定。

一般情况下财产转让所得应纳税额的计算公式：

应纳税额 = 应纳税所得额 × 适用的税率

=（收入总额－财产原值－合理税费）×20%

业务举例

（1）中国居民李某，为某一企业的职员，11月份，以每份218元的价格转让上年购入的企业债券500份，发生相关税费870元，债券申购价每份200元，申购时共支付相关税费350元，计算李某应缴纳的个税。

【解】

有价证券所得应缴纳的个人所得税＝［（218－200）×500－870－350］×20%＝1 556（元）

（2）王某出售一栋房屋获得53万元，原值28万元，有关交易费用和税金3万元，计算王某应缴纳的个税。

【解】

房屋应税所得＝5 300 000－280 000－30 000＝220 000（元）

应交所得税＝220 000×20%＝44 000（元）

业务五　计算利息[①]、股息、红利所得应纳税额

业务描述

利息、股息、红利所得，是指个人拥有债权、股权而取得的利息、股息、红利所得。以支付利息、股息、红利时取得的收入为一次，以每次收入额为应纳税所得额。股息、红利所得应纳税计算公式：

应纳税额＝应纳税所得额×适用的税率＝每次收入额×20%

知识拓展

企业对外投资分利分回的利息、股息、红利，不并入企业的收入，按“利息、股息、红利得”应税项目计缴个人所得税。

投资者兴办两个或两个以上企业（均为独资性质），所得税的汇算清缴应纳税款的计算公式如下：

应税所得额＝各个企业的经营所得之和

应纳税额＝应税所得税×税率－速算扣除数

本企业应纳税额＝应纳税额×本企业的经营所得÷各个企业的经营所得之和

本企业应补缴的税额＝本企业应纳税额－本企业预缴的税额

---

① 储蓄存款利息适用税率，2007年8月15日前为20%，2007年8月15日起为5%，2008年10月9日起暂免征。

业务举例

王某持有某上市公司的股票 10 000 股，该上市公司某年度的利润方案为每 10 股送 3 股，并于次年 6 月份实施，该股票的面值为每股 1 元。计算上市公司应扣缴王某的个人所得税。

【解】 对个人投资者从上市公司取得的股息、红利所得，自 2005 年 6 月 13 日起暂减按 50% 计入个人应纳税所得额，依照现行税法规定计算个人所得税。

王某的个人所得税 = 10 000 ÷ 10 × 3 × 1 × 20% × 50% = 300（元）

业务六　计算偶然所得应纳税额

偶然所得，是指个人得奖、中奖、中彩以及其他偶然性质的所得。偶然所得和其他所得，以每次收入额为应纳税所得额，不扣除任何费用。除有特殊规定外，每次收入额，就是应纳税所得额，以每次取得该项收入为一次。计算公式：

应纳税额 = 应纳税所得额 × 适用的税率 = 每次收入额 × 20%

知识拓展

根据财政部　税务总局 2019 年第 74 号《于个人取得有关收入适用个人所得税应税所得项目的公告》以下收入按照“偶然所得”项目计算缴纳个人所得税：

1. 个人为单位或他人提供担保获得收入。

2. 房屋产权所有人将房屋产权无偿赠与他人的，受赠人因无偿受赠房屋取得的受赠收入。但符合以下情形的，对当事双方不征收个人所得税：

（1）房屋产权所有人将房屋产权无偿赠与配偶、父母、子女、祖父母、外祖父母、孙子女、外孙子女、兄弟姐妹；

（2）房屋产权所有人将房屋产权无偿赠与对其承担直接抚养或者赡养义务的抚养人或者赡养人；

（3）房屋产权所有人死亡，依法取得房屋产权的法定继承人、遗嘱继承人或者受遗赠人。

对受赠人无偿受赠房屋计征个人所得税时，其应纳税所得额为房地产赠与合同上标明的赠与房屋价值减除赠与过程中受赠人支付的相关税费后的余额。赠与合同标明的房屋价值明显低于市场价格或房地产赠与合同未标明赠与房屋价值的，税务机关可依据受赠房屋的市场评估价格或采取其他合理方式确定受赠人的应纳税所得额。

3. 企业在业务宣传、广告等活动中，随机向本单位以外的个人赠送礼品（包括网络红包，下同），以及企业在年会、座谈会、庆典以及其他活动中向本单位以外的个人赠送礼品，个人取得的礼品收入（但企业赠送的具有价格折扣或折让性质的消费券、代金券、抵用券、优惠券等礼品除外）。

（1）企业在销售商品（产品）和提供服务过程中向个人赠送礼品，属于下列情形之一的，不征收个人所得税：

①企业通过价格折扣、折让方式向个人销售商品（产品）和提供服务。

②企业在向个人销售商品（产品）和提供服务的同时给予赠品，如通信企业对个人购买手机赠话费、入网费，或者购话费赠手机等。

③企业对累积消费达到一定额度的个人按消费积分反馈礼品。

（2）企业向个人赠送礼品，属于下列情形之一的，取得该项所得的个人应依法缴纳个人所得税，税款由赠送礼品的企业代扣代缴：

①企业在业务宣传、广告等活动中，随机向本单位以外的个人赠送礼品，对个人取得的礼品所得。

②企业在年会、座谈会、庆典以及其他活动中向本单位以外的个人赠送礼品，对个人取得的礼品所得。

③企业对累积消费达到一定额度的顾客，给予额外抽奖机会，个人的获奖所得。

（3）企业赠送的礼品是自产产品（服务）的，按该产品（服务）的市场销售价格确定个人的应税所得；是外购商品（服务）的，按该商品（服务）的实际购置价格确定个人的应税所得。

业务举例

陈某在参加商场的有奖销售过程中，中奖所得共计价值 20 000 元。陈某领奖时告知商场，从中奖收入中拿出 4 000 元通过教育部门向某希望小学捐赠。按照规定，计算商场代扣代缴个人所得税后，陈某实际可得中奖金额。

【解】（1）根据税法有关规定，陈某的捐赠额可以全部从应纳税所得额中扣除（因为 4 000 ÷ 20 000 = 20%，小于捐赠扣除比例 30%）。

（2）应纳税所得额 = 偶然所得 − 捐赠额 = 20 000 − 4 000 = 16 000（元）

（3）应纳税额（即商场代扣税款）应纳税所和额 × 适用税率 = 16 000 × 20% = 3 200（元）

（4）陈某实际可得金额 = 20 000 − 4 000 − 3 200 = 12 800（元）

任务二
进行个人所得税的会计核算

进行个人所得税的会计核算，企业应设置“应交个人所得税”科目，按规定计算的应代扣代缴的职工个人所得税，借记“应付职工薪酬”科目，贷记“应交税费——应交个人所得税”科目；对交纳的个人所得税，借记“应交税费——应交个人所得税”科目，贷记“银行存款”等科目。具体核算方法如下：

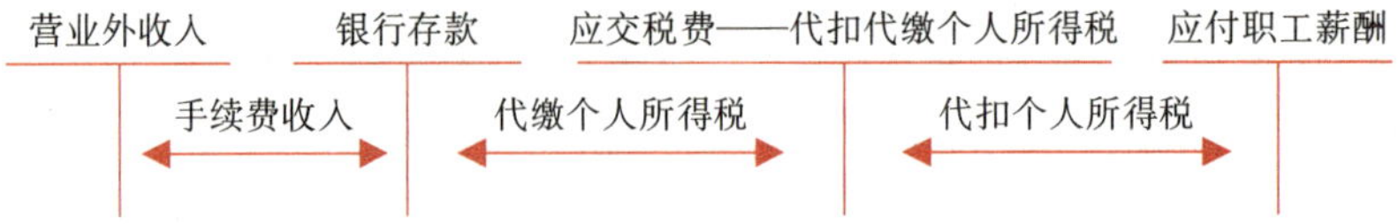

图 6－1

业务一　代扣代缴所得税会计核算

一、支付工资、薪金代扣代缴个人所得税

个人所得税综合所得中的工资、薪金所得应纳的个人所得税，由支付工资、薪金所得的企、事业单位代扣代缴。支付单位代扣个人所得税时，借记“应付职工薪酬”账户，贷记“应交税费——代扣代缴个人所得税”账户。

实际核算时，企业为职工代扣代缴个人所得税有两种情况：第一，职工自己承担个人所得税，企业只负有扣缴义务；第二，企业既承担税款，又负有扣缴义务。

业务举例

某企业为张某、李某每月各发工资 8 700 元（已扣除相应的保险和公积金）。但合同约定，张某自已承担个人所得税；李某个人所得税由该企业承担，即李某收入 8 700 元为税后所得，计算他们应缴纳的个人所得税。

【解】 企业每月为张某扣缴个人所得税时，张某应纳个人所得税为：

(8 700 － 5 000) × 10% － 210 = 160（元）

账务处理为：

借：应付职工薪酬　　8 700

　　贷：库存现金　　8 540

　　　　应交税费——代扣代缴个人所得税　　160

由于李某工资为税后所得，需要换算为税前所得，再计算个人所得。公式如下：

$$应纳税所得额 = \frac{不含税收入额 - 费用扣除标准 - 速算扣除数}{1 - 税率}$$

应纳个人所得税 = 应纳税所得额 × 适用税率 － 速算扣除数

企业应为李某承担税款为：

[(8 700 － 5 000 － 210) ÷ (1 － 10%)] × 10% = 387.78（元）

计提个人所得税时：

借：管理费用等　　387.78
　　贷：应付职工薪酬　　387.78
发放工资时：
借：应付职工薪酬　　9 087.78
　　贷：库存现金　　8 700.00
　　　　应交税费——应缴个人所得税　　387.78

二、支付劳务报酬、特许权使用费、稿酬和财产租赁费

扣缴义务人支付给个人的劳务报酬、特许权使用费、稿酬和财产租赁费，一般由支付单位作为扣缴义务人向纳税人扣缴个人所得税款，并计入该企业的有关期间费用账户。企业在支付时：

借：无形资产/管理费用/销售费用
　　贷：应交税费——代扣代缴个人所得税
　　　　库存现金/银行存款
实际缴纳时：
借：应缴税费——代扣代缴个人所得税
　　贷：银行存款

业务举例

李某向甲公司提供一项专利使用权，取得收入 80 000 元，假定不考虑其他收入，李某就此项收入应缴纳个人所得税及甲公司的会计处理如下：

李某应缴个人所得税 =80 000 ×（1 –20%）×10% =6 400（元）

甲公司支付特许权使用费并代扣个人所得税时会计处理：

借：无形资产　　80 000
　　贷：银行存款　　73 600
　　　　应交税费——代扣代缴个人所得税　　6 400
企业实际缴纳时会计处理：
借：应交税费——代扣代缴个人所得税　　6 400
　　贷：银行存款　　6 400

三、向个人购买财产（财产转让）

一般情况下，企业向个人购买财产属于购置固定资产项目。针对个人财产转让所得，应缴纳的个人所得税，由接受转让企业所支付款项中代扣代缴。

企业向个人购买财产时：
借：固定资产
　　贷：应交税费——代扣代缴个人所得税
　　　　银行存款
实际缴纳时：

借：应缴税费——代扣代缴个人所得税
　　贷：银行存款

业务举例

张某向乙公司转让房屋一套，取得转让收入 600 000 元。该套住房购进时的原价为 350 000 元，转让时支付有关税费 30 000 元。计算乙公司支付转让费并代扣个人所得税以及实际缴纳的会计处理。

张某该项转让收入应纳税额 =（600 000 - 350 000 - 30 000）×20% = 44 000（元）

乙公司向张某支付财产转让费并代扣个人所得税时会计处理：

借：固定资产	600 000	
贷：银行存款		556 000
应交税费——应交个人所得税		44 000

乙公司上缴代扣的个人所得税时会计处理：

借：应交税费——应交个人所得税	44 000	
贷：银行存款		44 000

业务二　经营所得税会计核算

个体工商户（含个人独资企业、合伙企业）核算经营所得，应设置“本年应税所得”账户，本账户下设“本年经营所得”和“应弥补亏损”两个明细账户。年末，企业计算本年经营所得，应将“营业收入”账户的余额转入“本年应税所得——本年经营所得”账户的贷方；将“营业成本”、“税金及附加”、“销售费用”账户余额转入“本年应税所得——本年经营所得”账户的借方。“营业外收支”账户如为借方余额，转入“本年应税所得——本年经营所得”账户的借方；如为贷方余额，转入“本年应税所得——本年经营所得”账户的贷方。

企业生产经营活动中发生的经营亏损，应由“本年经营所得”明细账户转入“应弥补亏损”明细账户。弥补亏损时，由“应弥补亏损”明细账户转入“本年经营所得”明细账户；超过弥补期的亏损，由“应弥补亏损”明细账户转入“留存利润”账户。

知识链接

“本年经营所得”明细账户核算企业本年生产经营活动取得的收入扣除成本费用后的余额。如果收入大于应扣除的成本费用总额，即为本年经营所得，在不存在税前弥补亏损的情况下，即为本年经营所得，应由“本年应税所得 - 本年经营所得”账户转入“留存利润”账户；如果计算出结果为经营亏损，则应将本年发生的经营亏损由“本年经营所得”明细账户转入“应弥补的亏损”明细账户。

"应弥补的亏损"明细账户，核算企业发生的、可由生产经营活动所得税前弥补的亏损。发生亏损时，由"本年经营所得"明细账户转入本明细账户。生产经营过程中发生的亏损，可以由以后年度的生产经营所得在税前弥补，但延续弥补期不得超过5年。超过弥补期的亏损，不能再以生产经营所得税前弥补，应从"本年应税所得——应弥补的亏损"账户转入"留存利润"账户，减少企业的留存利润。

业务举例

1. 某个体工商户某年取得生产、经营所得120万元，经税务机关核定其成本、费用及损失等合计为60万元，全年每月预缴个人所得税7 000元，对个体工商户进行账务处理。

【解】

各月预缴个人所得税时：

借：应交税费——应交个人所得税　　7 000

　　贷：库存现金　　7 000

年度终了，汇算清缴全年个人所得税，确定本年度生产经营活动应缴个人所得税为：（1 200 000 − 600 000）×30% − 65 500 = 173 450（元）

借：留存利润　　173 450

　　贷：应交税费——应交个人所得税　　173 450

应补交的所得税 = 173 450 − 7 000 × 12 = 89 450（元）

补交税款时：

借：应交税费——应交个人所得税　　89 450

　　贷：银行存款　　89 450

2. 某年，某独资企业年生产经营活动的结果如下：营业收入50万元，营业成本40万元，销售费用20万元，没有其他项目，对该企业进行账务处理。

【解】

结转本年的收入和成本费用时：

借：营业收入　　500 000

　　贷：本年应税所得——本年经营所得　　500 000

借：本年应税所得——本年经营所得　　600 000

　　贷：营业成本　　400 000

　　　　销售费用　　200 000

该企业经营亏损10万元，应转入"应弥补亏损"明细账户：

借：本年应税所得——应弥补亏损　　100 000

　　贷：本年应税所得——本年经营所得　　100 000

因该独资企业亏损，故不缴个人所得税。

知识拓展

企业向股东支付股利代扣代缴所得税的会计核算

股份制企业向法人支付股票股利、现金股利时，因法人股东不缴个人所得税，无所得税代扣代缴问题。若以资本公积转增股本，不属股息、红利性质的分配，不征个人所得税，亦无代扣代缴个人所得税问题。

企业向个人支付现金股利时，应代扣代缴个人所得税。公司按应支付给个人的现金股利金额，借记“应付股利”科目，贷记“库存现金”（或“银行存款”）“应交税费——代扣代缴个人所得税”科目。企业以盈余公积对股东个人转增资本或派发股票股利时，应代扣代缴个人所得税，但为了不因征收个人所得税而改变股本权益结构，可由企业按增股金额计算的个人所得税，向个人收取库存现金以备代缴。有关会计处理如下：

（1）以盈余公积转增资本或派发股票股利时的会计分录如下：

借：盈余公积、应付利润、未分配利润

　　贷：实收资本/股本

（2）扣缴所得税时的会计分录如下：

借：其他应收款

　　贷：应交税费——应交个人所得税

（3）收到个人股东交来税款进的会计分录如下：

借：银行存款

　　贷：其他应收款

（4）解缴税款时的会计分录如下：

借：应交税费——应交个人所得税

　　贷：银行存款

任务三
填制个人所得税纳税申报表

知识准备

一、个人所得税的缴纳方式

现行个人所得税的缴纳方式采用代扣代缴和自行申报缴纳两种方式。

1. 代扣代缴。是指按照税法规定负有扣缴税款义务的单位和个人，在向个人支付应纳税所得时，向主管税务机关报送其支付所得的所有个人的有关信息、支付所得数额、扣除事项和数额、扣缴税款的具体数额和总额以及其他相关涉税信息资料并缴纳所预扣或代扣的税款的一种缴纳（或征收）方式。

扣缴义务人每月或者每次预扣、代扣的税款，应当在次月 15 日内缴入国库，并向税务机关报送扣缴个人所得税申报表，如表 6－4。扣缴义务人为纳税人办理汇算清缴退税的，税务机关审核后，按照国库管理的有关规定办理退税。对扣缴义务人按照所扣缴的税款，付给 2% 的手续费。

2. 自行申报缴纳。是由纳税人在税法规定的纳税期限内，自行向税务机关申报取得的应税所得项目和数额，如实填写个人所得税纳税申报表，并按照税法规定计算应纳税额，据此缴纳个人所得税的一种缴纳（或征收）方式。

税法规定，凡有下列情形之一的，纳税人必须自行向税务机关申报所得并缴纳税款：

（1）年所得 12 万元以上的。

（2）从中国境内两处或者两处以上取得工资、薪金所得的。

（3）从中国境外取得所得的。

（4）取得应税所得，没有扣缴义务人的。

（5）国务院规定的其他情形。

二、填制纳税申报表

在进行个人所得税纳税申报时，根据不同的申报方式及不同的纳税人类别，可选择填制不同的申报表。个人所得税的纳税申报表主要有以下几种报表：

1. 个人所得税基础信息表。有 A 表（适用于扣缴义务人填报）和 B 表（适用于自然人填报）（表略）。

2. 个人所得税扣缴申报表。本表适用于扣缴义务人向居民个人支付工资、薪金所得，劳务报酬所得，稿酬所得和特许权使用费所得的个人所得税全员全额预扣预缴申报；向非居民个人支付工资、薪金所得，劳务报酬所得，稿酬所得和特许权使用费所得的个人所得税全员全额扣缴申报；以及向纳税人（居民个人和非居民个人）支付利息、股息、红利所得，财产租赁所得，财产转让所得和偶然所得的个人所得税全员全额扣缴申报。

3. 个人所得税年度自行纳税申报表。本表适用于居民个人取得境内综合所得，按税法规定进行个人所得税汇算清缴。

4. 个人所得税经营所得纳税申报表。有 A、B、C 三种表。A 表适用于查账征收和核定征收的个体工商户业主、个人独资企业投资人、合伙企业个人合伙人、承包承租经营者个人以及其他从事生产、经营活动的个人在中国境内取得经营所得，办理个人所得税预缴纳税申报时，向税务机关报送。合伙企业有两个或者两个以上个人合伙人的，应分别填报本表。B 表适用于个体工商户业主、个人独资企业投资人、合伙企业个人合伙人、承包承租经营者个人以及其他从事生产、经营活动的个人在中国境内取得经营所得，且实行查账征收的，在办理个人所得税汇算清缴纳税申报时，向税务机关报送。合伙企业有两个或者两个以上个人合伙人的，应分别填报本表。C 表适用于个体工商户业主、个人独资企业投资人、合伙企业个人合伙人、承包承租经营者个人以及其他从事生产、经营活动的个人在中国境内两处以上取得经营所得，办理合并计算个人所得税的年度汇总纳税申报时，向税务机关报送。

此外还有其他申报表，这里不再叙述。

下面以工资、薪金扣缴单位填制的《个人所得税扣缴申报表》和个人独资企业填制的《个人所得税经营所得纳税申报表》B表的填制加以说明。

业务一　企事业单位填制扣缴个人所得税报告表

业务举例

华强公司共有雇员10人，2019年1月有3人扣除“三险一金”后的工资超过了5 000元，具体工资如下：李娜，7 800元；张小勇，9 500元；王小强18 000元，填制1月份的《扣缴个人所得税报告表》。

业务完成

根据题中资料，填表6-4。

*业务二　填制个人独资企业投资者个人所得税申报表

业务举例

华强公司是王强个人投资的服务类个人独资企业，经营所得实行查账征收，年终办理个人所得税汇算清缴。某年度有关经营情况如下：

（1）取得营业收入220万元；（2）发生营业成本130万元；（3）发生税金5.28万元；（4）发生管理费用31万元（其中业务招待费5万元，12月份购买小货车一辆支出5万元）；（5）共有雇员10人，人均月工资4 000元，年工资总额48万元；（6）业主个人每月领取工资5 500元，全年共领取工资6.6万元；（7）实际列支三项经费4万元（工会经费、职工福利费、职工教育经费分别为0.3万元、3.2万元、0.5万元）（工资与经费未计入成本费用中）；（8）当年向某单位借入流动资金10万元，支付利息费用1万元，同期银行贷款利息率为4.8%；（9）9月份车辆在运输途中发生车祸被损坏，损失达4.5万元，11月取得保险公司的赔款2.5万元。假定不考虑现王强个人的专项扣除、专项附加扣除及依法规定的其他扣除等其他情况，计算该投资者王强全年经营所得应缴纳的个人所得税，并填制个人所得税经营所得纳税申报表（B表）。

业务完成

营业成本=130+48+4=182（万元）

表 6－4

个人所得税扣缴申报表

税款所属期：2019 年 01 月 01 日至 2019 年 01 月 31 日

扣缴义务人名称：

扣缴义务人纳税人识别号（统一社会信用代码）：□□□□□□□□□□□□□□□□□□□□□□　　金额单位：人民币元（列至角分）

序号	姓名	身份证件类型	身份证件号码	纳税人识别号	是否为非居民个人	所得项目	本月（次）情况														累计情况（工资、薪金）									减按计税比例	准予扣除的捐赠额	税款计算							备注
							收入额计算			减除费用	专项扣除				其他扣除						累计收入额	累计减除费用	累计专项扣除	累计专项附加扣除					累计其他扣除			应纳税所得额	税率/预扣率%	速算扣除数	应纳税额	减免税额	已扣缴税额	应补（退）税额	
							收入	费用	免税收入		基本养老保险费	基本医疗保险费	失业保险费	住房公积金	年金	商业健康保险	税延养老保险	财产原值	允许扣除的税费	其他				子女教育	赡养老人	住房贷款利息	住房租金	继续教育											
1	2	3	4	5	6	7	8	9	10	11	12	13	14	15	16	17	18	19	20	21	22	23	24	25	26	27	28	29	30	31	32	33	34	35	36	37	38	39	40
1	李娜					工资	7 800			5 000	略										7 800	5 000	略									2 800	3	0	84		0	84	
2	张小勇					工资	9 500			5 000	略										9 500	5 000	略									4 500	10	210	240		0	240	
3	王文强					工资	18 000			5 000	略										18 000	5 000	略									13 000	20	1 410	1 190		0	1 190	
合计																																			1 514			1 514	

谨声明：本扣缴申报表是根据国家税收法律法规及相关规定填报的，是真实的、可靠的、完整的。

扣缴义务人（签章）：　　2019 年 02 月 03 日

代理机构签章： 代理机构统一社会信用代码： 经办人签字： 经办人身份证件号码：	受理人： 受理税务机关（章）： 受理日期：　　年　　月　　日

国家税务总局监制

《个人所得税扣缴申报表》填表说明

一、适用范围

本表适用于扣缴义务人向居民个人支付工资、薪金所得，劳务报酬所得，稿酬所得和特许权使用费所得的个人所得税全员全额预扣预缴申报；向非居民个人支付工资、薪金所得，劳务报酬所得，稿酬所得和特许权使用费所得的个人所得税全员全额扣缴申报；以及向纳税人（居民个人和非居民个人）支付利息、股息、红利所得，财产租赁所得，财产转让所得和偶然所得的个人所得税全员全额扣缴申报。

二、申报期限

扣缴义务人应当在每月或者每次预扣、代扣税款的次月十五日内，将已扣税款缴入国库，并向税务机关报送本表。

三、各栏次填写说明

（一）表头项目

1. “税款所属期”：填写扣缴义务人代扣税款当月的第一日至最后一日。如：2019 年 3 月 20 日发放工资时代扣的税款，税款所属期填写“2019 年 3 月 1 日至 2019 年 3 月 31 日”。

2. “扣缴义务人名称”：填写扣缴义务人的法定名称全称。

3. “扣缴义务人纳税人识别号（统一社会信用代码）”：填写扣缴义务人的纳税人识别号或统一社会信用代码。

（二）表内各栏

1. 第 2 列“姓名”：填写纳税人姓名。

2. 第 3 列“身份证件类型”：填写纳税人有效的身份证件名称。中国公民有中华人民共和国居民身份证的，填写居民身份证；没有居民身份证的，填写港澳居民来往内地通行证或港澳居民居住证、台湾居民通行证或台湾居民居住证、外国人永久居留身份证、外国人工作许可证或护照等。

3. 第 4 列“身份证件号码”：填写纳税人有效身份证件上载明的证件号码。

4. 第 5 列“纳税人识别号”：有中国公民身份号码的，填写中华人民共和国居民身份证上载明的“公民身份号码”；没有中国公民身份号码的，填写税务机关赋予的纳税人识别号。

5. 第 6 列“是否为非居民个人”：纳税人为非居民个人的填“是”，为居民个人的填“否”。不填默认为“否”。

6. 第 7 列“所得项目”：填写纳税人取得的个人所得税法第二条规定的应税所得项目名称。同一纳税人取得多项或多次所得的，应分行填写。

7. 第 8～21 列“本月（次）情况”：填写扣缴义务人当月（次）支付给纳税人的所得，以及按规定各所得项目当月（次）可扣除的减除费用、专项扣除、其他扣除等。其中，工资、薪金所得预扣预缴个人所得税时扣除的专项附加扣除，按照纳税年度内纳税人在该任职受雇单位截至当月可享受的各专项附加扣除项目的扣除总额，填写至“累计情况（工资薪金）”中第 25～29 列相应栏，本月情况中则无须填写。

（1）“收入额计算”：包含“收入”“费用”“免税收入”。

具体计算公式为：收入额 = 收入 − 费用 − 免税收入。

①第 8 列“收入”：填写当月（次）扣缴义务人支付给纳税人所得的总额。

②第 9 列“费用”：仅限支付劳务报酬、稿酬、特许权使用费三项所得时填写，支付其他各项所得时无须填写本列。预扣预缴居民个人上述三项所得个人所得税时，每次收入不超过 4 000 元的，费用填写“800”元；每次收入 4 000 元以上的，费用按收入的 20% 填写。扣缴非居民个人上述三项所得的个人所得税时，费用按收入的 20% 填写。

③第 10 列“免税收入”：填写纳税人各所得项目收入总额中，包含的税法规定的免税收入金额。其中，税法规定“稿酬所得的收入额减按 70% 计算”，对稿酬所得的收入额减计的 30% 部分，填入本列。

（2）第 11 列“减除费用”：仅限支付工资、薪金所得时填写。具体按税法规定的减除费用标准填写。如，2019 年为 5 000 元/月。

（3）第 12～15 列“专项扣除”：分别填写按规定允许扣除的基本养老保险费、基本医疗保险费、失业保险费、住房公积金的金额。

（4）第 16～21 列“其他扣除”：分别填写按规定允许扣除的项目金额。

8. 第 22～30 列“累计情况（工资、薪金）”：本栏仅适用于居民个人取得工资、薪金所得预扣预缴的情形，工资、薪金所得以外的项目无须填写。具体各列，按照纳税年度内居民个人在该任职受雇单位截至当前月份累计情况填报。

（1）第 22 列“累计收入额”：填写本纳税年度截至当前月份，扣缴义务人支付给纳税人的工资、薪金所得的累计收入额。

（2）第 23 列“累计减除费用”：按照 5 000 元/月乘以纳税人当年在本单位的任职受雇月份数计算。

（3）第 24 列“累计专项扣除”：填写本年度截至当前月份，按规定允许扣除的“三险一金”的累计金额。

（4）第 25～29 列“累计专项附加扣除”：分别填写截至当前月份，纳税人按规定可享受的子女教育、赡养老人、住房贷款利息或住房租金、继续教育扣除的累计金额。大病医疗扣除由纳税人在年度汇算清缴时办理，此处无须填报。

（5）第 30 列“累计其他扣除”：填写本年度截至当前月份，按规定允许扣除的年金（包括企业年金、职业年金）、商业健康保险、税延养老保险及其他扣除项目的累计金额。

9. 第 31 列“减按计税比例”：填写按规定实行应纳税所得额减计税收优惠的减计比例。无减计规定的，可不填，系统默认为 100%。如，某项税收政策实行减按 60% 计入应纳税所得额，则本列填 60%。

10. 第 32 列“准予扣除的捐赠额”：是指按照税法及相关法规、政策规定，可以在税前扣除的捐赠额。

11. 第 33～39 列“税款计算”：填写扣缴义务人当月扣缴个人所得税款的计算情况。

（1）第 33 列“应纳税所得额”：根据相关列次计算填报。

①居民个人取得工资、薪金所得，填写累计收入额减除累计减除费用、累计专项扣除、累计专项附加扣除、累计其他扣除、准予扣除的捐赠额后的余额。

②非居民个人取得工资、薪金所得，填写收入额减去减除费用、准予扣除的捐赠额后的余额。

③居民个人或非居民个人取得劳务报酬所得、稿酬所得、特许权使用费所得，填写本月（次）收入额减除可以扣除的税费、准予扣除的捐赠额后的余额。

④居民个人或非居民个人取得利息、股息、红利所得和偶然所得，填写本月（次）收入额减除准予扣除的捐赠额后的余额。

⑤居民个人或非居民个人取得财产租赁所得，填写本月（次）收入额减除允许扣除的税费、准予扣除的捐赠额后的余额。

⑥居民个人或非居民个人取得财产转让所得，填写本月（次）收入额减除财产原值、允许扣除的税费、准予扣除的捐赠额后的余额。

其中，适用“减按计税比例”的所得项目，其应纳税所得额按上述方法计算后乘以减按计税比例的金额填报。

（2）第 34～35 列“税率/预扣率”和“速算扣除数”：填写各所得项目按规定适用的税率（或预扣率）和速算扣除数。没有速算扣除数的，则不填。

（3）第 36 列“应纳税额”：根据相关列次计算填报。

具体计算公式为：应纳税额 = 应纳税所得额 × 税率（预扣率）－速算扣除数。

（4）第 37 列“减免税额”：填写符合税法规定可减免的税额。居民个人工资、薪金所得，填写本年度累计减免税额；居民个人取得工资、薪金以外的所得或非居民个人取得各项所得，填写本月（次）减免税额。

（5）第 38 列“已扣缴税额”：填写本年或本月（次）纳税人同一所得项目，已由扣缴义务人实际扣缴的税款金额。

（6）第 39 列“应补（退）税额”：根据相关列次计算填报。

具体计算公式为：应补（退）税额 = 应纳税额 - 减免税额 - 已扣缴税额。

（三）其他栏次

1. “声明”：需由扣缴义务人签字或签章。

2. “经办人”：由办理扣缴申报的经办人签字，并填写经办人身份证件号码。

3. “代理机构”：代理机构代为办理扣缴申报的，应当填写代理机构统一社会信用代码，并加盖代理机构签章。

四、其他事项说明

本表一式两份，扣缴义务人、税务机关各留存一份。

注：投资者工资薪金支出6.6万元，不能作为经营成本扣除。

管理费用31万元

财务费用1万元

税金5.28万元

营业外支出（损失）4.5万元

利润总额=220－182－31－1－5.28－4.5=－3.78（万元）

纳税调整项目：

（1）业务招待费限额=220×0.5%=1.1（万元）<5×60%=3（万元），只能扣除1.1万元，应调增=5－1.1=3.9万元。

（2）购买小货车的5万元为固定资产，不能直接作为费用扣除。应调增5万元。

（3）雇员工资可以全部扣除48万元可全部扣除，业主个人的工资费用6.6万元不能扣除，应调增6.6万元。

（4）该企业工资总额48万元。

实际列支三项经费4万元，其中：

工会经费0.3万元<工资总额×2%=48×2%=0.96（万元）

职工福利费3.2万元<工资总额×14%=48×14%=6.72（万元）

职工教育经费0.5万元<工资总额×8%=48×8%=3.84（万元）

所以三项经费4万元可据实全部扣除，不用调整。

（5）非金融机构的借款利息费用按同期银行的贷款利率计算扣除，超过部分不得扣除。

利息费用扣除限额=10×4.8%=0.48万元，应调增0.52万元。

（6）小货车损失有赔偿的部分不能扣除。小货车损失应扣除额=4.5－2.5=2万元，应调增2.5万元。

（7）纳税调整增加额=3.9+5+6.6+0.52+2.5=18.52（万元）

应纳税所得额=－3.78+18.52－6=8.74（万元）

查个人所得税（经营所得）税率表二，税率为10%，速算扣除数为1 500元，则：

全年经营所得应缴纳个人所得税=87 400×10%－1 500=7 240（元）

填制纳税申报表如表6－5所示。

表6－5　个人所得税经营所得纳税申报表（B表）

税款所属期：×年01月01日至×年12月31日

纳税人姓名：

纳税人识别号：□□□□□□□□□□□□□□□□□□□□□□□　　金额单位：人民币元（列至角分）

被投资单位信息	名称	华强公司	纳税人识别号（统一社会信用代码）	略	
项目				行次	金额/比例
一、收入总额				1	2 200 000
其中：国债利息收入				2	
二、成本费用（3=4+5+6+7+8+9+10）				3	
（一）营业成本				4	1 820 000

续表

项目	行次	金额/比例
（二）营业费用	5	
（三）管理费用	6	310 000
（四）财务费用	7	10 000
（五）税金	8	52 800
（六）损失	9	45 000
（七）其他支出	10	
三、利润总额（11 = 1 − 2 − 3）	11	−37 800
四、纳税调整增加额（12 = 13 + 27）	12	
（一）超过规定标准的扣除项目金额（13 = 14 + 15 + 16 + 17 + 18 + 19 + 20 + 21 + 22 + 23 + 24 + 25 + 26）	13	119 200
1. 职工福利费	14	
2. 职工教育经费	15	
3. 工会经费	16	
4. 利息支出	17	5 200
5. 业务招待费	18	39 000
6. 广告费和业务宣传费	19	
7. 教育和公益事业捐赠	20	
8. 住房公积金	21	
9. 社会保险费	22	
10. 折旧费用	23	
11. 无形资产摊销	24	
12. 资产损失	25	25 000
13. 其他	26	50 000
（二）不允许扣除的项目金额（27 = 28 + 29 + 30 + 31 + 32 + 33 + 34 + 35 + 36）	27	66 000
1. 个人所得税税款	28	
2. 税收滞纳金	29	
3. 罚金、罚款和被没收财物的损失	30	
4. 不符合扣除规定的捐赠支出	31	
5. 赞助支出	32	
6. 用于个人和家庭的支出	33	
7. 与取得生产经营收入无关的其他支出	34	
8. 投资者工资薪金支出	35	66 000
9. 其他不允许扣除的支出	36	
五、纳税调整减少额	37	
六、纳税调整后所得（38 = 11 + 12 − 37）	38	147 400
七、弥补以前年度亏损	39	
八、合伙企业个人合伙人分配比例（%）	40	

续表

项目	行次	金额/比例
九、允许扣除的个人费用及其他扣除（41 = 42 + 43 + 48 + 55）	41	60 000
（一）投资者减除费用	42	60 000
（二）专项扣除（43 = 44 + 45 + 46 + 47）	43	
1. 基本养老保险费	44	
2. 基本医疗保险费	45	
3. 失业保险费	46	
4. 住房公积金	47	
（三）专项附加扣除（48 = 49 + 50 + 51 + 52 + 53 + 54）	48	
1. 子女教育	49	
2. 继续教育	50	
3. 大病医疗	51	
4. 住房贷款利息	52	
5. 住房租金	53	
6. 赡养老人	54	
（四）依法确定的其他扣除（55 = 56 + 57 + 58 + 59）	55	
1. 商业健康保险	56	
2. 税延养老保险	57	
3.	58	
4.	59	
十、投资抵扣	60	
十一、准予扣除的个人捐赠支出	61	
十二、应纳税所得额（62 = 38 − 39 − 41 − 60 − 61）或［62 =（38 − 39）× 40 − 41 − 60 − 61］	62	87 400
十三、税率（%）	63	10
十四、速算扣除数	64	1 500
十五、应纳税额（65 = 62 × 63 − 64）	65	7 240
十六、减免税额（附报《个人所得税减免税事项报告表》）	66	
十七、已缴税额	67	
十八、应补/退税额（68 = 65 − 66 − 67）	68	7 240

谨声明：本表是根据国家税收法律法规及相关规定填报的，是真实的、可靠的、完整的。

纳税人签字：　　　　年　　月　　日

经办人： 经办人身份证件号码： 代理机构签章： 代理机构统一社会信用代码：	受理人： 受理税务机关（章）： 受理日期：　　　年　　月　　日

国家税务总局监制

《个人所得税经营所得纳税申报表（B表）》填表说明

一、适用范围

本表适用于个体工商户业主、个人独资企业投资人、合伙企业个人合伙人、承包承租经营者个人以及其他从事生产、经营活动的个人在中国境内取得经营所得，且实行查账征收的，在办理个人所得税汇算清缴纳税申报时，向税务机关报送。

合伙企业有两个或者两个以上个人合伙人的，应分别填报本表。

二、报送期限

纳税人在取得经营所得的次年3月31日前，向税务机关办理汇算清缴。

三、本表各栏填写

（一）表头项目

1. 税款所属期：填写纳税人取得经营所得应纳个人所得税款的所属期间，应填写具体的起止年月日。

2. 纳税人姓名：填写自然人纳税人姓名。

3. 纳税人识别号：有中国公民身份号码的，填写中华人民共和国居民身份证上载明的“公民身份号码”；没有中国公民身份号码的，填写税务机关赋予的纳税人识别号。

（二）被投资单位信息

1. 名称：填写被投资单位法定名称的全称。

2. 纳税人识别号（统一社会信用代码）：填写被投资单位的纳税人识别号或统一社会信用代码。

（三）表内各行填写

1. 第1行“收入总额”：填写本年度从事生产经营以及与生产经营有关的活动取得的货币形式和非货币形式的各项收入总金额。包括：销售货物收入、提供劳务收入、转让财产收入、利息收入、租金收入、接受捐赠收入、其他收入。

2. 第2行“国债利息收入”：填写本年度已计入收入的因购买国债而取得的应予免税的利息金额。

3. 第3~10行“成本费用”：填写本年度实际发生的成本、费用、税金、损失及其他支出的总额。

（1）第4行“营业成本”：填写在生产经营活动中发生的销售成本、销货成本、业务支出以及其他耗费的金额。

（2）第5行“营业费用”：填写在销售商品和材料、提供劳务的过程中发生的各种费用。

（3）第6行“管理费用”：填写为组织和管理企业生产经营发生的管理费用。

（4）第7行“财务费用”：填写为筹集生产经营所需资金等发生的筹资费用。

（5）第8行“税金”：填写在生产经营活动中发生的除个人所得税和允许抵扣的增值税以外的各项税金及其附加。

（6）第9行“损失”：填写生产经营活动中发生的固定资产和存货的盘亏、毁损、报废损失，转让财产损失，坏账损失，自然灾害等不可抗力因素造成的损失以及其他损失。

（7）第10行“其他支出”：填写除成本、费用、税金、损失外，生产经营活动中发生的与之有关的、合理的支出。

4. 第11行“利润总额”：根据相关行次计算填报。第11行＝第1行－第2行－第3行。

5. 第12行“纳税调整增加额”：根据相关行次计算填报。第12行＝第13行＋第27行。

6. 第13行“超过规定标准的扣除项目金额”：填写扣除的成本、费用和损失中，超过税法规定的扣除标准应予调增的应纳税所得额。

7. 第27行“不允许扣除的项目金额”：填写按规定不允许扣除但被投资单位已将其扣除的各项成本、费用和损失，应予调增应纳税所得额的部分。

8. 第37行“纳税调整减少额”：填写在计算利润总额时已计入收入或未列入成本费用，但在计算应纳税所得额时应予扣除的项目金额。

9. 第38行“纳税调整后所得”：根据相关行次计算填报。第38行＝第11行＋第12行－第37行。

10. 第39行“弥补以前年度亏损”：填写本年度可在税前弥补的以前年度亏损额。

11. 第40行“合伙企业个人合伙人分配比例”：纳税人为合伙企业个人合伙人的，填写本栏；其他则不填。分配比例按照合伙协议约定的比例填写；合伙协议未约定或不明确的，按合伙人协商决定的比例填写；协商不成的，按合伙人实缴出资比例填写；无法确定出资比例的，按合伙人平均分配。

12. 第41行“允许扣除的个人费用及其他扣除”：填写按税法规定可以税前扣除的各项费用、支出，包括：

（1）第42行“投资者减除费用”：填写按税法规定的减除费用金额。

（2）第 43 ~ 47 行“专项扣除”：分别填写本年度按规定允许扣除的基本养老保险费、基本医疗保险费、失业保险费、住房公积金的合计金额。

（3）第 48 ~ 54 行“专项附加扣除”：分别填写本年度纳税人按规定可享受的子女教育、继续教育、大病医疗、住房贷款利息、住房租金、赡养老人等专项附加扣除的合计金额。

（4）第 55 ~ 59 行“依法确定的其他扣除”：分别填写按规定允许扣除的商业健康保险、税延养老保险，以及国务院规定其他可以扣除项目的合计金额。

13. 第 60 行“投资抵扣”：填写按照税法规定可以税前抵扣的投资金额。

14. 第 61 行“准予扣除的个人捐赠支出”：填写本年度按照税法及相关法规、政策规定，可以在税前扣除的个人捐赠合计额。

15. 第 62 行“应纳税所得额”：根据相关行次计算填报。

（1）纳税人为非合伙企业个人合伙人的：第 62 行 = 第 38 行 - 第 39 行 - 第 41 行 - 第 60 行 - 第 61 行。

（2）纳税人为合伙企业个人合伙人的：第 62 行 = （第 38 行 - 第 39 行） × 第 40 行 - 第 41 行 - 第 60 行 - 第 61 行。

16. 第 63 ~ 64 行“税率”“速算扣除数”：填写按规定适用的税率和速算扣除数。

17. 第 65 行“应纳税额”：根据相关行次计算填报。第 65 行 = 第 62 行 × 第 63 行 - 第 64 行。

18. 第 66 行“减免税额”：填写符合税法规定可以减免的税额，并附报《个人所得税减免税事项报告表》。

19. 第 67 行“已缴税额”：填写本年度累计已预缴的经营所得个人所得税金额。

20. 第 68 行“应补/退税额”：根据相关行次计算填报。第 68 行 = 第 65 行 - 第 66 行 - 第 67 行。

四、其他事项说明

以纸质方式报送本表的，应当一式两份，纳税人、税务机关各留存一份。

第七单元

7 资源税核算

学习目标

- □ 了解资源税的相关知识，能正确进行资源税的计算
- □ 熟悉资源税纳税单位的涉税事项及会计处理
- □ 会填制资源税的纳税申报表

知识准备

一、资源税的概念

资源税是对在中华人民共和国领域及管辖海域开采资源税条例规定的矿产品或者生产盐（以下称“开采或者生产应税产品”）的单位和个人所征收的一种税，是以各种自然资源为纳税对象的一种流转税。

知识链接

我国的资源税是在1984年第二步“利改税”时开征的一个税种。1994年税制改革扩大了资源税的征收范围，将盐税纳入其中，但尚未将所有自然资源列入纳税对象。

2016年7月1日实施的新《中华人民共和国资源税暂行条例》是根据2011年9月30日《国务院关于修改〈中华人民共和国资源税暂行条例〉的决定》修订的。

2016年7月1日起在河北省实施水资源税改革试点工作。不久将地表水和地下水纳入征税范围，实行从量定额计征。

资源税逐步将其他自然资源纳入征收范围。鉴于森林、草场、滩涂等资源在各地区的市场开发利用情况不尽相同，对其全面开征资源税条件尚不成熟，此次改革不在全国范围统一规定对森林、草场、滩涂等资源征税。

2018年3月发布了《资源税征收管理规程》，于2018年7月1日起执行。

在我国开征资源税具有以下意义：

1. 可以促进国有资源合理开采，节约使用，合理有效地配置，提高资源的开发利用率。

2. 可以调节因资源条件差异而形成的资源级差收入，促进企业平等竞争。

3. 可以为国家增加一定的财政收入，补充增值税调节作用的不足，并使所得税的征收基础更为合理。

二、资源税的纳税人与扣缴义务人

在我国境内及管辖海域开采或生产应税矿产品的单位和个人，为资源税的纳税人。这里所说的“单位”是指国有企业、集体企业、私营企业、股份制企业、其他企业和行政单位、事业单位、军事单位、社会团体及其他单位；“个人”是指个体经营者及其他个人；其他单位和其他个人包括外商投资企业、外国企业及外籍人员。

选一选

下列各项中，属于资源税纳税义务的人有（　　）。

A. 进口盐的外贸企业　　B. 开采原煤的私营企业

C. 生产盐的外商投资企业　　D. 中外合作开采石油的企业

【答案】B C

【分析】本题考核资源税的纳税义务人。资源税进口不征，出口不退；中外合作开采石油企业暂不征收资源税，因此，正确选项为BC。

收购未税矿产品的单位为资源税的扣缴义务人，具体包括独立矿山、联合企业及其他收购未税矿产品的单位。其中，独立矿山指只有采矿或只有采矿和选矿，独立核算，自负盈亏的单位，其生产的原矿和精矿主要用于对外销售。联合企业是指采矿、选矿、冶炼（或加工）连续生产的企业或采矿、冶炼（或加工）连续生产的企业，其采矿单位一般是该企业的二级或二级以下核算单位。其他单位也包括收购未税矿产品的个体户在内。这些收购未税矿产品的单位作为扣缴义务人，应按照本单位应税资源税额标准，依据收购的数量代扣代缴资源税。

知识链接

“未税矿产品”是指资源税纳税人在销售其矿产品时不能向扣缴义务人提供“资源税管理证明”的矿产品。“资源税管理证明”是证明销售的矿产品已缴纳资源税或已向当地税务机关办理纳税申报的有效凭证，可以跨省（区、市）使用。它分甲、乙两种，由当地主管税务机关开具。乙种证明适用于个体户、小型采矿销售企业等零散资源税的纳税人，一次一开。

扣缴义务人应当主动向主管税务机关申请办理代扣代缴义务人的有关手续。主管税务机关经审核批准后，发给扣缴义务人代扣代缴税款凭证及报告表。

扣缴义务人必须依法履行代扣代缴资源税义务。扣缴义务人履行代扣税款时，纳税人不得拒绝。纳税人拒绝的，扣缴义务人应当及时报告主管税务机关。否则，纳税人应缴纳的税款由扣缴义务人负担。

说明：

1. 因为针对境内开采，所以进口不征，相应的，出口的是境内开采的，本应缴纳，所以出口不退。

2. 中外合作开采的仅限于石油、天然气才不缴纳资源税。中外合作以外的外商投资企业是要缴纳的。

3. 在出厂销售或移作自用时一次性征收，对已税产品批发、零售的单位和个人不再征收。

选一选

下列属于资源税扣缴义务人的是（　　）。

A. 收购未税矿产品的单位　　B. 收购未税矿产品的单位和个人

C. 收购已税矿产品的单位　　D. 收购已税矿产品的单位和个人

【答案】A

三、资源税的纳税范围

我国资源税的纳税范围包括：原油、天然气、煤炭、金属矿、非金属矿、海盐等产品以及地表及地下水资源。

（一）原油

原油是指开采的天然原油。它包括企业生产的稠油、高凝油、凝析油，不包括以油母等炼制的原油、人造石油等。

（二）天然气

天然气是指专门开采或与原油同时开采的天然气。暂不包括煤矿生产的天然气。

（三）煤炭

煤炭是指原煤和以未税原煤加工的洗煤、选煤以及其他煤炭制品。

（四）金属矿

金属矿产品包括铁矿、金矿、铜矿、铝土矿、铅锌矿、镍矿、锡矿其他金属矿产品的原矿、精矿或金锭等。

（五）非金属矿

其他非金属原矿是指上列产品和海盐以外的其他非金属原矿、精矿或氯化钠初级产品。包括石墨、硅藻土、高岭土、萤石、石灰石、硫铁矿、磷矿、氯化钾、硫酸钾、井矿盐、湖盐、提取地下卤水晒制的盐、煤层（成）气等。

说明：

自2009年9月1日起，盐适用增值税税率由17%统一调整为13%。自2018年5月1日起，由13%调整为10%，2019年4月1日起，调整为9%。

（六）海盐

海盐是指海水晒制的盐，不包括提取地下卤水晒制的盐。

选一选

下列各项中，应征资源税的有（　　）。

A. 开采的大理石　　B. 进口的原油

C. 开采的煤矿瓦斯　　D. 生产用于出口的卤水

【答案】AD

【分析】资源税进口不征、出口不退；开采的煤矿瓦斯免征资源税。

四、资源税的税目和税率

根据2016年7月1日实施的《中华人民共和国资源税暂行条例》规定，原油、天然气、矿产品等实行从价计征方式，以销售额为计税依据，粘土、砂石采用从量计征，以销售数量为计税依据，未列举名称的其他非金属矿产品可选择采用从量或从价计征。具体见表7－1所示。

表7－1　　资源税税目、征税对象和税率幅度表①

序号	税目		征税对象	税率幅度
1	原油			6%～10%
2	天然气			6%～10%
3	煤炭			2%～10%
4	金属矿	铁矿	精矿	1%～6%
5		金矿	金锭	1%～4%
6		铜矿	精矿	2%～8%
7		铝土矿	原矿	3%～9%
8		铅锌矿	精矿	2%～6%
9		镍矿	精矿	2%～6%
10		锡矿	精矿	2%～6%
11		未列举名称的其他金属矿产品	原矿或精矿	税率不超过20%
12	非金属矿	石墨	精矿	3%～10%
13		硅藻土	精矿	1%～6%
14		高岭土	原矿	1%～6%
15		萤石	精矿	1%～6%
16		石灰石	原矿	1%～6%

① 该表依据财政部、国家税务总局2016年5月9日公布的《关于全面推进资源税改革的通知》进行了修改。

续表

序号	税目		征税对象	税率幅度
17	非金属矿	硫铁矿	精矿	1% ~6%
18		磷矿	原矿	3% ~8%
19		氯化钾	精矿	3% ~8%
20		硫酸钾	精矿	6% ~12%
21		井矿盐	氯化钠初级产品	1% ~6%
22		湖盐	氯化钠初级产品	1% ~6%
23		提取地下卤水晒制的盐	氯化钠初级产品	3% ~15%
24		煤层（成）气	原矿	1% ~2%
25		黏土、砂石	原矿	每吨或立方米0.1~5元
26		未列举名称的其他非金属矿产品	原矿或精矿	从量税率每吨或立方米不超过30元；从价税率不超过20%
27	海盐		氯化钠初级产品	1% ~5%

说明：

1. 铝土矿包括耐火级矾土、研磨级矾土等高铝黏土。

2. 氯化钠初级产品是指井矿盐、湖盐原盐、提取地下卤水晒制的盐和海盐原盐，包括固体和液体形态的初级产品。

3. 纳税人具体适用的税率，在表7－1中规定的税率幅度内，根据纳税人所开采或者生产应税产品的资源品位、开采条件等情况，由财政部、国务院有关部门确定；财政部未列举名称且未确定具体适用税率的其他非金属矿原矿和有色金属矿原矿，由省、自治区、直辖市人民政府根据实际情况确定，报财政部和国家税务总局备案。

纳税人开采或者生产不同税目应税产品的，应当分别核算不同税目应税产品的销售额或者销售数量；未分别核算或者不能准确提供不同税目应税产品的销售额或者销售数量的，从高适用税率。

纳税人开采或者生产应税产品，自用于连续生产应税产品的，不缴纳资源税；自用于其他方面的，视同销售，依法缴纳资源税。

五、资源税的纳税期限与纳税地点

（一）纳税义务的确认

纳税人销售应税产品，其纳税义务发生时间为收讫销售款或者取得索取销售款凭据的当天；自产自用应税产品，纳税义务发生时间为移送使用的当天。纳税义务发生时间的具体确认，视结算方式的不同而不同：

1. 采取分期收款结算方式的，其纳税义务发生时间为销售合同规定的收款日期的当天。

2. 采取预收货款结算方式的，其纳税义务发生时间为发出应税产品的当天。

3. 采取其他结算方式的，其纳税义务发生时间为收讫销售款或者索取销售款凭据的当天。

4. 扣缴义务人代扣代缴税款的纳税义务发生时间为支付货款的当天。

选一选

下列各项中，符合资源税纳税义务发生时间规定的有（　　）。

A. 采取分期收款结算方式的为实际收到款项的当天

B. 采取预收货款结算方式的为发出应税产品的当天

C. 自产自用应税产品的为移送使用应税产品的当天

D. 采取其他结算方式的为收讫销售款或取得索取销售款凭据的当天

【答案】BCD

（二）纳税期限

资源税的纳税期限为1日、3日、5日、10日、15日或者1个月，由主管税务机关根据实际情况具体核定。不能按固定期限纳税的，可以按次计算纳税。纳税人以1个月为一期纳税的，自期满之日起10日内申报纳税；以1日、3日、5日、10日或者15日为一期纳税的，自期满之日起5日内预缴税款，于次月1日起10日内申报纳税并结清上月税款。扣缴义务人的解缴税款期限，比照上述规定执行。

（三）纳税地点

纳税人应纳的资源税，应当向应税产品的开采或者生产所在地主管税务机关缴纳。纳税人在本省、自治区、直辖市范围内开采或者生产应税产品，其纳税地点需要调整的，由省、自治区、直辖市税务机关决定。跨省开采的矿山或油（气）田（独立矿山或独立油气田、联合企业），其下属生产单位与核算单位不在同一省（区、市）的，对其开采的矿产品，一律在采掘地纳税。

扣缴义务人代扣代缴的资源税，应当向收购地的主管税务机关缴纳。

六、资源税的优惠政策

有下列情形之一的，减征或者免征资源税：

1. 开采原油过程中用于加热、修井的原油，免征资源税。

2. 纳税人开采或者生产应税产品过程中，因意外事故或者自然灾害等原因遭受重大损失的，由省、自治区、直辖市人民政府酌情决定减税或者免税。

3. 国务院规定的其他减税、免税项目。

纳税人的减免税项目应当单独核算销售额或者销售数量；未单独核算或者不能准确提供销售额或者销售数量的，不予减税或者免税。

知识链接

关于原油、天然气资源税优惠政策

对油田范围内运输稠油过程中用于加热的原油、天然气免征资源税；对稠油、高凝油和高含硫天然气资源税减征40%；对三次采油资源税减征30%；对低丰度油气田资源税暂减征20%；对深水油气田资源税减征30%。

符合上述减免税规定的原油、天然气划分不清的，一律不予减免资源税；同时符合上述两项及两项以上减税规定的，只能选择其中一项执行，不能叠加适用。

财政部和国家税务总局根据国家有关规定及实际情况的变化适时对上述政策进行调整。

对独立矿山应纳的铁矿石资源税减征40%，即按规定标准的60%征收；对应纳的有色金属矿资源税减征30%，按规定税额标准的70%征税。

选一选

下列各项关于资源税减免税规定的表述中，正确的有（　　）。

A. 对出口的应税产品免征资源税

B. 对进口的应税产品不征收资源税

C. 开采原油过程中用于修井的原油免征资源税

D. 开采应税产品过程中因自然灾害有重大损失的可由省级政府减征资源税

【答案】BCD

任务一
进行资源税的计算

业务描述

资源税的应纳税额，按照从价定率或者从量定额的办法，分别以应税产品的销售额乘以纳税人具体适用的比例税率或者以应税产品的销售数量乘以纳税人具体适用的定额税率计算。未列举名称的其他非金属矿产品可选择采用从量或从价计征方式。

1. 根据规定，实行从价计征方式的，计税依据为原矿、精矿、氯化钠初级产品或金锭的销售额。应纳税额计算公式为：

应纳税额 = 销售额 × 适用税率

2. 采用从量计征方式的，计税依据为销售数量。其计算公式如下：

应纳税额 = 销售数量 × 单位税额

3. 扣缴义务人代扣代缴资源税的计算公式为：

代扣代缴资源税税额 = 收购未税矿产品销售额 × 适用税率

说明：

(1) 计税销售额是指纳税人销售应税产品应当向购买方收取的全部价款和价外费用，不包括增值税销项税额。

(2) 计税销售数量是指从量计征的应税产品销售数量。

(3) 原矿和精矿的销售额或者销售量应当分别核算，未分别核算的，从高确定计税销售额或者销售数量。

(4) 纳税人开采或者生产不同税目应税产品的，应当分别核算不同税目应税产品的销售额或者销售数量；未分别核算或者不能准确提供不同税目应税产品的销售额或者销售数量的，从高适用税率。

(5) 计税销售额或者销售数量，包括应税产品实际销售和视同销售两部分。视同销售包括以下情形：

①纳税人以自采原矿直接加工为非应税产品的，视同原矿销售；

②纳税人以自采原矿洗选（加工）后的精矿连续生产非应税产品的，视同精矿销售；

③以应税产品投资、分配、抵债、赠与、以物易物等，视同应税产品销售。

(6) 纳税人有视同销售应税产品行为而无销售价格的，或者申报的应税产品销售价格明显偏低且无正当理由的，税务机关应按下列顺序确定其应税产品计税价格：

①按纳税人最近时期同类产品的平均销售价格确定。

②按其他纳税人最近时期同类产品的平均销售价格确定。

③按应税产品组成计税价格确定。

组成计税价格 = 成本 ×(1 + 成本利润率) ÷(1 − 资源税税率)

④按后续加工非应税产品销售价格，减去后续加工环节的成本利润后确定。

⑤按其他合理方法确定。

(7) 纳税人与其关联企业之间的业务往来，应当按照独立企业之间的业务往来收取或者支付价款、费用。不按照独立企业之间的业务往来收取或者支付价款、费用，而减少其计税销售额的，税务机关可以按照《中华人民共和国税收征收管理法》及其实施细则的有关规定进行合理调整。

(8) 对同时符合以下条件的运杂费用，纳税人在计算应税产品计税销售额时，可予以扣减：

①包含在应税产品销售收入中；

②属于纳税人销售应税产品环节发生的运杂费用，具体是指运送应税产品从坑口或者洗选（加工）地到车站、码头或者购买方指定地点的运杂费用；

③取得相关运杂费用发票或者其他合法有效凭据；

④将运杂费用与计税销售额分别进行核算。

纳税人扣减的运杂费用明显偏高导致应税产品价格偏低且无正当理由的，主管税务机关可以合理调整计税价格。

(9) 为公平原矿与精矿之间的税负，对同一种应税产品，征税对象为精矿的，纳税人销售原矿时，应将原矿销售额换算为精矿销售额缴纳资源税；征税对象为原矿的，纳税人销售自采原矿加工的精矿，应将精矿销售额折算为原矿销售额缴纳资源税。

(10) 纳税人以自采未税产品和外购已税产品混合销售或者混合加工为应税产品销售的，在计算应税产品计税销售额时，准予扣减已单独核算的已税产品购进金额；未单独核算的，一并计算缴纳资源税。已税产品购进金额当期不足扣减的可结转下期扣减。

外购原矿或者精矿形态的已税产品与本产品征税对象不同的，在计算应税产品计税销售额时，应对混合销售额或者外购已税产品的购进金额进行换算或者折算。

(11) 纳税人核算并扣减当期外购已税产品购进金额，应依据外购已税产品的增值税发票、海关进口增值税专用缴款书或者其他合法有效凭据。

(12) 纳税人用于扣减运杂费用及外购已税产品购进金额的凭据，应按照规定妥善保存。

(13) 资源税在应税产品销售或者自用环节计算缴纳。纳税人以自采原矿加工精矿产品的，在原矿移送使用时不缴纳资源税，在精矿销售或者自用时缴纳资源税。

(14) 纳税人以自采原矿直接加工为非应税产品或者以自采原矿加工的精矿连续生产非应税产品的，在原矿或者精矿移送环节计算缴纳资源税。

(15) 以应税产品投资、分配、抵债、赠与、以物易物等，在应税产品所有权转移时计算缴纳资源税。

业务举例

1. 中庆油田10月份对外销售原油220万元，企业自用原油销售额10万元，该原油适用税率为8%。计算其应纳资源税税额。

【解】 企业自用原油生产的非资源税应税产品，应缴纳资源税。

应税销售额 = 220 + 10 = 230（万元）

应纳税额 = 230 × 8% = 18.4（万元）

2. 中庆油田在生产原油的同时生产天然气，10月份对外销售天然气20万元，天然气适用税率为6%。计算其应纳税额。

【解】 应纳税额 = 20 × 6% = 1.2（万元）

3. 中煤煤矿某年10月份销售煤炭100万元，适用税率3%。计算该煤矿10月份应纳资源税税额。

【解】 应纳税额 = 100 × 3% = 3（万元）

4. 神州有色金属公司8月份销售自采铜矿精矿石1 500万元，当月又将自采的铜矿石2 600万元移送所属炼铜厂冶炼。适用税率为6%，计算该公司8月份应纳税额。

【解】 应税销售额 = 1 500 + 2 600 = 4 100（万元）

应纳税额 = 4 100 × 6% = 246（万元）

5. 中平独立矿山5月份对外销售铁矿精矿石880万元，已知适用税率为3%。计算该矿10月份应纳税额。

【解】 应纳税额 = 800 × 3% = 24（万元）

任务二
进行资源税的会计核算

业务描述

为反映和监督资源税的计算和缴纳，纳税人应设置“应交税费——应交资源税”账户，贷记本期应缴纳的资源税额，借记企业实际缴纳或抵扣的资源税额，期末余额在贷方，表示企业应缴而未缴的资源税；期末余额在借方，表示企业多缴纳或待抵扣的资源税（见图7－1）。

一、销售应税矿产品的会计处理

纳税人对外销售的应税矿产品，按规定计算出应缴纳的资源税税额，会计处理如下：

借：银行存款

　　贷：主营业务收入

　　　　应交税费——应交增值税（销项税额）

借：税金及附加

　　贷：应交税费——应交资源税

借：主营业务成本

　　贷：库存商品

上缴（或预缴）资源税时：

借：应交税费——应交资源税

　　贷：银行存款

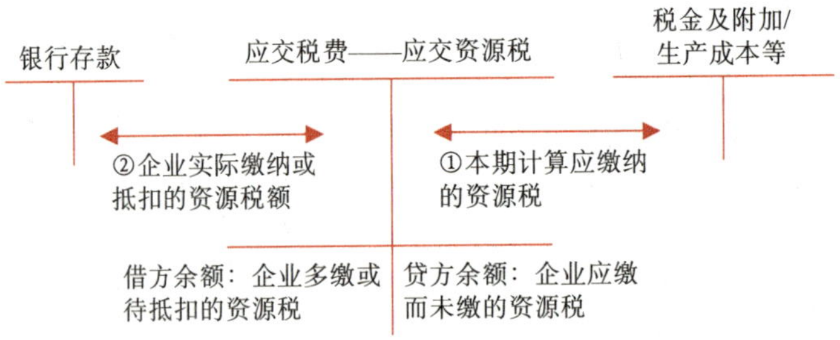

图7－1

二、企业自产自用应税产品的会计处理

对企业自产自用应税产品，其应纳资源税的会计处理与销售应税产品会计处理有所不同，其应缴纳的税金不计入产品销售税金，而是计入产品的生产成本，即：

借：生产成本/制造费用

贷：应交税费——应交资源税

上缴资源税时，同上。

三、收购未税矿产品代扣代缴资源税的会计处理

独立矿山、联合企业在收购未税矿产品时，扣除代扣的税金按实际支付的收购款，会计处理如下：

借：材料采购

贷：应交税费——应交资源税

银行存款

四、外购液体盐加工固体盐的会计处理

按照税法规定，纳税人以外购的液体盐加工固体盐，其加工固体盐所耗用的液体盐的已纳税额准予扣除。企业在购入液体盐时，按所允许抵扣的资源税扣除：

借：应交税费——应交资源税/代扣税金——代扣资源税

材料采购（按外购价款扣除允许抵扣资源税税额后的余额）

贷：银行存款/应付账款等账户（按应付的全部价款）

企业将液体盐加工成固体盐出售时，按计算出固体盐应缴的资源税：

借：税金及附加

贷：应交税费——应交资源税

企业按规定缴纳税金时，应按销售固体盐应纳资源税税额抵扣液体盐已纳资源税税额后的余额，借记“应交税费——应交资源税”账户，贷记“银行存款”账户。

五、纳税人与税务机关结算税款时补缴或退税的会计处理

按照规定，纳税人以1日、3日、5日、10日或者15日为一期纳税的，自期满之日起5日内预缴税款，于次月1～10日内申报纳税并结算上月税款。

纳税人与税务机关结算上月税款时，补缴少缴的税款时：

借：应交税费——应交资源税

贷：银行存款

对于多缴的税款，按规定可退回或者于下月抵缴。实际退回税款时：

借：银行存款

贷：应交税费——应交资源税

业务举例

1. 中煤煤矿10月份，销售煤炭1 500万元，该煤矿适用税率5%，税务机关核定的纳税期限为5天，按上月实际缴纳税款42万元，进行预缴（仅对资源税进行账务处理）。

【解】 企业的资源税按规定每5日分别预缴一次：

每期应预缴税款＝420 000÷6＝70 000（元）

每次预缴时，账务处理如下：

借：应交税费——应交资源税　　70 000
　　贷：银行存款　　70 000

月终结算时，账务处理如下：

对外销售煤炭应纳税额 = 10 000 000 × 5% = 500 000（元）

借：税金及附加　　500 000
　　贷：应交税费——应交资源税　　500 000

月终企业补缴税款时，账务处理如下：

应补缴税额 = 500 000 − 420 000 = 80 000（元）

借：应交税费——应交资源税　　80 000
　　贷：银行存款　　80 000

2. 三川钼业股分有限公司2016年7月份销售钼精矿50 000吨，不含增值税价格990元/吨（规格Mo − 45%），税务机关核定该公司纳税期限为10天，按上月实际缴纳税款210万元预缴，月终进行纳税申报并结清应纳税款。该公司资源税税率为11%，计算该公司本期应缴纳的资源税并进行账务处理。

【解】　公司每旬应预缴资源税税款 = 2 100 000 ÷ 3 = 700 000（元）

每旬预缴时，账务处理如下：

借：应交税费——应交资源税　　700 000
　　贷：银行存款　　700 000

月末账务处理如下：

应纳资源税 = 50 000 × 990 × 11% = 49 500 000 × 11% = 5 445 000（元）

借：税金及附加　　5 445 000
　　贷：应交税费——应交资源税　　5 445 000

月终补税时，账务处理如下：

应补缴税额 = 5 445 000 − 2 100 000 = 3 345 000（元）

借：应交税费——应交资源税　　3 345 000
　　贷：银行存款　　3 345 000

任务三
填制资源税纳税申报表

业务描述

资源税的纳税人不论本期是否发生应税行为，均应按期进行纳税申报，在规定时间内向主管税务机关报送“资源税纳税申报表”一式三份，现举例说明资源税纳税申报表的填制方法。

业务举例

中国石化集团公司中庆油田为一大型国有企业，增值税一般纳税人，法人代表张大海，注册地址为河南省濮阳市中原西路 19 号，纳税人识别号为 450104170031686000000，由会计李伟负责纳税申报。6 月份缴纳原油资源税 210 万元，7 月份对外销售原油 1 230 万元，开具增值税专用发票；企业自办炼油厂耗用原油销售额 2 800 万元。企业同时生产天然气，对外销售 180 万元，取得增值税专用发票；自办炼油厂生产耗用天然气 90 万元，职工取暖使用天然气 20 万元。该油田原油与天然气适用税率均为 6%，税务机关核定该企业纳税期限为 10 天，按上月税款的 1/3 预缴，月终结算。

要求：计算企业应于 7 月 10 日、20 日、31 日分别按规定预缴上、中、下旬资源税额及应补交（退）资源税额；进行增值税、资源税的账务处理；填制资源税纳税申报表。

业务完成

（1）预缴原油资源税时，账务处理如下：

每旬预缴资源税税额 = 2 100 000 ÷ 3 = 700 000（元）

借：应交税费——应交资源税	700 000	
贷：银行存款		700 000

（2）本月对外销售原油的账务处理：

应纳增值税 = 12 300 000 × 13% = 1 599 000（元）

应纳资源税 = 12 300 000 × 6% = 738 000（元）

借：银行存款	13 899 000	
贷：主营业务收入		12 300 000
应交税费——应交增值税（销项税额）		1 599 000
借：税金及附加	738 000	
贷：应交税费——应交资源税		738 000

（3）自办炼油厂耗用原油，不缴纳增值税，资源税以自用原油销售额为计税依据，其应纳税额如下：

应纳资源税 = 28 000 000 × 6% = 1 680 000（元）

借：生产成本	1 680 000	
贷：应交税费——应交资源税		1 680 000

原油资源税合计 = 738 000 + 1 680 000 = 2 418 000（元）

（4）对外销售天然气账务处理如下：

应纳增值税 = 1 800 000 × 13% = 234 000（元）

应纳资源税 = 1 800 000 × 6% = 108 000（元）

借：银行存款	2 034 000	
贷：主营业务收入		1 800 000
应交税费——应交增值税（销项税额）		234 000
借：税金及附加	108 000	
贷：应交税费——应交资源税		108 000

（5）自产用于生产的天然气应纳资源税：

天然气应纳资源税 = 900 000 × 6% = 54 000（元）

借：生产成本　　54 000
　　贷：应交税费——应交资源税　　54 000

（6）天然气用于职工取暖，应视同销售处理：

应纳增值税 =200 000×13% =26 000（元）

应纳资源税 =200 000×6% =12 000（元）

借：应付职工薪酬　　226 000
　　贷：主营业务收入　　200 000
　　　　应交税费——应交增值税（销项税额）　　26 000

借：税金及附加　　12 000
　　贷：应交税费——应交资源税　　12 000

天然气资源税合计 =108 000 +54 000 +12 000 =174 000（元）

（7）本月全部应缴纳的资源税 =2 418 000 +174 000 =2 592 000（元）

应补交资源税 =2 592 000 −2 100 000 =492 000（元）

借：应交税费——应交资源税　　492 000
　　贷：银行存款　　492 000

（8）填制纳税申报表如表 7 −2 所示（附表略）：

表 7 −2　资源税纳税申报表

税款所属时间：自 2019 年 07 月 01 日至 2019 年 07 月 31 日

纳税人识别号（统一社会信用代码）：□□□□□□□□□□□□□□□□□□□□□□

纳税人名称：中庆油田　　金额单位：人民币元（列至角分）

本期是否适用增值税小规模纳税人减征政策（减免性质代码：06049901）						是□　否☑		减征比例（%）			
税目	子目	折算率或换算比	计量单位	计税销售量	计税销售额	适用税率	本期应纳税额	本期减免税额	本期增值税小规模纳税人减征额	本期已缴税额	本期应补（退）税额
1	2	3	4	5	6	7	8① =6×7 8② =5×7	9	10	11	12 =8 −9 −10 −11
原油					40 300 000	6%	2 418 000			2 100 000	318 000
天然气					2 900 000	6%	174 000				174 000
合　计		—	—			—					492 000
谨声明：本纳税申报表是根据国家税收法律法规及相关规定填报的，是真实的、可靠的、完整的。 纳税人（签章）：　　年　月　日											
经办人： 经办人身份证号： 代理机构签章： 代理机构统一社会信用代码：							受理人： 受理税务机关（章）： 受理日期：　年　月　日				

填表说明：

1. 本表为资源税纳税申报表主表，适用于缴纳资源税的纳税人填报（另有规定者除外）。本表包括三个附表，分别为资源税纳税申报表附表（一）、附表（二）、附表（三），由开采或生产原矿类、精矿类税目的纳税人以及发生减免税事项的纳税人填写。除“本期已缴税额”“本期是否适用增值税小规模纳税人减征政策（减免性质代码：06049901）”需要填写外，纳税人提交附表后，本表由系统自动生成，无需纳税人手工填写，仅需签章确认（特殊情况下需要手工先填写附表、再填写主表的例外）。

2. “纳税人识别号（统一社会信用代码）”：填报税务机关核发的纳税人识别号或有关部门核发的统一社会信用代码。“纳税人名称”：填报营业执照、税务登记证等证件载明的纳税人名称。“税款所属时间”是指纳税人申报的资源税应纳税额的所属时间，应填写具体的起止年、月、日。

3. “本期是否适用增值税小规模纳税人减征政策（减免性质代码：06049901）”：纳税人自增值税一般纳税人按规定转登记为小规模纳税人的，自成为小规模纳税人的当月起适用减征优惠。增值税小规模纳税人按规定登记为一般纳税人的，自一般纳税人生效之日起不再适用减征优惠；增值税年应税销售额超过小规模纳税人标准应当登记为一般纳税人而未登记，经税务机关通知，逾期仍不办理登记的，自逾期次月起不再适用减征优惠。纳税人本期适用增值税小规模纳税人减征政策的，勾选“是”；否则，勾选“否”。

4. “减征比例（%）”：填写当地省级政府根据财税〔2019〕13 号文件确定的减征比例，系统自动带出。

5. 第 1 栏“税目”：是指规定的应税产品名称，多个税目的，可增加行次。第 2 栏“子目”：反映同一税目下适用税率、折算率或换算比不同的明细项目。子目名称由各省、自治区、直辖市、计划单列市税务机关根据本地区实际情况确定。

6. 第 3 栏“折算率或换算比”：反映精矿销售额折算为原矿销售额或者原矿销售额换算为精矿销售额的比值。除煤炭折算率由纳税人所在省、自治区、直辖市财税部门或其授权地市级财税部门确定外，其他应税产品的折算率或换算比由当地省级财税部门确定。

7. 第 4 栏“计量单位”：反映计税销售量的计量单位，如吨、立方米、千克等。

8. 第 5 栏“计税销售量”：反映计征资源税的应税产品销售数量，包括应税产品实际销售和视同销售两部分。从价计征税目计税销售额对应的销售数量视为计税销售量自动导入到本栏。计税销售量即课税数量。

9. 第 6 栏“计税销售额”：反映计征资源税的应税产品销售收入，包括应税产品实际销售和视同销售两部分。

10. 第 7 栏“适用税率”：从价计征税目的适用税率为比例税率，如原油资源税率为 6%，即填 6%；从量计征税目的适用税率为定额税率，如某税目每立方米 3 元，即填 3。

第八单元
8 环境保护税核算

学习目标

☐ 了解我国 2018 年 1 月实施的环境保护税的相关知识，熟悉环境保护税纳税单位的涉税事项

☐ 能正确进行环境保护税的应纳税款的计算及会计处理

☐ 会填制环境保护税的相关信息表和纳税申报表

知识准备

一、环境保护税的概念及特点

环境保护税是为了保护和改善环境，减少污染物排放，推进生态文明建设，对在中华人民共和国领域和中华人民共和国管辖的其他海域，直接向环境排放应税污染物的企业、事业单位和其他生产经营者，就其应税污染物，采用从量定额征收的方法征收的一种税。我国现行的环境保护税有以下特点：

1. 合作性。环境保护税的征收与管理是由税务机关和环境保护部门共同完成的。环境保护税由税务机关进行征收管理，环境保护部门负责对污染物的监测管理，税务机关与环境保护部门建立涉税信息共享平台和工作配合机制，共同实现环境保护税的征收管理。

2. 差异性。环境保护税的税率考虑了各地的差异，具体税率标准由省、自治区、直辖市人民政府统筹考虑本地区环境承载能力、污染物排放现状和经济社会生态发展目标要求，在《环境保护税税目税额表》规定的税额幅度内提出，报同级人民代表大会常务委员会决定，并报全国人民代表大会常务委员会和国务院备案。

3. 二氧化碳暂不纳入征税范围。二氧化碳排放量的增加是全球气候变暖的重要原因，在我国由于对二氧化碳征税存在很大争议，所以二氧化碳暂未纳入征收范围。

知识拓展

《中华人民共和国环境保护税法》由中华人民共和国第十二届全国人民代表大会常务委员会第二十五次会议于2016年12月25日通过，自2018年1月1日起施行。

二、环境保护税的主要内容

（一）环境保护税的纳税人

环境保护税的纳税人是指在中华人民共和国领域和中华人民共和国管辖的其他海域，直接向环境排放应税污染物的企业、事业单位和其他生产经营者。

（二）征收对象

环境保护税的征税对象确定为大气污染物、水污染物、固体废物和噪声四大类。具体应税污染物包括：

1. 大气污染物。大气污染物，是指由于人类活动或自然过程排入大气的、并对人和环境产生有害影响的物质。大气污染物可分为颗粒状污染物和气态污染物两大类。

知识拓展

在一定范围的大气中，出现了原来没有的微量物质，其数量和持续时间，都有可能对人、动物、植物及物品、材料产生不利影响和危害。当大气中污染物质的浓度达到有害程度，以至破坏生态系统和人类正常生存和发展的条件，对人或物造成危害的现象叫做大气污染。

2. 水污染物。水体污染物是指进入水体后使水体的正常组成和性质发生直接或间接有危害人类的变化的物质。

知识拓展

水污染物质有的是人类活动产生的，也有天然的。是否成为水体污染物，主要是其进入后是否对人类产生危害。有的物质进入水体后通过化学反应、物理和生物作用会转变成新的危害更大的污染物质，也可能降解成无害的物质。常见的水体污染物的种类有酸、碱、盐等无机物污染、重金属污染、耗氧物质污染和植物营养物质污染等。

3. 固体废物。固体废物是指在生产、生活和其他活动过程中产生的丧失原有的利用价值或者虽未丧失利用价值但被抛弃或者放弃的固体、半固体，和置于容器中的气态物品、物质以及法律、行政法规规定纳入废物管理的物品、物质。不能排入水体的液态废物和不能排入大气的置于容器中的气态物质。

4. 噪声。噪声是指发声体做无规则振动时发出的声音。声音由物体的振动产生，以波的形式在一定的介质（如固体、液体、气体）中进行传播。通常所说的噪声污染是指人为造成的。当噪声对人及周围环境造成不良影响时，就形成噪声污染。由于检测条件等影响，目前环境保护税应税的污染噪声主要是指工业噪声。

（三）税目税额

依照《环境保护税目税额表》，应税大气污染物和水污染物的具体适用税额的确定和调整，由省、自治区、直辖市人民政府提出（见表 8 - 1）。

表 8 - 1　环境保护税税目税额表

税目		计税单位	税额	备注
大气污染物		每污染当量	1.2 ~ 12 元	
水污染物		每污染当量	1.4 ~ 14 元	
固体废物	煤矸石	每吨	5 元	
	尾矿	每吨	15 元	
	危险废物	每吨	1 000 元	
	冶炼渣、粉煤灰、炉渣、其他固体废物	每吨	25 元	
噪声	工业噪声	超标 1 ~ 3 分贝	每月 350 元	（1）一个单位边界上有多处噪声超标，根据最高一处超标声级计算应纳税额；当沿边界长度超过 100 米有两处以上噪声超标，按照两个单位计算应纳税额 （2）一个单位有不同地点作业场所的，应当分别计算应纳税额，合并计征 （3）昼、夜均超标的环境噪声，昼、夜分别计算应纳税额，累计计征 （4）声源一个月内超标不足 15 天的，减半计算应纳税额 （5）夜间频繁突发和夜间偶然突发厂界超标噪声，按等效声级和峰值噪声两种指标中超标分贝值高的一项计算应纳税额
		超标 4 ~ 6 分贝	每月 700 元	
		超标 7 ~ 9 分贝	每月 1 400 元	
		超标 10 ~ 12 分贝	每月 2 800 元	
		超标 13 ~ 15 分贝	每月 5 600 元	
		超标 16 分贝以上	每月 11 200 元	

（四）计税依据

环境保护税以污染排放量为计税依据，按照下列方法确定：

1. 应税大气污染物按照污染物排放量折合的污染当量数确定；
2. 应税水污染物按照污染物排放量折合的污染当量数确定；
3. 应税固体废物按照固体废物的排放量确定；
4. 应税噪声按照超过国家规定标准的分贝数确定。

知识拓展

应税大气污染物、水污染物的污染当量数，以该污染物的排放量除以该污染物的污染当量值计算。每种应税大气污染物、水污染物的具体污染当量值，依照税法所附《应税污染物和当量值表》执行。每一排放口的应税水污染物，按照本法所附《应税污染物和当量值表》，区分第一类水污染物和其他类水污染物，按照污染当量数从大到小排序，对第一类水污染物按照前五项征收环境保护税，对其他类水污染物按照前三项征收环境保护税。省、自治区、直辖市人民政府根据本地区污染物减排的特殊需要，可以增加同一排放口征收环境保护税的应税污染物项目数，报同级人民代表大会常务委员会决定，并报全国人民代表大会常务委员会和国务院备案。

应税大气污染物、水污染物、固体废物的排放量和噪声的分贝数，按照下列方法和顺序计算：

1. 纳税人安装使用符合国家规定和监测规范的污染物自动监测设备的，按照污染物自动监测数据计算；

2. 纳税人未安装使用污染物自动监测设备的，按照监测机构出具的符合国家有关规定和监测规范的监测数据计算；

3. 因排放污染物种类多等原因不具备监测条件的，按照国务院环境保护主管部门规定的排污系数、物料计算方法计算；

4. 不能按照规定的方法计算的，按照省、自治区、直辖市人民政府环境保护主管部门规定的抽样测算的方法核定计算。

（五）申报缴纳

纳税义务发生时间为纳税人排放应税污染物的当日。纳税人应当向应税污染物排放地的税务机关申报缴纳环境保护税。环境保护税按月计算，按季申报缴纳。不能按固定期限计算缴纳的，可以按次申报缴纳。

（六）征收管理

环境保护税的征管模式为“企业申报、税务征收、环保协同、信息共享”，即环境保护税由地方税务机关负责征收管理；环境保护主管部门依照本法和有关环境保护法律法规的规定负责对污染物的监测管理；县级以上地方人民政府应当建立税务机关、环境保护主管部门和其他相关单位分工协作工作机制，加强环境保护税征收管理，保障税款及时足额入库。

（七）税收减免

税法规定下列情形，暂予免征环境保护税：

1. 农业生产（不包括规模化养殖）排放应税污染物的；

2. 机动车、铁路机车、非道路移动机械、船舶和航空器等流动污染源排放应税污染物的；

3. 依法设立的城乡污水集中处理、生活垃圾集中处理场所排放相应应税污染物，不超过国家和地方规定的排放标准的；

4. 纳税人综合利用的固体废物，符合国家和地方环境保护标准的；

5. 国务院批准免税的其他情形。该项免税规定，由国务院报全国人民代表大会常务委员会备案。

纳税人排放应税大气污染物或者水污染物的浓度值低于国家和地方规定的污染物排放标准30%的，减按75%征收环境保护税。纳税人排放应税大气污染物或者水污染物的浓度值低于国家和地方规定的污染物排放标准50%的，减按50%征收环境保护税。

知识链接

环境保护税法规定的应税大气污染物或者水污染物的浓度值，是指纳税人安装使用的污染物自动监测设备当月自动监测的应税大气污染物浓度值的小时平均值再平均所得数值或者应税水污染物浓度值的日平均值再平均所得数值，或者监测机构当月监测的应税大气污染物、水污染物浓度值的平均值。若应税大气污染物浓度值的小时平均值或者应税水污染物浓度值的日平均值，以及监测机构当月每次监测的应税大气污染物、水污染物的浓度值不超过国家和地方规定的污染物排放标准。可按规定减征环境保护税。按规定减征环境保护税的，应当对每一排放口排放的不同应税污染物分别计算。

知识拓展

有下列情形之一的，不属于直接向环境排放污染物，不缴纳相应污染物的环境保护税：企业事业单位和其他生产经营者向依法设立的污水集中处理、生活垃圾集中处理场所排放应税污染物的；企业事业单位和其他生产经营者在符合国家和地方环境保护标准的设施、场所贮存或者处置固体废物的。

任务一
进行环境保护税的计算

业务描述

《环境保护税法》附件2《应税污染物和当量值表》明确了应税大气污染物、应税水污染物、应税固体废物和噪声的种类。应当注意的是，并不是所有污染物都是需要缴税的应税污染物。纳税人应首先确定自己应纳税的污染物种类。

一、确定应税污染物的种类

根据税法规定，应税水污染物和有组织排放的应税大气污染物及噪声可以通过监测的方法确定。无组织排放的应税大气污染物的种类，则要通过分析物料的种类、生产工艺的反应原理等方式确定。采用监测的方法确定水污染物种类，将应税水污染物按污染当量数从大到小排序，对一类水污染物按前五项征收，对其他类按前三项征收；对没有排放口进行无组织排放的应税大气污染物，可以按某车间的生产工艺流程涉及的物料种类及反应过程，判断应税污染物的种类。无论采取何种手段，应税污染物的种类确定方式必须是有据可查、有法可依的。

二、计算应税污染物的数量

1. 应税固体废物的计税依据，按照固体废物的排放量确定。计算公式为：

固体废物的排放量 = 当期应税固体废物的产生量 - 当期应税固体废物的贮存量、处置量、综合利用量

其中，固体废物的贮存量、处置量，是指在符合国家和地方环境保护标准的设施、场所贮存或者处置的固体废物数量。

固体废物的综合利用量，是指按照国务院发展与改革、工业和信息化主管部门关于资源综合利用要求以及国家和地方环境保护标准进行综合利用的固体废物数量。

纳税人如有非法倾倒应税固体废物或进行虚假纳税申报的情形的，以其当期应税固体废物的产生量作为固体废物的排放量。

2. 应税大气污染物、水污染物的计税依据，按照污染物排放量折合的污染当量数确定。纳税人有下列情形之一的，以其当期应税大气污染物、水污染物的产生量作为污染物的排放量：

（1）未依法安装使用污染物自动监测设备或者未将污染物自动监测设备与环境保护主管部门的监控设备联网；

（2）损毁或者擅自移动、改变污染物自动监测设备；

（3）篡改、伪造污染物监测数据；

（4）通过暗管、渗井、渗坑、灌注或者稀释排放以及不正常运行防治污染设施等方式违法排放应税污染物；

（5）进行虚假纳税申报。

另外，从两个以上排放口排放应税污染物的，对每一排放口排放的应税污染物分别计算征收环境保护税；纳税人持有排污许可证的，其污染物排放口按照排污许可证载明的污染物排放口确定。纳税人未安装使用污染物自动监测设备的，按照监测机构出具的符合国家有关规定和监测规范的监测数据计算。

环保税应缴税额 = 污染当量数 × 税额

污染当量数 = 污染当量/污染当量值

说明：公式中的水或气，污染当量一定要换算成千克，污染当量值直接取之环保税法税目表。

污染当量 = 每个排放口的水或气排放总量 × 污染物浓度

业务举例

1. 甲化工厂是环境保护税纳税人，该厂仅有 1 个污水排放口且直接向黄河排放污水，已安装使用符合国家规定和监测规范的污染物自动监测设备。检测数据显示，2018 年 1 月份，该排放口共排放污水 5 万吨（折合 5 万立方米），应税污染物为六价铬，浓度为：六价铬 0.5mg/L。请计算该化工厂 1 月份应当缴纳的环境保护税（该厂所在省的水污染物税率为 3 元/污染当量，六价铬的污染当量值为 0.02）。

【解】

（1）计算污染当量数。

六价铬污染当量数 = 1 月份排放总量 × 浓度值 ÷ 当量值

= 50 000 000 × 0.5 ÷ 1 000 000 ÷ 0.02 = 1 250

（2）应纳环境保护税 = 1 250 × 3 = 3 750（元）

2. 某企业 2018 年 1 月产生煤矸石 800 吨，其中符合国家、地方环境保护标准和资源综合利用标准综合利用的煤矸石 200 吨，在符合国家和地方环境保护标准的设施贮存 300 吨，计算该企业 2018 年 1 月煤矸石应缴纳的环境保护税并进行账务处理。

【解】应纳税额 = （800 - 200 - 300） × 5 = 1 500（元）

任务二 进行环境保护税的会计处理

业务描述

为核算环境保护税，设置“应交税费——应交环境保护税”账户。计算出应缴纳的环境保护税时，借记“税金及附加”，贷记“应交税费——应交环境保护税”，实际申报缴纳税款时，借记“应交税费——应交环境保护税”，贷记“银行存款”。

业务举例

1. 某砖厂设计年产量为 3 000 万块/年，2018 年 1 月份产量为 200 万块，1 月份共生产 25 天。1 月份监测报告显示如表 8 - 2 和表 8 - 3 所示。

表 8 - 2　窑炉废气监测结果

采样时间	采样点	标干流量 m^3/h	监测项目	二氧化硫 mg/m^3	氮氧化物 mg/m^3	烟尘 mg/m^3
1 月 8 日	窑炉烟囱监测孔	32 484	实测	20	17	5
			折算	112	95	28

注：1 千克（kg） = 1 000 克（g），1 克（g） = 1 000 毫克（mg）。

表 8 - 3　砖厂厂界噪声监测结果

监测地点	监测时间	监测结果 dB（A）	标准 dB（A）	监测时间	监测结果 dB（A）	标准 dB（A）
厂界东外 1m 处	1 月 8 日 昼间	65	60	1 月 8 日 夜间	43.3	50
厂界南外 1m 处		63	60		40.5	50
厂界西外 1m 处		56.4	60		41.2	50
厂界北外 1m 处		57.6	60		40.6	50
备注：夜间监测时，制坯工序未生产，实际测量，厂界东、南测点距离超过 100m。						

注：db 分贝。

查《大气污染物污染当量值》表，二氧化硫污染当量值为0.95kg，氮氧化物污染当量值为0.95kg，烟尘污染当量值为2.18kg。

【解】

该砖厂1月份烟气总排放量 = 32 484m^3/h × 24h/d × 25天 = 19 490 400（m^3）

二氧化硫排放量 = 19 490 400 × 20 = 389 808 000mg = 389.8（kg）

氮氧化物排放量 = 19 490 400 × 17 = 331 336 800mg = 331.3（kg）

烟尘排放量 = 19 490 400 × 5 = 97 452 000mg = 97.5（kg）

1月份废气污染当量 = 389.8 ÷ 0.95 + 331.3 ÷ 0.95 + 97.5 ÷ 2.18 = 803.8

则该砖厂1月份废气应纳税额 = 803.8 × 2.4 = 1 929.12（元）

因该砖厂厂界东噪声超标5dB，厂界南噪声超标3dB，根据《环境保护税法》附表1，超标1～3分贝为每月350元，超标4～6分贝为每月700元，一个单位边界上有多处噪声超标，根据最高一处超标声级计算应纳税额；当沿边界长度超过100米有两处以上噪声超标，按照两个单位计算应纳税额。

该砖厂1月份应纳噪声超标税额 = 700 × 2 = 1 400（元）

该砖厂1月份应纳环境保护税额 = 1 929.12 + 1 400 = 3 329.12（元）

会计分录如下：

借：税金及附加　　3 329.12

　　贷：应交税费——应交环境保护税　　3 329.12

2. 承上例，甲化工厂1月计算出应纳的环境保护税时：

借：税金及附加　　3 750

　　贷：应交税费——应交环境保护税　　3 750

任务三
填制环境保护税纳税申报表

环境保护税的纳税申报有两种方式，一是网上申报；二是现场申报，即填制纸质申报表并加盖公章后到当地办税服务厅办理纳税申报。

环境保护税报表由两部分构成，分别是《环境保护税基础信息采集表》和《环境保护税纳税申报表》。《环境保护税基础信息采集表》用于一次性采集纳税人基础税源信息，《环境保护税纳税申报表》适用于纳税人按期申报及按次申报。

一、环境保护税基础信息采集表①

环境保护税基础信息采集表用于一次性采集纳税人环境保护税基础信息，包括1张主表

① 基础信息采集表的填制视频网址：http：//pt.f.jsen.com/xw/2018－03/27/content_ 20870155.htm。

（见表 8－4）和 4 张附表（略）。

知识拓展

主表是《环境保护税基础信息采集表》，用于采集纳税人基本信息、主要污染物类别以及应税污染物排放口等相关信息项。附表用于采集纳税人各类应税污染物的相关信息以及污染物排放量计算方法。纳税人应根据实际排放污染物类别，向主管税务机关一次性报送应税污染物的基础信息采集表和相应附表。纳税人基础信息发生变化的，应在基础信息发生变化当季的纳税申报期结束前，向主管税务机关申报办理变更手续。

附表 3.1 用于采集应税大气、水污染物相关基础信息；附表 3.2 用于采集应税固体废物相关基础信息；附表 3.3 用于采集应税噪声相关基础信息；附表 3.4 用于采集纳税人产排污系数等相关基础信息。

二、环境保护税纳税申报表

《环境保护税纳税申报表》分为 A 类申报表与 B 类申报表。

（一）A 类申报表

A 类申报表适用于通过自动监测、监测机构监测、排污系数和物料衡算法计算污染物排放量的纳税人，见表 8－5（其他附表略）。

知识拓展

A 类申报表采用主表加附表的结构，包括 1 张主表和 5 张附表，主表是《环境保护税纳税申报表（A 类）》，用于纳税人对按月计算的明细数据进行季度汇总申报。附表用于纳税人分类按月计算应税污染物排放量。纳税人享受减免税优惠的需填报减免税明细计算报表。

附表 1.1 适用于对大气污染物按月明细计算排放量；

附表 1.2 适用于对水污染物按月明细计算排放量；

附表 1.3 适用于对固体废物按月明细计算排放量；

附表 1.4 适用于对工业噪声按月明细计算排放量；

附表 1.5 适用于享受减免税优惠纳税人的减免税明细计算申报。

（二）B 类申报表见表

B 类申报表即《环境保护税纳税申报表（B 类）》适用于除 A 类申报之外的其他纳税人，包括按次申报纳税人、适用环境保护税法所附《禽畜养殖业、小型企业和第三产业水污染物当量值》表的纳税人和采用抽样测算方法计算污染物排放量的纳税人。除按次申报外，纳税人应按月填写 B 类表，按季申报，见表 8－6。

表 8-4

环境保护税基础信息采集表

新增 □　　变更 □

<table>
<tr><td rowspan="2">* 纳税人名称</td><td colspan="2" rowspan="2">（公章）</td><td colspan="2" rowspan="2">* 统一社会信用代码（纳税人识别号）</td><td colspan="2" rowspan="2"></td><td colspan="4">* 是否采用抽样测算法计算</td><td colspan="2">是□ 否□</td><td colspan="4">城乡污水集中处理场所 □</td></tr>
<tr><td colspan="4">* 是否从事海洋工程</td><td colspan="2">是□ 否□</td><td colspan="4">生活垃圾集中处理场所 □</td></tr>
<tr><td>* 是否取得排污许可证</td><td colspan="2">是□ 否□</td><td colspan="2">纳税人环保联系人</td><td colspan="2"></td><td colspan="2">联系电话</td><td colspan="3"></td><td colspan="3">* 污染物类别</td><td colspan="2">大气污染物□ 水污染物□
固体废物□ 噪声□</td></tr>
<tr><td rowspan="2">排污许可证编号</td><td rowspan="2">* 生产经营场所地址</td><td rowspan="2">* 有效期起止</td><td rowspan="2">* 排放口大类</td><td rowspan="2">* 税源编号</td><td rowspan="2">排放口或噪声源编号</td><td rowspan="2">* 排放口名称或噪声源名称</td><td rowspan="2">* 所在区划</td><td rowspan="2">* 所在街乡</td><td rowspan="2">* 排放口位置或噪声源位置</td><td colspan="2">排放口地理坐标</td><td rowspan="2">排放方式</td><td rowspan="2">排放去向</td><td rowspan="2">许可证管控要求</td><td rowspan="2">大气污染物排放口类别</td><td rowspan="2">* 环境保护主管部门</td></tr>
<tr><td>经度</td><td>纬度</td></tr>
<tr><td></td><td></td><td></td><td></td><td></td><td></td><td></td><td></td><td></td><td></td><td></td><td></td><td></td><td></td><td></td><td></td><td></td></tr>
<tr><td></td><td></td><td></td><td></td><td></td><td></td><td></td><td></td><td></td><td></td><td></td><td></td><td></td><td></td><td></td><td></td><td></td></tr>
<tr><td></td><td></td><td></td><td></td><td></td><td></td><td></td><td></td><td></td><td></td><td></td><td></td><td></td><td></td><td></td><td></td><td></td></tr>
<tr><td></td><td></td><td></td><td></td><td></td><td></td><td></td><td></td><td></td><td></td><td></td><td></td><td></td><td></td><td></td><td></td><td></td></tr>
<tr><td></td><td></td><td></td><td></td><td></td><td></td><td></td><td></td><td></td><td></td><td></td><td></td><td></td><td></td><td></td><td></td><td></td></tr>
<tr><td></td><td></td><td></td><td></td><td></td><td></td><td></td><td></td><td></td><td></td><td></td><td></td><td></td><td></td><td></td><td></td><td></td></tr>
<tr><td></td><td></td><td></td><td></td><td></td><td></td><td></td><td></td><td></td><td></td><td></td><td></td><td></td><td></td><td></td><td></td><td></td></tr>
<tr><td></td><td></td><td></td><td></td><td></td><td></td><td></td><td></td><td></td><td></td><td></td><td></td><td></td><td></td><td></td><td></td><td></td></tr>
<tr><td colspan="2">授权声明</td><td colspan="6">如果你已委托代理人申报，请填写下列资料：
为代理一切税务事宜，现授权　　　　　　（地址）　　　　（统一社会信用代码）　　　　为本纳税人的代理申报人，任何与本采集表有关的往来文件，都可寄予此人。
授权人签字：</td><td colspan="2">* 申报人声明</td><td colspan="7">本表是根据国家税收法律法规及相关规定填写的，是真实的、可靠的、完整的。
声明人签字：</td></tr>
</table>

经办人：　　　　填报日期：　　　年　　月　　日　　　　主管税务机关：　　　　　　受理人：　　　　　　受理日期：　　年　　月　　日

本表一式两份，一份纳税人留存，一份税务机关留存。

填表说明：

1. 本表为环境保护税基础信息采集表主表。表内带 * 的为必填项。本表包括四张附表，分别为附表 3.1《大气、水污染物基础信息采集表》、附表 3.2《固体废物基础信息采集表》、附表 3.3《噪声基础信息采集表》、附表 3.4《产排污系数基础信息采集表》。纳税人根据污染物类别分别填写附表 3.1 至附表 3.3，采用排污系数方法计算污染物排放量的，须填报附表3.4。

2. “新增”：首次填报本表或新增排放口（噪声源）的纳税人，须勾选“新增”。新增排放口（噪声源）的，应填写新增排放口（噪声源）及其对应的全部应税污染物主表和附表信息。新增固体废物税源数据项的，须勾选“新增”，并在附表3.2《固体废物基础信息采集表》中同步填写相关新增数据项。

3. “变更”：变更已填报排放口（噪声源）信息的纳税人，须勾选“变更”。变更排放口（噪声源）的，应填写变更排放口（噪声源）及其对应的全部应税污染物主表和附表信息；因排放口拆除或噪声源灭失等情形，导致排放口或噪声源不复存在的，应填写变更排放口（噪声源）相关信息并在“有效期起止”栏填写污染物排放口或噪声源的终止日期并注明“灭失”。变更固体废物税源数据项的，须勾选“变更”，并在附表3.2《固体废物基础信息采集表》中同步变更相关数据项。

4. “是否采用抽样测算法计算”：按照《中华人民共和国环境保护税法》第十条第四项方法或适用税法所附《禽畜养殖业、小型企业和第三产业水污染物当量值》表计算应税污染物排放量的纳税人，勾选“是”，其他勾选“否”。

5. “是否取得排污许可证”：已纳入国务院环境保护主管部门发布的《固定污染源排污许可分类管理名录》且取得排污许可证的，勾选“是”；否则勾选“否”。

6. “污染物类别”：包括大气污染物、水污染物、固体废物、噪声，可多选。

7. “排污许可证编号”：“是否取得排污许可证”栏勾选“是”的纳税人必填。

8. “生产经营场所地址”：是指纳税人实际生产经营所在地址，应具体到县（旗、区）、乡（镇）、街（村）和门牌号码。

9. “有效期起止”：取得排污许可证的纳税人，填写排污许可证载明的有效期起止日期；未取得排污许可证的纳税人，填写污染物排放口启用时间或噪声源所在厂区的投入生产日期。

10. “排放口大类”：填写“大气污染物排放口”、“水污染物排放口”或“噪声源”三类。

11. “税源编号”：该项由税务机关通过征管系统根据纳税人的排放口信息赋予编号。纳税人首次申报或新增排放口（噪声源）的无须填写。当纳税人发生税源变更情形时须填写该项。

12. “排放口或噪声源编号”：取得排污许可证的须按排污许可证载明的大气、水污染物排放口编号填写。

13. “排放口名称或噪声源名称”：纳税人可自行命名每一个排放口名称或噪声源的名称。

14. “所在区划”：填写“排放口或噪声源”所在的行政区，应具体到县（旗、区）。

15. “所在街乡”：填写“排放口或噪声源”所在街道乡镇。

16. “排放口位置或噪声源位置”：填写“排放口或噪声源”的具体位置。

17. “经度”、“纬度”：取得排污许可证的纳税人，须按照排污许可证载明的经度、纬度填写。例如：120度34分28秒。

18. “排放方式”：取得排污许可证的纳税人，须按照排污许可证载明的排放方式填写。排放口大类为“大气污染物排放口”时，填写“有组织排放”或“无组织排放”；排放口大类为“水污染物排放口”时，填写“不外排”、“直接排放”或“间接排放”。

19. “排放去向”：排放口大类为“水污染物排放口”时必填，填写：“不外排”、“排至厂内综合污水处理站”、“直接进入海域”、“直接进入江河、湖、库等水环境”、“进入城市下水道（再入江河、湖、库）”、“进入城市下水道（再入沿海海域）”、“进入城乡污水处理厂”、“进入其他单位”、“工业废水集中处理厂”、“其他（包括回喷、回填、回灌、回用、回注等）”。

20. “许可证管控要求”：取得排污许可证的纳税人，须按照排污许可证载明的管控要求填写“主要排放口”、“一般排放口”或“设施和车间排放口”。

21. “大气污染物排放口类别”：“排放方式”为“有组织排放”的，须填写“燃烧废气排放口”或“工艺废气排放口”。

表 8－5

环境保护税纳税申报表（A 类）

税款所属期：自　　年　　月　　日至　　年　　月　　日　　填表日期：　　年　　月　　日　　金额单位：元至角分

<table>
<tr><td>＊纳税人名称</td><td colspan="4">（公章）</td><td colspan="2">＊统一社会信用代码
（纳税人识别号）</td><td colspan="3"></td></tr>
<tr><td>税源编号</td><td>＊排放口名称
或噪声源名称</td><td>＊税目</td><td>＊污染物名称</td><td>＊计税依据
或超标噪声
综合系数</td><td>＊单位税额</td><td>＊本期
应纳税额</td><td>本期
减免税额</td><td>＊本期
已缴税额</td><td>＊本期
应补（退）税额</td></tr>
<tr><td>(1)</td><td>(2)</td><td>(3)</td><td>(4)</td><td>(5)</td><td>(6)</td><td>(7) = (5) × (6)</td><td>(8)</td><td>(9)</td><td>(10) = (7) − (8) − (9)</td></tr>
<tr><td></td><td></td><td></td><td></td><td></td><td></td><td></td><td></td><td></td><td></td></tr>
<tr><td></td><td></td><td></td><td></td><td></td><td></td><td></td><td></td><td></td><td></td></tr>
<tr><td>合计</td><td>——</td><td>——</td><td>——</td><td>——</td><td>——</td><td></td><td></td><td></td><td></td></tr>
<tr><td>授权声明</td><td colspan="4">如果你已委托代理人申报，请填写下列资料：
为代理一切税务事宜，现授权　　　　（地址）
　　　　（统一社会信用代码）
为本纳税人的代理申报人，任何与本申报表有关的往来文件，都可寄予此人。
授权人签字：</td><td colspan="2">＊申报人声明</td><td colspan="3">本纳税申报表是根据国家税收法律法规及相关规定填写的，是真实的、可靠的、完整的。
声明人签字：</td></tr>
</table>

经办人：　　　　主管税务机关：　　　　受理人：　　　　受理日期：　　年　　月　　日

本表一式两份，一份纳税人留存，一份税务机关留存。

填表说明：

1. 本表适用于按照《中华人民共和国环境保护税法》第十条前三项方法计算应税污染物排放量的纳税人填报。表内带＊的为必填项。

2. 本表包含五张附表，分别为附表 1.1《环境保护税按月计算报表（大气污染物适用）》、附表 1.2《环境保护税按月计算报表（水污染物适用）》、附表 1.3《环境保护税按月计算报表（固体废物适用）》、附表 1.4《环境保护税按月计算报表（噪声适用）》、附表 1.5《环境保护税减免税明细计算报表》。

3. 第 1 栏“税源编号”：由税务机关通过征管系统根据纳税人的排放口信息赋予编号。

4. 第 2 栏“排放口名称或噪声源名称”：纳税人可自行命名每一个排放口名称或噪声源的具体名称。该项应与《环境保护税基础信息采集表》中填写的名称一致。

5. 第 3 栏“税目”：按照《中华人民共和国环境保护税法》附表一的税目填写，分别为“大气污染物”、“水污染物”、“固体废物（煤矸石）”、“固体废物（尾矿）”、“固体废物（危险废物）”、“固体废物（冶炼渣）”、“固体废物（粉煤灰）”、“固体废物（炉渣）”、“固体废物（其他固体废物）”、“噪声（工业噪声）”。

6. 第 4 栏“污染物名称”：大气污染物和水污染物根据《中华人民共和国环境保护税法》附表二的污染物名称填写。固体废物根据《中华人民共和国环境保护税法》附表一填写。

7. 第 5 栏“计税依据或超标噪声综合系数”：根据附表计算出的应税大气污染物和水污染物的污染当量数、应税固体废物的排放量，分污染物名称合计填写。噪声按照附表 1.4《环境保护税按月计算报表（噪声适用）》中的第 13 栏“超标噪声综合系数”填写。

8. 第 6 栏“单位税额”：按照《中华人民共和国环境保护税法》附表一和各省、自治区、直辖市公布的应税大气污染物、水污染物具体适用税额填写。

9. 第 8 栏“本期减免税额”：按照附表 1.5《环境保护税减免税明细计算报表》第 15 栏“本期减免税额”分污染物名称的合计数填写。

表 8－6

环境保护税纳税申报表（B 类）

税款所属期：自　　年　　月　　日至　　年　月　日　　　填表日期：　　年　　月　　日　　　金额单位：元至角分

纳税人名称：　　　　　　　　　　　　（公章）　　　统一社会信用代码（纳税人识别号）：

*月份	*税目	污染物名称	特征指标	单位	特征指标数量	特征系数	污染当量值（特征值）	计税依据	*单位税额	*本期应纳税额	减免性质代码（减免项目名称）	本期减免税额	本期已缴税额	*本期应补（退）税额
（1）	（2）	（3）	（4）	（5）	（6）	（7）	（8）	（9）	（10）	（11）=（9）×（10）	（12）	（13）	（14）	（15）=（11）－（13）－（14）
合计	—	—	—	—	—	—	—	—			—			

授权声明	如果你已委托代理人申报，请填写下列资料： 为代理一切税务事宜，现授权　　　　　　（地址） 　　　　（统一社会信用代码） 为本纳税人的代理申报人，任何与本申报表有关的往来文件，都可寄予此人。 授权人签字：	*申报人声明	本纳税申报表是根据国家税收法律法规及相关规定填写的，是真实的、可靠的、完整的。 声明人签字：

经办人：　　　　　　　　主管税务机关：　　　　　　　　受理人：　　　　　　　　受理日期：　　年　　月　　日

本表一式两份，一份纳税人留存，一份税务机关留存。

填表说明：

1. 按照《中华人民共和国环境保护税法》第十条第四项方法计算应税污染物排放量或适用税法所附《禽畜养殖业、小型企业和第三产业水污染物当量值》表的纳税人，以及按次申报的纳税人填报本表。表内带＊的为必填项；按次申报的纳税人，无须填写第 1、5、6、7、8 栏。

2. 第1栏“月份”：按税款所属期分月填写，如“1月”、“2月”、“3月”。

3. 第2栏“税目”：按照《中华人民共和国环境保护税法》附表一的税目填写，分别为“大气污染物”、“水污染物”、“固体废物（煤矸石）”、“固体废物（尾矿）”、“固体废物（危险废物）”、“固体废物（冶炼渣）”、“固体废物（粉煤灰）”、“固体废物（炉渣）”、“固体废物（其他固体废物）”、“噪声（工业噪声）”。

4. 第3栏“污染物名称”：大气污染物和水污染物根据《中华人民共和国环境保护税法》附表二的污染物名称填写。水污染物是“pH值”时，根据实测pH值对应填写“pH值（0－1，13－14）”、“pH值（1－2，12－13）”、“pH值（2－3，11－12）”、“pH值（3－4，10－11）”、“pH值（4－5，9－10）”、“pH值（5－6）”；适用《中华人民共和国环境保护税法》所附《禽畜养殖业、小型企业和第三产业水污染物当量值》表的，按照表中“类型”填写，如“禽畜养殖场（牛）”、“禽畜养殖场（猪）”、“小型企业”等。固体废物根据《中华人民共和国环境保护税法》附表一填写，其中：税目为“固体废物（危险废物）”的，按照国务院环境保护主管部门发布的国家危险废物名录中的相应代码填写；税目为“固体废物（其他固体废物）”的，按照其他固体废物的具体名称填写。噪声填写“工业噪声超标1－3分贝”、“工业噪声超标4－6分贝”、“工业噪声超标7－9分贝”、“工业噪声超标10－12分贝”、“工业噪声超标13－15分贝”、“工业噪声超标16分贝以上”。采用《中华人民共和国环境保护税法》第十条第四项方法计算应税污染物排放量的，按照省、自治区、直辖市人民政府环境保护主管部门规定的抽样测算污染物名称填写。

5. 第4栏“特征指标”：按照《中华人民共和国环境保护税法》所附《禽畜养殖业、小型企业和第三产业水污染物当量值》表和省、自治区、直辖市人民政府环境保护主管部门公布的抽样测算方法填写，如“牛”、“猪”、“鸡”、“床”等。

6. 第5栏“单位”：填写“特征指标”的具体单位，如“头”、“羽”、“张”、“吨”等。

7. 第6栏“特征指标数量”：填写“特征指标”的数量，若“特征指标”是“牛”的，填写具体头数，如“500”。

8. 第7栏“特征系数”：填写参与污染当量数计算的系数项。

9. 第8栏“污染当量值（特征值）”：按照《中华人民共和国环境保护税法》所附《禽畜养殖业、小型企业和第三产业水污染物当量值》表中污染当量值和省、自治区、直辖市人民政府环境保护主管部门公布的特征值填写。

10. 第9栏“计税依据”：按照《中华人民共和国环境保护税法》所附《禽畜养殖业、小型企业和第三产业水污染物当量值》表计算的，“计税依据”＝“特征指标数量”÷“污染当量值”。采用特征系数计算的，“计税依据”＝“特征指标数量”×“特征系数”÷“污染当量值”。采用特征值计算的，“计税依据”＝“特征指标数量”×“特征值”。

11. 第10栏“单位税额”：按照《中华人民共和国环境保护税法》附表一和各省、自治区、直辖市公布的应税大气污染物、水污染物具体适用税额填写。

12. 填表举例1：某存栏量500头牛的禽畜养殖业纳税人，采用本表申报时，“税目”栏应填写“水污染物”，“污染物名称”栏应填写“禽畜养殖场（牛）”，“特征指标”栏应填写“牛”，“单位”栏应填写“头”，“特征指标数量栏”应填写“500”，“特征系数”栏不填写，“污染当量值（特征值）”栏应填写牛的污染当量值“0.1”，“计税依据”栏＝“特征指标数量”÷“污染当量值”＝500÷0.1＝5 000。

13. 填表举例2：某省环境保护厅公布的抽样测算方法中规定住宿业纳税人按照3特征值/每床位·每月核定计算“污水”的环境保护税，若某住宿业纳税人有100张床位，采用本表申报时，“税目”栏应填写“水污染物”，“污染物名称”应填写“污水”，“特征指标”栏应填写“床位”，“单位”栏应填写“床”，“特征指标数量栏”应填写“100”，“特征系数”栏不填写，“污染当量值（特征值）”栏应填写特征值“3”，“计税依据”栏＝“特征指标数量”×“特征值”＝100×3＝300。

14. 填表举例3：某省环境保护厅公布的抽样测算方法中规定建筑扬尘（按一般性粉尘计）的特征系数为“1.2千克/（平方米·月）”，若某建筑施工单位某月施工面积为10 000平方米，采用本表申报时，“税目”栏应填写“大气污染物”，“污染物名称”应填写“一般性粉尘”，“特征指标”栏应填写“月施工面积”，“单位”栏应填写“平方米”，“特征指标数量”栏应填写“10 000”，“特征系数”栏应填写“1.2”，“污染当量值（特征值）”栏应填写一般性粉尘的污染当量值“4”，“计税依据”＝“特征指标数量”×“特征系数”÷“污染当量值”＝10 000×1.2÷4＝30

9 第九单元 其他税核算

学习目标

- □ 了解我国现行税法中房产税、车船税、印花税、城市维护建设税、土地增值税等相关税种的知识
- □ 熟悉相应税种的会计处理方法以及纳税申报表的填制

任务一 核算房产税与契税

知识准备

一、房产税的概念

房产税，是以房屋为征税对象，按照房屋的计税余值或房屋租金收入，向房屋产权所有人征收的一种财产税。

二、纳税人、征税范围和税率

（一）房产税的纳税人

房产税的纳税人，是指在我国城市、县城、建制镇和工矿区内拥有房屋产权的单位和个人。具体包括产权所有人、经营管理单位、承典人、房产代管人或者使用人。

1. 产权属于国家所有的，其经营管理的单位为纳税人；产权属于集体和个人的，集体单位和个人为纳税人。

2. 产权出典的，承典人为纳税人。所谓产权出典，是指产权所有人为了某种需要，将

自己的房屋等产权，在一定的期限内典当给他人使用而取得出典价款的一种融资行为。产权所有人称为“房屋出典人”。这种业务一般发生于出典人急需用资金，但又想保留产权回赎权的情况。承典人向出典人交付一定的典价之后，在质典期内获取抵押物品的支配权，并可转典。

3. 产权所有人、承典人均不在房产所在地的，或者产权未确定以及租典纠纷未解决的，房产代管人或者使用人为纳税人。

4. 纳税单位和个人无租使用房产管理部门、免税单位及纳税单位的房产，应由使用人代为缴纳房产税。

（二）房产税的征税范围

《房产税暂行条例》规定，房产税的征税范围为城市、县城、建制镇和工矿区的房屋。

1. 城市是指国务院批准设立的市，其征税范围为市区、郊区和市辖县城。

2. 县城是指未设立建制镇的县人民政府所在地的地区。

3. 建制镇是指经省、自治区、直辖市人民政府批准设立的建制镇。

4. 工矿区是指工商业比较发达，人口比较集中，符合国务院规定的建制镇的标准，但尚未设立建制镇的大中型工矿企业所在地。在工矿区开征房产税必须经省、自治区、直辖市人民政府批准。

房产税的征收范围不包括农村。

（三）房产税的计税依据和税率

1. 房产税的计税依据。房产税以房产的计税价值或房产租金收入为计税依据。按房产计税价值征税的，称为“从价计征”；按房产租金收入征税的，称为“从租计征”。

（1）从价计征。从价计征的房产税，是以房产余值为计税依据。根据《房产税暂行条例》的规定，房产税依照房产原值一次减除10%～30%后的余值计算缴纳。**房产原值**，是指纳税人按照国家统一的会计制度规定，在账簿“固定资产”账户中记载的房屋原值（或原价），包括与房屋不可分割的各种附属设备或一般不单独计算价值的配套设施。**房产余值**，是房产的原值减除规定比例后的剩余价值。具体扣减比例由省、自治区、直辖市人民政府确定。

（2）从租计征。从租计征的房产税，是以房屋出租取得的租金收入为计税依据。

房产的租金收入，是指房屋产权所有人出租房产使用权所取得的报酬，包括货币收入和实物收入。

2. 房产税的税率。我国现行房产税采用比例税率。

（1）按房产余值为计税依据从价计征的，税率为1.2%，即按房产原值一次减除10%～30%后的余值的1.2%计征。

（2）按房产租金收入为计税依据从租计征的，税率为12%，即按房产出租的租金收入的12%计征。从2001年1月1日起，对个人按市场价格出租的居民住房，用于居住的，可暂减按4%的税率征收房产税。

三、税收优惠

《中华人民共和国房产税暂行条例》规定，下列房产免纳房产税：

1. 国家机关、人民团体、军队自用的房产；
2. 由国家财政部门拨付事业经费的单位自用的房产；
3. 宗教寺庙、公园、名胜古迹自用的房产；
4. 个人所有非营业用的房产；
5. 经财政部批准免税的其他房产。
(1) 新建房屋自落成之月份起，免纳3年房产税。
(2) 翻修房屋超过新建费用1/2的，自竣工月份起，免纳2年房产税。

四、征收管理

(一) 纳税义务发生时间

1. 纳税人将原有房产用于生产经营，从生产经营之月起，缴纳房产税。
2. 纳税人自行新建房屋用于生产经营，从建成之次月起，缴纳房产税。
3. 纳税人委托施工企业建设的房屋，从办理验收手续之次月起，缴纳房产税。
4. 纳税人购置新建商品房，自房屋交付使用之次月起，缴纳房产税。
5. 纳税人出租、出借房产，自交付出租、出借房产之次月起，缴纳房产税。

(二) 纳税地点

房产税应向房产所在地税务机关缴纳。房产不在同一地方的纳税人，应按房产的坐落地点分别向房产所在地的税务机关申报纳税。

(三) 纳税期限

房产税实行按年计算、分期缴纳的征收办法，具体纳税期限由省、自治区、直辖市人民政府确定。

思考

企业所有的房产都要纳税吗？房产税纳税人如何确定？判断房产税应纳税额的依据是什么？

业务一 计算房产税应纳税额

房产税有从价计征和从租计征两种方法，其计算公式如表9-1所示。

表9-1 房产税从价计征和从租计征的计算公式

计税方法	计算公式
从价计征	应纳税额=应税房产原值×(1-扣除比例)×适用税率
从租计征	应纳税额=租金收入×适用税率

业务举例

1. 华明公司本年经营用房原始价值为 600 万元，按照当地规定扣除比例为 20%，适用税率为 1.2%。计算该企业本年经营用房应纳房产税税额。

2. 华明公司本年将未用的仓库出租，年租金收入为 10 万元，适用税率为 12%，计算该企业本年出租房产应纳房产税税额。

【解】

1. 经营用房应纳房产税额 = 应税房产原值 ×（1 - 扣除比例）×1.2%

　　　　　　　　　　　= 6 000 000 ×（1 - 20%）×1.2% = 57 600（元）

2. 出租房产应纳房产税额 = 租金收入 × 适用税率 = 100 000 ×12% = 12 000（元）

业务二　进行房产税的会计处理

根据现行会计制度的规定，纳税人核算房产税时，应设置“应交税费——应交房产税”科目，计提时借记“税金及附加——房产税”科目，贷记“应交税费——应交房产税”科目；缴纳时借记“应交税费——应交房产税”科目，贷记“银行存款”科目。

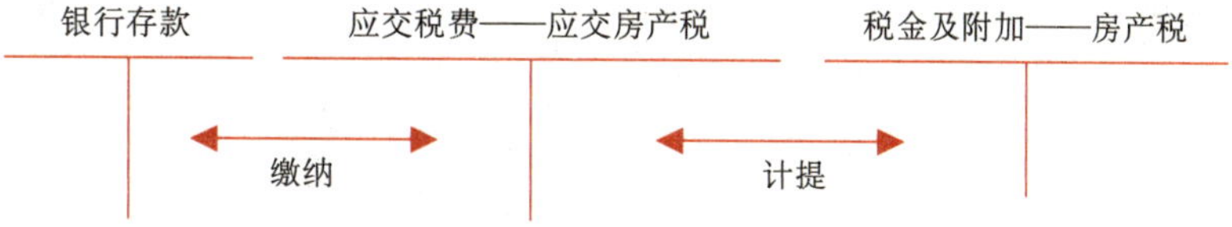

图 9 - 1

业务举例

华明公司2016 年房屋明细表如表9 - 2 所示，当地政府规定的减除率为20%，房产税按年计征分季预缴，2016 年已预缴 114 400 元。计算第四季度应纳房产税并进行相关的会计处理。

表 9 - 2　　2016 年华明公司房屋明细表

房屋名称	建造或出租时间	房屋原值/万元	房屋面积/m^2	房屋用途
办公楼	2015 年 2 月	600	8 000	行政办公
一车间	2015 年 2 月	300	3 000	生产
综合楼	2008 年 5 月	400	5 000	食堂、浴室
1 号仓库	2015 年 2 月	150	2 000	存储材料
2 号仓库	2016 年 1 月	150	2 000	出租，年租金 10 万元
合计		1 600	20 000	

【解】该公司的房产税包括从价计征和从租计征两部分，纳税人出租、出借房产，自交付出租、出借房产次月起，缴纳房产税。根据资料计算第四季度应纳房产税，编制房产税应纳税额计算表（见表9－3）。

表9－3　　房产税应纳税额计算表

2016年12月31日　　金额单位：万元

房屋名称	房产原值	按房产余值计征房产税				按租金收入计征房产税			全年应纳税额	已纳税额	应补（退）税额
		扣除率（%）	房产余值	适用税率（%）	应纳税额	租金收入	适用税率（%）	应纳税额			
办公楼	600	20	480	1.2	5.76				5.76	4.32	1.44
一车间	300	20	240	1.2	2.88				2.88	2.16	0.72
综合楼	400	20	320	1.2	3.84				3.84	2.88	0.96
1号仓库	150	20	120	1.2	1.44				1.44	1.08	0.36
2号仓库	150					10	12	1.2	1.2	1	0.2
合计									15.12	11.44	3.68

财务主管：张晓丽　　制表：王华

根据房产税应纳税额计算表，企业第四季度应纳房产税36 800元（151 200－114 400），进行会计处理：

借：税金及附加——房产税　　36 800

　　贷：应交税费——应交房产税　　36 800

华明公司2016年1月6日缴纳房产税。

根据税收缴款书，进行如下会计处理：

借：应交税费——应交房产税　　36 800

　　贷：银行存款　　36 800

练一练

某企业2016年度自有房屋8栋，其中7栋用于生产经营，房产原值2 100万元；1栋房屋租给某公司作经营用房，年租金收入20万元。试计算该企业当年应纳的房产税（该省规定按房产原值一次扣除20%后的余值计税），并进行相关会计处理。

业务三　房产税纳税申报

房产税的纳税人应按照规定，及时办理纳税申报，并如实填写“房产税纳税申报表”。仍以华明公司为例，填制其房产税的纳税申报表（见表9－4）。

表 9－4

房产税纳税申报表

税款所属期：自　　年　　月　　日至　　年　月　日

纳税人识别号（统一社会信用代码）：□□□□□□□□□□□□□□□□□□

纳税人名称：　　　　　　　　　　　　　　金额单位：人民币元（列至角分）；面积单位：平方米

本期是否适用增值税小规模纳税人减征政策（减免性质代码：08049901）	□是　□否	本期适用增值税小规模纳税人减征政策起始时间	年　月	减征比例（%）	
		本期适用增值税小规模纳税人减征政策终止时间	年　月		

一、从价计征房产税												
	房产编号	房产原值	其中：出租房产原值	计税比例	税率	所属期起	所属期止	本期应纳税额	本期减免税额	本期增值税小规模纳税人减征额	本期已缴税额	本期应补（退）税额
1	*											
2	*											
3	*											
4	*											
5	*											
6	*											
7	*											
8	*											
9	*											
10	*											
合计	*	*	*	*	*	*	*					

续表

二、从租计征房产税							
	本期申报租金收入	税率	本期应纳税额	本期减免税额	本期增值税小规模纳税人减征额	本期已缴税额	本期应补（退）税额
1							
2							
3							
合计							
谨声明：本纳税申报表是根据国家税收法律法规及相关规定填报的，是真实的、可靠的、完整的。 纳税人（签章）：　　年　月　日							
经办人： 经办人身份证号： 代理机构签章： 代理机构统一社会信用代码：			受理人： 受理税务机关（章）： 受理日期：　年　月　日				

填表说明：

1. 本表适用于在中华人民共和国境内申报缴纳房产税的单位和个人。

2. 本表依据《中华人民共和国税收征收管理法》《中华人民共和国房产税暂行条例》制定，为房产税纳税申报表主表。本表包括现行使用的三个附表，附表一为《房产税减免税明细申报表》，附表二为《从价计征房产税税源明细表》、附表三为《从租计征房产税税源明细表》。首次申报或变更申报时纳税人提交《从价计征房产税税源明细表》和《从租计征房产税税源明细表》后，本表除“本期是否适用增值税小规模纳税人减征政策”“本期适用增值税小规模纳税人减征政策起始时间”和“本期适用增值税小规模纳税人减征政策终止时间”外，其他数据项由系统自动生成。

3. 纳税人识别号（统一社会信用代码）：填报税务机关核发的纳税人识别号或有关部门核发的统一社会信用代码。

4. 纳税人名称：填报营业执照、税务登记证等证件载明的纳税人名称。

5. 本期是否适用增值税小规模纳税人减征政策（减免性质代码：08049901）：纳税人在税款所属期内有任意一个月份为增值税小规模纳税人的，勾选“是”；否则，勾选“否”。

6. 本期适用增值税小规模纳税人减征政策起始时间：如果税款所属期内纳税人一直为增值税小规模纳税人，填写税款所属期起始月份；如果税款所属期内纳税人由增值税一般纳税人转登记为增值税小规模纳税人，填写转登记为增值税小规模纳税人的月份。如，税款所属期为 2019 年 1 月至 6 月，某企业在 2019 年 2 月 11 日前为增值税一般纳税人，2 月 11 日转登记为增值税小规模纳税人，该企业本期适用增值税小规模纳税人减征政策起始日期为 2019 年 2 月，应在本栏填写“2019 年 2 月”。系统默认为税款所属期起始月份，纳税人可以修改。

7. 本期适用增值税小规模纳税人减征政策终止时间：如果税款所属期内纳税人一直为增值税小规模纳税人，填写税款所属期终止月份；如果税款所属期内纳税人由增值税小规模纳税人转登记为增值税一般纳税人，填写增值税一般纳税人生效之日所在的月份；经税务机关通知，逾期仍不办理增值税一般纳税人登记的，自逾期次月起不再适用减征优惠，填写逾期次月所在的月份。如，税款所属期为 2019 年 1 月至 6 月，某企业在 2019 年 5 月 1 日前为增值税小规模纳税人，5 月 1 日为一般纳税人的生效之日，该企业适用增值税小规模纳税人减征优惠终止日期为 2019 年 5 月，应在本栏填写“2019 年 5 月”。如果小规模纳税人状态没有发生变化，系统自动带出终止时间为税款所属期终止月，纳税人可以修改。

8. 减征比例（%）：当地省级政府根据财税〔2019〕13 号文件确定的减征比例，系统自动带出。

9. 房产编号 *：纳税人不必填写。由税务机关的管理系统赋予编号。

10. 房产原值：本项为《从价计征房产税税源明细表》相应数据项的汇总值。

11. 出租房产原值：本项为《从价计征房产税税源明细表》相应数据项的汇总值。

12. 计税比例：系统应当允许各地自行配置。配置好后，系统预设在表单中。

13. 税率：系统预设，无需纳税人填写，并允许各地自行配置。从价配置默认 1.2%，从租配置默认 12%。

14. 所属期起：税款所属期内税款所属的起始月份。起始月份不同的房产应当分行填写。默认为税款所属期的起始月份。但是，当《从价计征房产税税源明细表》中取得时间晚于税款所属期起始月份的，所属期起为“取得时间”的次月；《从价计征房产税税源明细表》中经核准的困难减免的起始月份晚于税款所属期起始月份的，所属期起为“经核准的困难减免的起始月份”；《从价计征房产税税源明细表》中变更类型选择信息项变更的，变更时间晚于税款所属期起始月份的，所属期起为“变更时间”。

15. 所属期止：税款所属期内税款所属的终止月份。终止月份不同的房产应当分行填写。默认为税款所属期的终止月份。但是，当《从价计征房产税税源明细表》中变更类型选择“纳税义务终止”的，变更时间早于税款所属期终止月份的，所属期止为“变更时间”；《从价计征房产税税源明细表》中“经核准的困难减免的终止月份”早于税款所属期终止月份的，所属期止为“经核准的困难减免的终止月份”。

16. 本期应纳税额、本期减免税额、本期增值税小规模纳税人减征额、本期应补（退）税额计算公式如下：

（1）本期增值税小规模纳税人减征额

本期增值税小规模纳税人减征额为税款所属期内适用增值税小规模纳税人减征优惠各月减征额的合计，增值税小规模纳税人月减征额 =（当月应纳税额 - 当月减免税额）×减征比例。

系统需逐月判断税款所属期内各个月份是否适用增值税小规模纳税人减征优惠，如果系统判断某月适用减征优惠，则减征比例为各省、自治区、直辖市人民政府确定的减征比例；如果系统判断某月不适用减征优惠，则减征比例为 0。

（2）从价计征房产税的

本期应纳税额 = Σ（房产原值 - 出租房产原值）×计税比例 × 税率 ÷ 12 ×（所属期止月份 - 所属期起月份 + 1）；

本期减免税额 = Σ《从价计征房产税税源明细表》月减免税额 ×（所属期止月份 - 所属期起月份 + 1）；

本期应补（退）税额 = 本期应纳税额 - 本期减免税额 - 本期增值税小规模纳税人减征额 - 本期已缴税额。

（3）从租计征房产税的

本期应纳税额 = Σ本期应税租金收入 × 适用税率；

本期减免税额 = Σ《从租计征房产税税源明细表》月减免税额 ×（所属期止月份 - 所属期起月份 + 1）；

本期应补（退）税额 = 本期应纳税额 - 本期减免税额 - 本期增值税小规模纳税人减征额 - 本期已缴税额。

17. 本表一式两份，一份纳税人留存，一份税务机关留存。

业务四　核算契税

知识准备

一、契税的概念

契税，是指国家在土地、房屋权属转移时，按照当事人双方签订的合同（契约），以及所确定价格的一定比例，向权属承受人征收的一种税。

二、契税的纳税人

契税的纳税人，是指在中华人民共和国境内承受土地、房屋权属转移的单位和个人。

三、契税的征税范围

契税以在我国境内转移土地、房屋权属的行为作为征税对象。土地、房屋权属未发生转移的，不征收契税。

契税的征税范围主要包括：

1. 国有土地使用权出让；
2. 土地使用权转让；
3. 房屋买卖；
4. 房屋赠与；
5. 房屋交换。

四、应纳税额的计算

1. 契税的计税依据：

（1）国有土地使用权出让、土地使用权出售、房屋买卖，以成交价格作为计税依据。

（2）土地使用权赠与、房屋赠与，由征收机关参照土地使用权出售、房屋买卖的市场价格核定。

（3）土地使用权交换、房屋交换，以所交换的土地使用权、房屋的价格差额为计税依据。

（4）以划拨方式取得土地使用权，经批准转让房地产时应补缴的契税，以补缴的土地使用权出让费用或土地收益作为计税依据。

为了防止纳税人隐瞒、虚报成交价格以偷、逃税款，对成交价格明显低于市场价格而无正当理由的，或所交换的土地使用权、房屋价格的差额明显不合理并且无正当理由的，征收机关参照市场价格核定计税依据。

2. 契税的税率。契税采用比例税率，并实行3% ~5%的幅度税率。

3. 契税应纳税额的计算公式：

应纳税额 = 计税依据 × 税率

业务举例

华明公司12月份接受南天公司的房产投资，该房产的市场价值为350万元，同年公司以自用房产与另一企业交换一处房产，并支付差价120万元（该地规定契税税率为3%）。试计算华明公司应缴纳的契税。

【解】

华明公司应缴纳的契税 = (3 500 000 + 1 200 000) × 3% = 141 000（元）

五、契税的会计处理

根据现行的会计制度的规定，纳税人核算契税时，应设置“应交税费——应交契税”科目，反映契税的计提和缴纳情况。计提时借记“固定资产”科目或“无形资产”科目，贷记“应交税费——应交契税”科目；缴纳时借记“应交税费——应交契税”科目，贷记“银行存款”科目。

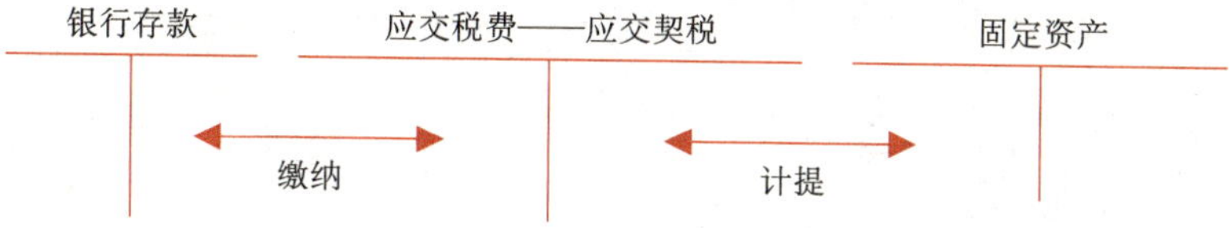

图 9－2

业务举例

承上例，华明公司应缴纳的契税账务处理为：

- 计提时：

借：固定资产　　141 000

　　贷：应交税费——应交契税　　141 000

- 缴纳时：

借：应交税费——应交契税　　141 000

　　贷：银行存款　　141 000

六、契税的纳税申报

1. 契税的纳税义务发生时间。契税纳税义务发生的时间，是纳税人签订土地、房屋权属转移合同的当天，或者纳税人取得其他具有土地、房屋权属转移合同性质凭证的当天。

2. 契税纳税地点。契税实行属地征收管理。纳税人发生契税纳税义务时，应向土地、房屋所在地的税收征收机关申报纳税。

3. 契税纳税期限。纳税人应当自纳税义务发生之日起10日内，向土地、房屋所在地的税收征收机关办理纳税申报，并在税收征收机关核定的期限内缴纳税款。

4. 契税的纳税申报。契税纳税申报表见表9－5。

表9－5 **契税纳税申报表**

填表日期： 年 月 日 单位：元、平方米

承受方	名称		识别号		
	地址		联系电话		
转让方	名称		识别号		
	地址		联系电话		
土地、房屋权属转移	合同签订时间				
	土地、房屋地址				
	权属转移类别				
	权属转移面积	平方米			
	成交价格	元			
适用税率					
计征税额	元				
减免税额	元				
应纳税额	元				
纳税人员签　章			经办人员签　章		
（以下部分由征收机关负责填写）					
征收机关收到日期		接收人		审核日期	
审核记录					
审核人员签　章			征收机关签　章		

（本表A4竖式，一式两份：第一联为纳税人保存；第二联由主管征收机关留存。）

任务二
核算车船税

知识准备

一、车船税的概念

车船税，是指对在中国境内拥有并使用车船的单位及个人征收的一种行为税。

二、纳税人、征税范围和税率

（一）车船税的纳税人

车船税的纳税人，是指在中国境内拥有或者管理的车辆、船舶的单位和个人。车辆所有人或者管理人未缴纳车船税的，使用人应当代为缴纳车船税。

从事机动车交通事故责任强制保险业务的保险机构为机动车车船税的扣缴义务人。

（二）车船税的征税范围

车船税的征税范围，包括依法在公安、交通、农业等车船管理部门登记的车船，具体可分车辆和船舶两大类。

1. 车辆。车辆是指依靠燃油、电力等能源作为动力运行的机动车辆，包括载客汽车（含电车）、载货汽车（含半挂牵引车、挂车）、三轮汽车、低速货车、摩托车、专业作业车和轮式专用机械车等。

2. 船舶。船舶包括机动船舶和非机动驳船。

（三）车船税的计税依据和税率

1. 计税依据。按车船的种类和性能，分别确定为辆、自重吨位和净吨位三种。

（1）载客汽车、电车、摩托车，以每辆为计税依据。

（2）载货汽车、三轮汽车、低速货车，按自重每吨为计税依据。

（3）船舶，按净吨位每吨为计税依据。

2. 税率。车船税采用定额税率，又称“固定税额”。根据《车船税暂行条例》的规定，对应税车船实行有幅度的定额税率，即对各类车船分别规定一个最低到最高限度的年税额，同时授权国务院财政部门、税务主管部门可以根据实际情况在法定的税目范围和税额幅度内，划分子税目，并明确车辆的子税目税额幅度和船舶的具体适用税额；车辆的具体适用税额由省级人民政府在规定的子税目税额幅度内确定。车船税税目、税额见表9－6。

表9－6　车船税税目、税额表

税　目	计税单位	每年税额（元）	备　注
载客汽车	每辆	60～660	包括电车
载货汽车、专项作业车	按自重每吨	16～120	包括半挂牵引车、挂车
三轮汽车、低速货车	按自重每吨	24～120	
摩托车	每辆	36～180	
船舶	按净吨位每吨	3～6	拖船和非机动驳船分别按船舶税额的50%计算

练一练

某交通运输企业拥有5吨载重汽车20辆，4吨挂车10辆，2.5吨客货两用车6辆。该企业所在地载货汽车年税额为40元/吨，乘人小汽车年税额为300元/辆。该企业当年应缴纳车船税是多少？

三、税收优惠

（一）法定减免

1. 非机动车船；
2. 拖拉机；
3. 捕捞、养殖渔船；
4. 军队、武警专用的车船；
5. 警用车船；
6. 按照有关规定已经缴纳船舶吨税的船舶；
7. 依照我国有关法律和我国缔结或者参加的国际条约的规定应当予以免税的外国驻华使馆、领事馆和国际组织驻华机构及其有关人员的车船。

（二）特定减免

1. 对尚未在车辆管理部门办理登记、属于应减免税的新购置车辆。新购置应予减免税的车辆所有人或管理人在购买机动车交通事故责任强制保险时已缴纳车船税的，在办理车辆登记手续后可向税务机关提出减免税申请，经税务机关审验符合车船税减免税条件的，税务机关应退还纳税人多缴的税款。

2. 省、自治区、直辖市人民政府可以根据当地实际情况，对城市、农村公共交通车船给予定期减税、免税。

四、征收管理

（一）纳税义务发生时间

车船税的纳税义务发生时间，为车船管理部门核发的车船登记证书或者行驶证中记载日期的当月。

（二）纳税地点

车船税的纳税地点，由省、自治区、直辖市人民政府根据当地实际情况确定。跨省、自治区、直辖市使用的车船，纳税地点为车船的登记地。

（三）纳税期限

车船税按年申报缴纳。具体纳税期限由省、自治区、直辖市人民政府确定。

业务一　计算车船税的应纳税额

车船税实行从量定额征收方法，根据不同类型的车船及适用的计税标准分别计算应纳税额。计算方法见表 9 -7。

表 9－7　　车船税计算公式表

税目	计算公式
(1) 载客汽车、摩托车	年应纳税额 = 应纳税车辆数 × 单位税额
(2) 载货汽车、专项作业车、三轮汽车、低速货车	年应纳税额 = 应纳税车辆自重吨数 × 单位税额
(3) 船舶	年应纳税额 = 应纳税船舶净吨位数 × 单位税额

注意：

购置的新车船，购置当年的应纳税额自纳税义务发生的当月起按月计算。计算公式为：

应纳税额 =（年应纳税额 ÷12）× 应纳税月份数

业务举例

1. 华明公司本年拥有车辆情况见表 9－8。根据资料，计算该公司当年应纳车船税。

表 9－8　　机动车明细表

车辆类型	自重/座位	数量（辆）	年单位税额	备注
载客汽车		1	1 140 元/辆	大型客车
载客汽车		2	960 元/辆	中型客车
载客汽车		4	450 元/辆	小轿车
载货汽车	5 吨	4	96 元/吨	

业务完成

载客汽车年应纳税额 = 应纳税车辆数 × 单位税额

载货汽车年应纳税额 = 应纳税车辆自重吨数 × 单位税额

华明公司本年应纳车船税计算见表 9－9。

表 9－9　　华明公司车船税应纳税额计算表

× × 年 12 月 31 日　　金额单位：元

车船类别	计税标准	数量	单位税额	全年应纳税额
载客汽车	辆	1	1 140 元/辆	1 140
载客汽车	辆	2	960 元/辆	1 920
载客汽车	辆	4	450 元/辆	1 800
载货汽车	自重吨位	4	96 元/吨	1 920
合计				6 780

2. 张先生2014年3月购入轿车一辆，一直欠缴车船税。当地轿车车船税年税额为300元/辆。2016年补缴时，需缴多少车船税？（不考虑滞纳金）

【解】需补缴车船税 = 300 ×（10 + 12 + 12）÷12 = 850（元）

业务二　进行车船税的会计处理

根据现行会计制度的规定，车船税的会计核算，应设置“应交税费——应交车船税”科目，反映车船税的计提和缴纳情况。计提时借记“税金及附加”科目，贷记“应交税费——应交车船税”科目；缴纳时借记“应交税费——应交车船税”科目，贷记“银行存款”科目（见图9－3）。

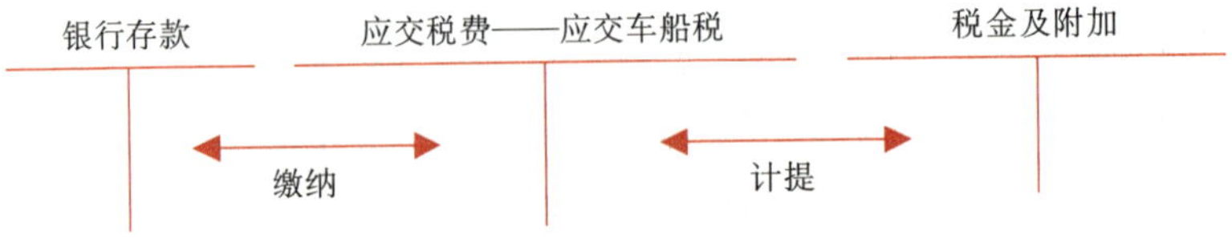

图9－3

业务举例

承业务一中华明公司的资料，计提和缴纳车船税时，进行相应的会计处理：

借：税金及附加——车船税　　6 780

　　贷：应交税费——应交车船税　　6 780

上缴时：

借：应交税费——应交车船税　　6 780

　　贷：银行存款　　6 780

练一练

某汽车运输公司共有卡车15辆，每辆自重5吨，当地核定的载货汽车年税额为90元/吨；另有本单位职工接送大巴车一辆，当地核定的年单位税额为550元/辆，试计算该公司当年应纳的车船税，并进行相关的会计处理。

议一议

哪些车船要纳税？新购置的车船如何计税？

业务三　填制车船税的纳税申报表

车船税的纳税人应按照规定，及时办理纳税申报，并如实填写“车船税纳税申报表”，华明公司的纳税申报表见表9－10。

表9－10　　**车船税纳税申报表**

纳税人识别码：1402202378003675　　填表日期××年1月6日　　金额单位：元

纳税人名称：华明有限责任公司				税款所属时期：××年1月1日至××年12月31日				
车船类别	计税标准	数　量	单位税额	全年应纳税额	车缴纳次数	本期		
						应纳税额	已纳税额	应补（退）税额
1	2	3	4	5＝3×4	6	7＝5÷6	8	9＝7－8
载客汽车	辆	1	1 140	1 140		1 140	0	1 140
载客汽车	辆	2	960	1 920		1 920	0	1 920
载客汽车	辆	4	450	1 800		1 800	0	1 800
载货汽车	自重吨位	4	96	1 920		1 920	0	1 920
合计				6 780		6 780		6 780

如纳税人填报，由纳税人填写以下各栏		如委托代理人填报，由代理人填写以下各栏				备注
会计主管（签章）	纳税人（公章）	代理人名称			代理人（公章）	
		代理人地址				
		经办人姓名		电话		
以下由税务机关填写						
收到申报表日期				接收人		

任务三
核算印花税

知识准备

一、印花税的概念

印花税，是对经济活动和经济交往中书立、领受、使用税法规定应税凭证的单位和个人征收的一种行为税。凡发生书立、领受、使用应税凭证行为的，都应按照规定缴纳印花税。

印花税具有覆盖面广、税率低、纳税人自行完税的特点。所谓"纳税人自行完税"，是指纳税人在书立、领受、使用应税凭证、发生纳税义务的同时，先根据凭证所载计税金额和应适用的税目税率，自行计算其应纳税额，再由纳税人自行购买印花税票，并一次足额粘贴在应税凭证上，最后由纳税人按规定对已粘贴的印花税票自行盖戳注销或者划销。

二、纳税人、征税范围和税率

（一）印花税的纳税人

印花税的纳税人，是指在中国境内书立、领受、使用税法所列举凭证的单位和个人。

（二）印花税的征税范围

1. 购销、加工承揽、建设工程勘查设计、建筑安装工程承包、财产租赁、货物运输、仓储保管、借款、财产保险、技术合同或具有合同性质的凭证。

2. 产权转移书据。产权转移书据是指单位和个人产权的买卖、继承、赠与、交换、分割等所立的书据。

3. 营业账簿。营业账簿是指单位和个人从事生产经营活动所设立的各种财务会计账簿。在印花税税目中，营业账簿分为资金账簿和其他营业账簿两类。

4. 权利、许可证照。包括政府部门发给的房屋产权证、工商营业执照、商标注册证、专利证、土地使用证等。

5. 经财政部确定征税的其他凭证。

根据不同的征税对象，印花税的纳税人分类见表9－11。

表9－11　　征税对象与纳税人分类对应表

纳税人	具体情况	征税对象
立合同人	●指各类合同的当事人，但不包括合同的担保人、证人、鉴定人（不是签订人） ●当事人的代理人有代理纳税的义务	经济合同
立据人	订立产权转移书据的单位和个人	产权转移书据
立账簿人	设立并使用营业账簿的单位和个人	营业账簿
领受人	领取或接受并持有权利、许可证照的单位和个人	权利、许可证照
使用人	在国外书立、领受，但在国内使用应税凭证的单位和个人	国外书立、领受，但在国内使用应税凭证
电子凭证签订人	以电子形式签订的各类应税凭证的单位和个人	

注意：（1）表中合同依据合同法，不仅指具有规范格式的合同，也包括具有合同性质的单据、凭证。

（2）凡由两方或两方以上当事人共同书立的应税凭证，其当事人各方都是印花税的纳税人。

（三）印花税的计税依据和税率

1. 计税依据。印花税的计算可以分为从价计税和从量计税两种。

（1）实行从价计税的凭证，以各种凭证上所记载的金额为计税依据。其中，各类经济合同，以合同上所记载的金额、收入或者费用为计税依据；产权转移书据以书据中所载金额为计税依据；记载资金的账簿，以实收资本和资本公积两项的合计金额为计税依据。

（2）实行从量计税的其他账簿和权利许可证照，以凭证件数为计税依据。

2. 税率。印花税的税目税率见表 9－12。

表 9－12　　印花税税目、税率表

税目	范围	税率	纳税人	说明
1. 购销合同	供应、采购、购销结合及协作、调剂、补偿易货等合同	按购销金额 0.3‰贴花	立合同人	
2. 加式承揽合同	加工、订做、修缮、修理、印刷广告、测绘、测试等合同	按加式或承揽收入 0.5‰贴花	立合同人	
3. 建设工程勘查设计合同	勘查、设计合同	按收取费用 0.5‰贴花	立合同人	
4. 建筑、安装工程承包合同	建筑、安装工程承包合同	按承包金额 0.3‰贴花	立合同人	
5. 财产租赁合同	租赁房屋、船舶、飞机、机动车辆、机械、器械、器具、设备等	按租赁金额 1‰贴花，税额不足 1 元的按 1 元贴花	立合同人	
6. 货物运输合同	民用航空、铁路运输、海上运输、内河运输、公路运输和联运合同	按运输费用 0.5‰贴花，不包括装卸费和保险费	立合同人	单据作为合同使用的，按合同贴花
7. 仓储保管合同	仓储、保管合同	按仓储保管费用 1‰贴花	立合同人	仓单或栈单作为合同使用的，按合同贴花
8. 借款合同	银行及其他金融组织和借款人	按借款金额 0.05‰贴花	立合同人	单据作为合同使用的，按合同贴花
9. 财产保险合同	财产、责任、保证、信用等保险合同	按保险费收入 1‰贴花	立合同人	单据作为合同使用的，按合同贴花
10. 技术合同	技术开发、转让、咨询、服务等合同	按所载金额 0.3‰贴花	立合同人	
11. 产权转移书据	财产所有权和版权、商标专用权、专利权、专有技术使用权等转移书据	按所载金额 0.5‰贴花	立据人	
12. 营业账簿	生产经营账册	按实收资本和资本公积两项金额之和 0.5‰贴花，其他按每件贴花 5 元	立账簿人	
13. 权利许可证照	政府部门发给的房屋产权证、工商营业执照、商标注册证、专利证、土地使用证	按每件贴花 5 元	领受人	

说明：

1. 技术转让合同，包括专利申请权转让、专利实施许可和非专利技术转让。对技术开发合同，只就合同所载的报酬金额计税，不含研究开发费用。

2. 财产转移书据，包括财产所有权、版权、商标专用权、专利权、专有技术使用权、土地使用权出让合同、土地使用权转让合同、商品房销售合同。

三、税收优惠

下列凭证免纳印花税：

1. 已缴纳印花税的凭证的副本或者抄本；
2. 财产所有人将财产赠给政府、社会福利单位、学校所立的书据；
3. 国家指定的收购部门与村民委员会、农民个人书立的农副产品收购合同；
4. 无息、贴息贷款合同；
5. 外国政府或者国际金融组织向我国政府及国家金融机构提供优惠贷款所书立的合同；
6. 对个人销售或购买住房暂免征收印花税。

四、印花税征收管理

（一）纳税义务发生时间

印花税应当在书立或领受时贴花。具体是指在合同签订时、账簿启用时和证照领受时贴花。如果合同是在国外签订，并且不便在国外贴花的，应在将合同带入境时办理贴花纳税手续。

（二）纳税地点

印花税一般实行就地纳税。印花税分别由国家税务局和地方税务局负责征收管理。

（三）纳税期限

印花税的纳税方法较其他税种不同，其特点是由纳税人根据税法规定，自行计算应纳税额，自行购买印花税税票，自行完成纳税义务。

税法规定，印花税完税凭证应在书立、领受时即行贴花完税，不得延至凭证生效日期贴花。

议一议

哪些业务要纳印花税？权利、许可证证照如何贴花？

业务一 计算印花税应纳税额

印花税有从价计征和从量计征两种方法，其计算公式见表 9－13。

表 9－13 印花税计算公式表

计税方法	计算公式
从价计征（比例税率）	应纳税额＝应税凭证计税金额×适用税率
从量计征（定额税率）	应纳税额＝应税凭证件数×单位税额

业务举例

1. 华明公司 1 月份订立购销合同一件，所载金额 15.3 万元；房屋租赁合同一件，所载金额 10 万元；营业账簿“实收资本”、“资本公积”账户记载金额分别为 900 万元和 50 万元。计算华明公司应纳印花税。

【解】 根据税法规定，华明公司购销合同的计税依据为购销金额，房屋租赁合同的计税依据为租赁金额，营业账簿的计税依据为实收资本和资本公积的合计金额。则

购销合同应纳税额 = 153 000 × 0.3‰ = 45.9（元）

房屋租赁合同应纳税额 = 100 000 × 1‰ = 100（元）

营业账簿应纳税额 =（9 000 000 + 500 000）× 0.5‰ = 4 750（元）

华明公司应纳印花税额 = 45.9 + 100 + 4 750 = 4 895.9（元）

2. 郑生公司 8 月份开业，领受房屋产权证、工商营业执照、商标注册证、土地使用证各一件；其他会计账簿 12 本。计算该公司应纳印花税。

【解】 郑生公司房屋产权证、工商营业执照、商标注册证、土地使用证实行定额税率，每件 5 元，公司其他账簿实行定额税率按件贴花 5 元。

领受证照应纳税额 = 4 × 5 = 20（元）

其他账簿应纳税额 = 12 × 5 = 60（元）

公司应纳印花税额 = 20 + 60 = 80（元）

业务二　进行印花税的会计处理

根据现行的小企业会计制度的规定，企业缴纳的印花税，应记入“税金及附加”账户。企业自行购买和贴花，不会形成税款债务，在进行会计处理时，不通过“应交税费”账户核算，在缴纳时直接贷记“银行存款”账户。

业务举例

承业务一，华明公司 1 月份应交印花税 4 895.90 元，根据相关原始凭证（略），进行账务处理：

借：税金及附加——印花税　　　　4 895.90

　　贷：银行存款　　　　　　　　　　4 895.90

练一练

某中外合资企业 1 月份开业，领受房屋产权证、工商营业执照、商标注册证、专利证各一件；开业当月签订以下合同：

（1）与银行签订一份借款合同，所载金额为 50 万元。

（2）与保险公司签订财产保险合同一份，支付保险费 2 万元。

（3）与某企业签订购销合同一份，合同金额为 45 万元。

其他资料：营业账簿中实收资本为 200 万元，资本公积为 50 万元，其他营业账簿 10 本。

试计算该企业 1 月份应缴纳的印花税，并进行相关会计处理。

业务三　填制印花税的纳税申报表

印花税的纳税人应按照规定，及时办理纳税申报，并如实填写“印花税纳税申报表”。

业务举例

新星高新技术企业8月份开业，注册资金220万元；纳税人识别号：410220203456781234；法定代表人：李一凡；财务负责人：张新艳。当月发生经营活动如下：

（1）领受工商营业执照、房屋产权证、土地使用证各一份；

（2）建账时共设10个账簿，其中资金账簿中记载实收资本500万元；

（3）签订购销合同4份，共记载金额380万元；

（4）签订借款合同1份，记载金额100万元，当年取得借款利息5万元；

（5）签订技术服务合同1份，记载金额30万元；

（6）签订租赁合同1份，记载支付租赁费10万元。

要求：计算该企业本月应纳印花税。

【解】

（1）领受权利许可证照：5×3＝15（元）

（2）设置账簿：5×9＋5 000 000×0.5‰＝2 545（元）

（3）签订购销合同：3 800 000×0.3‰＝1 140（元）

（4）签订借款合同：1 000 000×0.05‰＝50（元）

（5）签订技术服务合同：300 000×0.3‰＝90（元）

（6）签订租赁合同：100 000×1‰＝100（元）

填制印花税纳税申报表，见表9－14。

表9－14　　印花税纳税申报（报告）表

税款所属期限：自×年08月01日至×年08月31日

纳税人识别号（统一社会信用代码）：□□□□□□□□□□□□□□□□□□□□□□□

纳税人名称：　　　　　　　　　　　　　　　　　金额单位：人民币元（列至角分）

本期是否适用增值税小规模纳税人减征政策（减免性质代码：09049901）					□是　☑否	减征比例（%）				
应税凭证	计税金额或件数	核定征收		适用税率	本期应纳税额	本期已缴税额	本期减免税额		本期增值税小规模纳税人减征额	本期应补（退）税额
		核定依据	核定比例				减免性质代码	减免税额		
	1	2	3	4	5＝1×4＋2×3×4	6	7	8	9	10＝5－6－8－9
购销合同	3 800 000			0.3‰	1 140	1 140				

续表

应税凭证	计税金额或件数	核定征收		适用税率	本期应纳税额	本期已缴税额	本期减免税额		本期增值税小规模纳税人减征额	本期应补（退）税额
		核定依据	核定比例				减免性质代码	减免税额		
	1	2	3	4	5 =1 ×4 +2 ×3 ×4	6	7	8	9	10=5 -6 -8 -9
加工承揽合同				0.5‰						
建设工程勘察设计合同				0.5‰						
建筑安装工程承包合同				0.3‰						
财产租赁合同	100 000			1‰	100	100				
货物运输合同				0.5‰						
仓储保管合同				1‰						
借款合同	1 000 000			0.05‰	50	50				
财产保险合同				1‰						
技术合同	300 000			0.3‰	90	90				
产权转移书据				0.5‰						
营业帐簿（记载资金的帐簿）	5 000 000	—		0.5‰	2 500	2 500				
营业帐簿（其他帐簿）	9	—		5	45	45		—		
权利、许可证照	3	—		5	15	15				
合计	—	—		—	3 940	3 940				

谨声明：本纳税申报表是根据国家税收法律法规及相关规定填报的，是真实的、可靠的、完整的。

纳税人（签章）：　　　　年　月　日

经办人： 经办人身份证号： 代理机构签章： 代理机构统一社会信用代码：	受理人： 受理税务机关（章）： 受理日期：　　年　月　日

填表说明：

1. “纳税人识别号（统一社会信用代码）”，填报税务机关核发的纳税人识别号或有关部门核发的统一社会信用代码。“纳税人名称”，填报营业执照、税务登记证等证件载明的纳税人名称。

2. 本期是否适用增值税小规模纳税人减征政策（减免税代码：09049901）：纳税人自增值税一般纳税人按规定转登记为小规模纳税人的，自成为小规模纳税人的当月起适用减征优惠。增值税小规模纳税人按规定登记为一般纳税人的，自一般纳税人生效之日起不再适用减征优惠；增值税年应税销售额超过小规模纳税人标准应当登记为一般纳税人而未登记，经税务机关通知，逾期仍不办理登记的，自逾期次月起不再适用减征优惠。纳税人本期适用增值税小规模纳税人减征政策的，勾选“是”；否则，勾选“否”。

3. 减征比例（%）：当地省级政府根据财税〔2019〕13 号文件确定的减征比例，系统自动带出。

4. 第 1 栏“计税金额或件数”，填写合同、产权转移书据、营业账簿的金额，或权利、许可证照的件数。

5. 第 2 栏“核定依据”，填写核定征收的计税依据。

6. 第3栏“核定比例”，填写核定征收的核定比例。

7. 第5栏“本期应纳税额”，反映本期按适用税率计算缴纳的应纳税额。计算公式为：5＝1×4＋2×3×4。

8. 第6栏“本期已缴税额”，填写本期应纳税额中已经缴纳的部分。

9. 第7栏“减免性质代码”，该项按照国家税务总局制定下发的最新《减免税政策代码目录》中的最细项减免性质代码填写。有减免税情况的必填。

10. 第8栏“减免税额”，反映本期减免的税额。

11. 第9栏“本期增值税小规模纳税人减征额”，反映符合条件的小规模纳税人减征的税额。计算公式为：9＝（5－8）×减征比例。

12. 第10栏“本期应补（退）税额”，计算公式为：10＝5－6－8－9。

13. 本表一式两份，一份纳税人留存，一份税务机关留存。

任务四
核算城市维护建设税及教育费附加

知识准备

一、城市维护建设税的概念

城市维护建设税，是指以单位和个人实际缴纳的增值税、消费税的税额为计税依据而征收的一种税。

城市维护建设税的特征：一是具有附加税性质。它以纳税人实际缴纳的“增值税、消费税”税额为计税依据，附加于“增值税、消费税”税额，本身并没有类似于其他税种的特定、独立的征税对象。二是具有特定目的。城市维护建设税税款专门用于城市的公用事业和公共设施的维护建设。

二、纳税人和税率

（一）城市维护建设税的纳税人

城市维护建设税的纳税人是缴纳增值税、消费税的单位和个人（暂不含外商投资企业和外国企业）。

（二）城市维护建设税的征税范围

城市维护建设税及教育费附加征税范围包括：城市、县城、建制镇，以及税法规定征收“增值税、消费税”的其他地区。

（三）城市维护建设税的税率

1. 计税依据。城市维护建设税及教育费附加的计税依据是纳税人实际缴纳的增值税、消费税的税额。

2. 税率（见表9－15）。

表 9－15　城市维护建设税及教育费附加的税率表

纳税人所在地区	城市维护建设税税率	教育费附加计征比率
市区	7%	3%
县城、建制镇	5%	
其他地区	1%	

三、征收管理

城市维护建设税的纳税义务发生时间，就是纳税人缴纳“增值税、消费税”的时间。纳税人只要发生“二税”的纳税义务，就应同时计算缴纳城市维护建设税。同样，城市维护建设税的纳税期限与“二税”的纳税期限也是一致的。除特殊规定外，城市维护建设税的纳税地点与“二税”是一致的。

判一判

凡是按照我国税法规定缴纳“二税”的单位和个人，都是城建税的纳税人。（　　）

业务一　计算城市维护建设税及教育费附加

城市维护建设税及教育费附加的计算公式如下：

$$应纳城市维护建设税税额=\left(\begin{matrix}实际缴纳的\\增值税税额\end{matrix}+\begin{matrix}实际缴纳的\\消费税税额\end{matrix}\right)\times\begin{matrix}适用\\税率\end{matrix}$$

$$应纳教育费附加=\left(\begin{matrix}实际缴纳的\\增值税税额\end{matrix}+\begin{matrix}实际缴纳的\\消费税税额\end{matrix}\right)\times\begin{matrix}征收\\比率\end{matrix}$$

业务举例

华明公司设在市区，为增值税一般纳税人。10 月份实际缴纳增值税 33 万元，缴纳消费税 25 万元。已知该地区城市维护建设税税率为 7%。计算该公司 10 月份应缴纳的城市维护建设税税额。

【解】 应纳城市维护建设税税额＝(330 000＋250 000)×7%＝40 600(元)

应纳教育费附加＝(330 000＋250 000)×3%＝17 400(元)

通常企业应根据相关资料，编制城市维护建设税及教育费附加计算表（见表 9－16）。

表 9 – 16　　　　应交城建税及教育附加计算表

项目	计税基数（元）			比例 %	计提金额（元）
	增值税	消费税	合计		
城市建设维护税	330 000	250 000	580 000	7	40 600
教育费附加	330 000	250 000	580 000	3	17 400
合计				58 000	

审核：张晓丽　　　　制表：李智慧

业务二　进行城市维护建设税及教育费附加的会计处理

根据现行的会计制度的规定，城市维护建设税的会计核算，应设置“应交税费——应交城市维护建设税”账户，教育费附加会计核算，应设置“应交税费——应交教育费附加”账户，以反映城市维护建设税及教育费附加的计提和缴纳情况。计提时借记“税金及附加”等账户，贷记“应交税费——应交城市维护建设税”、“应交税费——应交教育费附加”账户；缴纳时借记“应交税费——应交城市维护建设税”、“应交税费——应交教育费附加”账户，贷记“银行存款”账户（见图 9 – 4）。

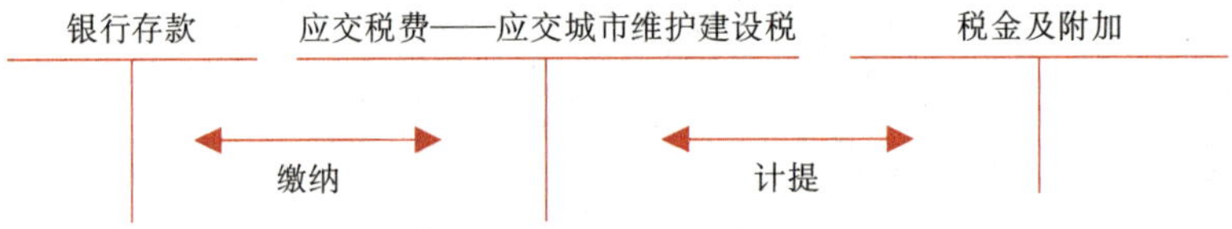

图 9 – 4

业务举例

根据表 9 – 16，对华明公司进行账务处理：

借：税金及附加　　58 000

　　贷：应交税费——应交城市维护建设税　　40 600

　　　　　　　　——应交教育费附加　　17 400

华明公司 11 月缴纳时：

借：应交税费——应交城市维护建设税　　40 600

　　　　　　——应交教育费附加　　17 400

　　贷：银行存款　　58 000

1. 根据表 9 – 16，对华明公司应交城建税及教育费附加进行账务处理，填制记账凭证。
2. 华明公司 11 月份缴纳城市维护建设税及教育费附加，填制记账凭证。

业务三　填制城市维护建设税及教育费附加的纳税申报表

城市维护建设税及教育费附加的纳税人应按照规定，及时办理纳税申报，并如实填写“城市维护建设税申报表”（见表9－17）。

表9－17　　城市维护建设税 教育费附加 地方教育附加申报表

税款所属期限：自×年10月01日至×年10月31日

纳税人识别号（统一社会信用代码）：□□□□□□□□□□□□□□□□□□□□

纳税人名称：

金额单位：人民币元（列至角分）

<table>
<tr><td colspan="5" rowspan="3">本期是否适用增值税小规模纳税人减征政策
（减免性质代码__城市维护建设税：07049901，
减免性质代码__教育费 附加：61049901，
减免性质代码__地方教育附加：99049901）</td><td rowspan="3">□是
☑否</td><td colspan="4">减征比例__城市维护建设税（%）</td><td colspan="2"></td></tr>
<tr><td colspan="4">减征比例__教育费附加（%）</td><td colspan="2"></td></tr>
<tr><td colspan="4">减征比例__地方教育附加（%）</td><td colspan="2"></td></tr>
<tr><td rowspan="3">税（费）种</td><td colspan="4">计税（费）依据</td><td rowspan="3">税率（征收率）</td><td rowspan="3">本期应纳税（费）额</td><td colspan="2">本期减免税（费）额</td><td rowspan="3">本期增值税小规模纳税人减征额</td><td rowspan="3">本期已缴税（费）额</td><td rowspan="3">本期应补（退）税（费）额</td></tr>
<tr><td colspan="2">增值税</td><td rowspan="2">消费税</td><td rowspan="2">合计</td><td rowspan="2">减免性质代码</td><td rowspan="2">减免税（费）额</td></tr>
<tr><td>一般增值税</td><td>免抵税额</td></tr>
<tr><td></td><td>1</td><td>2</td><td>3</td><td>5＝1＋2＋3</td><td>6</td><td>7＝5×6</td><td>8</td><td>9</td><td>10</td><td>11</td><td>12＝7－9－10－11</td></tr>
<tr><td>城建税</td><td>330 000</td><td></td><td>250 000</td><td>580 000</td><td>7%</td><td>40 600</td><td></td><td></td><td></td><td></td><td>40 600</td></tr>
<tr><td>教育费附加</td><td>330 000</td><td></td><td>250 000</td><td>580 000</td><td>3%</td><td>17 400</td><td></td><td></td><td></td><td></td><td>17 400</td></tr>
<tr><td>地方教育附加</td><td></td><td></td><td></td><td></td><td></td><td></td><td></td><td></td><td></td><td></td><td></td></tr>
<tr><td>—</td><td></td><td></td><td></td><td></td><td></td><td></td><td></td><td></td><td></td><td></td><td></td></tr>
<tr><td>合计</td><td colspan="4">—</td><td>—</td><td>58 000</td><td></td><td></td><td></td><td></td><td>58 000</td></tr>
<tr><td colspan="12">谨声明：本纳税申报表是根据国家税收法律法规及相关规定填报的，是真实的、可靠的、完整的。
纳税人（签章）：　　年　月　日</td></tr>
<tr><td colspan="6">经办人：
经办人身份证号：
代理机构签章：
代理机构统一社会信用代码：</td><td colspan="6">受理人：
受理税务机关（章）：
受理日期：　　年　月　日</td></tr>
</table>

填表说明：

1. “纳税人识别号（统一社会信用代码）”，填报税务机关核发的纳税人识别号或有关部门核发的统一社会信用代码。“纳税人名称”，填报营业执照、税务登记证等证件载明的纳税人名称。

2. “本期是否适用增值税小规模纳税人减征政策（减免性质代码__城市维护建设税：07049901，减免性质代码__教育费附加：61049901，减免性质代码__地方教育附加：99049901）”：纳税人自增值税一般纳税人按规定转登记为小规模纳税人的，自成为小规模纳税人的当月起适用减征优惠。增值税小规模纳税人按规定登记为一般纳税人的，自一般纳税人生效之日起不再适用减征优惠；增值税年应税销售额超过小规模纳税人标准应当登记为一般纳税人而未登记，经税务机关通知，逾期仍不办理登记的，自逾期次月起不再适用减征优惠。纳税人本期适用增值税小规模纳税人减征政策的，勾选“是”；否则，勾选“否”。

3. “减征比例（%）”，当地省级政府根据财税〔2019〕13号文件确定的减征比例，系统自动带出。

4. 第1栏“一般增值税”，填写本期缴纳的一般增值税税额。

5. 第2栏“免抵税额”，填写增值税免抵税额。

6. 第3栏“消费税”，填写本期缴纳的消费税税额。

7. 第4栏“营业税”，填写本期补缴以前年度的营业税税额，其附加不适用减征规定。

8. 第5栏“合计”，反映本期缴纳的增值税、消费税、营业税税额合计。

9. 第6栏“税率（征收率）”，填写城市维护建设税、教育费附加、地方教育附加的税率或征收率。

10. 第7栏“本期应纳税（费）额”，反映本期按适用税率（征收率）计算缴纳的应纳税额。计算公式为：7=5×6。

11. 第8栏“减免性质代码”，该项按照国家税务总局制定下发的最新《减免税政策代码目录》中的最细项减免性质代码填写。有减免税情况的必填。

12. 第9栏“减免税（费）额”，反映本期减免的税额。

13. 第10栏“本期增值税小规模纳税人减征额”，反映符合条件的增值税小规模纳税人减征的税额。计算公式为：10=（7－9）×减征比例。

14. 第11栏“本期已缴税（费）额”，填写本期应纳税（费）额中已经缴纳的部分。

15. 第12栏“本期应补（退）税额”，计算公式为：12=7－9－10－11。

16. 本表一式两份，一份纳税人留存，一份税务机关留存。

任务五
核算土地增值税

知识准备

一、土地增值税的概念

土地增值税是对转让国有土地使用权、地上建筑物及其附着物（以下简称转让房地产）并取得收入的单位和个人，就其转让房地产所取得的增值额征收的一种税。

二、纳税人、征税范围和税率

（一）土地增值税的纳税人

土地增值税的纳税人，是指转让国有土地使用权、地上建筑物及其附着物并取得收入的单位和个人。

（二）土地增值税的征税范围

《土地增值税暂行条例》及其《实施细则》规定，土地增值税的征税范围包括：

1. 转让国有土地使用权。

2. 地上的建筑物及其附着物连同国有土地使用权一并转让。

（三）土地增值税的计税依据和税率

1. 计税依据。土地增值税的计税依据是纳税人转让房地产所取得的增值额。

增值额，是指纳税人在转让房地产所取得的收入（包括货币收入、实物收入和其他收入），减去取得土地使用权时所支付的土地价款、土地开发成本、地上建筑物成本及有关费用、销售税金等规定的扣除项目后的余额。如果纳税人转让房地产的收入减除规定的扣除项目后没有余额，则不需要缴纳土地增值税。

增值额的计算公式为：

增值额 = 转让房地产取得的收入 - 扣除项目

（1）转让房地产取得的收入。根据《土地增值税暂行条例》及其《实施细则》的规定，纳税人转让房地产取得的收入，包括转让房地产的全部价款及有关的经济收益；从收入的形式来看，包括货币收入、实物收入和其他收入。

（2）扣除项目。根据《土地增值税暂行条例》的规定，土地增值税的扣除项目包括：

①取得土地使用权所支付的金额；

②开发土地的成本、费用；

③新建房及配套设施的成本、费用，或者旧房及建筑物的评估价格；

④与转让房地产有关的税金；

⑤财政部规定的其他扣除项目。

2. 税率。土地增值税实行四级超率累进税率（见表 9 - 18）。

表 9 - 18 土地增值税税率表

级次	增值额占扣除项目金额的百分比	税率（%）	速算扣除率（%）
1	50%（含）以下	30	0
2	超过 50%，未超过 100%（含）部分	40	5
3	超过 100%，未超过 200%（含）部分	50	15
4	200% 以上部分	60	35

三、征收管理

（一）土地增值税纳税义务发生时间

土地增值税的纳税人应在转让房地产合同签订之日起的 7 日内，到房地产所在地主管税务机关办理纳税申报，同时向税务机关提交相关资料。

（二）纳税地点

土地增值税的纳税人应向房地产所在地主管税务机关办理纳税申报，并在税务机关核定的期限内缴纳土地增值税。

需要注意的是，纳税人是自然人的，当其转让的房地产坐落地与其居住所在地不一致时，在办理过户手续所在地的税务机关申报纳税。

（三）纳税期限

土地增值税按照转让房地产所取得的实际收益计算征收，由于计税时要涉及房地产开发的成本和费用，有时还要进行房地产评估等，因此，其纳税期限不同于其他税种有统一规定，而是根据房地产的不同情况，由主管税务机关具体确定。主要有以下情况：

1. 以一次交割、付清价款方式转让房地产的，规定其在办理过户、登记手续前数日内一次性缴纳全部土地增值税。

2. 以分期收款方式转让房地产的，主管税务机关可根据合同规定的收款日期来确定具体的纳税期限。

3. 项目全部竣工结算前转让房地产的，可以预征土地增值税，在该项目全部竣工办理结算后再进行清算，根据应征税额和已征税额进行结算，多退少补。

业务一　计算土地增值税应纳税额

土地增值税按照纳税人转让房地产所取得的增值额和规定的税率计算征收。计算公式如下：

土地增值额 = 收入总额 − 扣除项目总额

应纳税额 = 增值额 × 适用税率 − 扣除项目金额 × 速算扣除率

业务举例

金地公司转让一处旧房地产取得收入 1 500 万元，该公司取得土地使用权所支付的金额为 200 万元，当地税务机关确认的房屋的评估价格为 600 万元，该公司支付给房地产评估机构评估费 20 万元，支付给中介人卖房中介费 10 万元，缴纳的与转让该房地产有关的税金 10 万元。计算金地公司转让该房地产应缴纳的土地增值税税额。

【解】

（1）计算扣除项目金额。根据《土地增值税暂行条例》等有关规定，公司转让该旧房地产允许扣除的项目包括取得土地使用权所支付的金额、房屋的评估价格、支付给房地产评估机构的评估费、缴纳的与转让该房地产有关的税金，支付给中介人的卖房中介费不允许扣除。则

扣除项目金额 = 200 + 600 + 20 + 10 = 830（万元）

（2）计算增值额，即纳税人转让房地产所取得的收入减去扣除项目金额后的余额：

增值额 = 1 500 − 830 = 670（万元）

（3）计算增值额占扣除项目金额的百分比：670 ÷ 830 = 80.72%，说明增值额超过了扣除项目金额的 50%，但未超过 100%。

（4）根据速算扣除法，增值额超过扣除项目金额 50%、未超过扣除项目金额 100% 的，计算公式为：

土地增值税税额 = 增值额 × 40% − 扣除项目金额 × 5%

代入本题相关数据计算：

金地公司应纳土地增值税税额 = 670 × 40% − 830 × 5% = 226.5（万元）

业务二 进行土地增值税的会计处理

业务描述

缴纳土地增值税的企业应在“应交税费”总账户下增设“应交土地增值税”明细账户，以具体核算土地增值税的形成、计算和缴纳情况。其贷方登记计提的土地增值税；借方登记上缴的土地增值税。计提土地增值税分不同情况进行如下处理：

1. 主营房地产业务的企业土地增值税的账务处理。主营房地产业务的企业，如房地产开发企业，应根据计算的应纳土地增值税额做如下账务处理：

借：税金及附加

　　贷：应交税费——应交土地增值税

2. 非主营房地产业务的企业土地增值税的账务处理。对于非主营房地产业务的企业，在转让房地产时，应分别情况进行会计处理。

（1）兼营房地产业务的企业土地增值税的账务处理：

借：其他业务成本

　　贷：应交税费——应交土地增值税

（2）转让的国有土地使用权已连同地上建筑物及其他附着物一并在“固定资产”账户核算，其账务处理为：

借：固定资产清理

　　贷：应交税费——应交土地增值税

实际缴纳土地增值税时的账务处理：

借：应交税费——应交土地增值税

　　贷：银行存款

业务举例

承业务一的例子，根据计算出的金地公司的土地增值税，应进行如下账务处理：

借：固定资产清理　　2 265 000

　　贷：应交税费——应交土地增值税　　2 265 000

实际缴纳土地增值税时的账务处理：

借：应交税费——应交土地增值税　　2 265 000

　　贷：银行存款　　2 265 000

练一练

某房地产开发公司转让房地产取得的收入为1 000万元，其扣除项目金额为400万元。计算该产开发公司应缴纳的土地增值税，并进行相关会计处理。

业务三 填制土地增值税的纳税申报表

土地增值税的纳税人应按照规定，及时办理纳税申报，并如实填写“土地增值税项目登记表”，见表9-19至表9-22。

表9-19 **土地增值税项目登记表**

（从事房地产开发的纳税人适用）

纳税人识别号（统一社会信用代码）： 填表日期： 年 月 日

纳税人名称： 金额单位：元至角分 面积单位：平方米

项目名称		项目地址		业　　别	
经济性质		主管部门			
开户银行		银行账号			
地　　址		邮政编码		电　　话	
土地使用权受让（行政划拨）合同号			受让（行政划拨）时间		
建设项目起讫时间		总预算成本		单位预算成本	
项目详细坐落地点					
开发土地总面积		开发建筑总面积		房地产转让合同名称	
转让次序	转让土地面积（按次填写）	转让建筑面积（按次填写）		转让合同签订日期（按次填写）	
第1次					
第2次					
……					
备注					
以下由纳税人填写：					
纳税人声明	此纳税申报表是根据《中华人民共和国土地增值税暂行条例》及其实施细则和国家有关税收规定填报的，是真实的、可靠的、完整的。				
纳税人签章		代理人签章		代理人身份证号	
以下由税务机关填写：					
受理人		受理日期	年　月　日	受理税务机关签章	

填表说明：

1. 本表适用于从事房地产开发与建设的纳税人，在立项后及每次转让时填报。

2. 凡从事新建房及配套设施开发的纳税人，均应在规定的期限内，据实向主管税务机关填报本表所列内容。

3. 本表栏目的内容如果没有，可以空置不填。

4. 纳税人在填报土地增值税项目登记表时，应同时向主管税务机关提交土地使用权受让合同、房地产转让合同等有关资料。

5. 本表一式三份，送主管税务机关审核盖章后，两份由地方税务机关留存，一份退纳税人。

表 9-20　　**土地增值税纳税申报表（一）**

（从事房地产开发的纳税人预征适用）

税款所属时间：　年　月　日至　年　月　日　　　　填表日期：　年　月　日

项目名称：　　　　　　　　项目编号：

纳税人识别号（统一社会信用代码）　　　　金额单位：元至角分；面积单位：平方米

房产类型	房产类型子目	收入				预征率（%）	应纳税额	税款缴纳	
		应税收入	货币收入	实物收入及其他收入	视同销售收入			本期已缴税额	本期应缴税额计算
	1	2=3+4+5	3	4	5	6	7=2×6	8	9=7-8
普通住宅									
非普通住宅									
其他类型房地产									
合　计	—					—			

以下由纳税人填写：					
纳税人声明	此纳税申报表是根据《中华人民共和国土地增值税暂行条例》及其实施细则和国家有关税收规定填报的，是真实的、可靠的、完整的。				
纳税人签章		代理人签章		代理人身份证号	
以下由税务机关填写：					
受理人		受理日期	年　月　日	受理税务机关签章	

本表一式两份，一份纳税人留存，一份税务机关留存。

填表说明：

1. 本表适用于从事房地产开发并转让的土地增值税纳税人，在每次转让时填报，也可按月或按各省、自治区、直辖市和计划单列市地方税务局规定的期限汇总填报。

2. 凡从事新建房及配套设施开发的纳税人，均应在规定的期限内，据实向主管税务机关填报本表所列内容。

3. 本表栏目的内容如果没有，可以空置不填。

4. 纳税人在填报土地增值税预征申报表时，应同时向主管税务机关提交《土地增值税项目登记表》等有关资料。

5. 项目编号是在进行房地产项目登记时，税务机关按照一定的规则赋予的编号，此编号会跟随项目的预征清算全过程。

6. 表第 1 列“房产类型子目”是主管税务机关规定的预征率类型，每一个子目唯一对应一个房产类型。

7. 表第 3 栏“货币收入”，按纳税人转让房地产开发项目所取得的货币形态的收入额（不含增值税）填写。

8. 表第 4 栏“实物收入及其他收入”，按纳税人转让房地产开发项目所取得的实物形态的收入和无形资产等其他形式的收入额（不含增值税）填写。

9. 表第 5 栏“视同销售收入”，纳税人将开发产品用于职工福利、奖励、对外投资、分配给股东或投资人、抵偿债务、换取其他单位和个人的非货币性资产等，发生所有权转移时应视同销售房地产，其收入不含增值税。

10. 本表一式两份，送主管税务机关审核盖章后，一份由地方税务机关留存，一份退纳税人。

表 9－21

土地增值税纳税申报表（二）

（适用从事房地产开发的纳税人）

税款所属时期：　　年　　月　　日　　　　填表日期：　　年　　月　　日　　　　金额单位：元（列至角分）　面积单位：平方米

纳税人顺序号		纳税人名称（公章）				联系电话	
项目名称			项目地址				
业别		登记注册类型		纳税人地址		邮政编码	
开户银行		银行账号		主管部门			

项　目	行次	金额	项目	行次	金额
一、转让房地产收入总额 1＝2＋3	1		4. 与转让房地产有关的税金等 16＝18＋19	16	
其中：货币收入	2		其中：	17	
实物收入及其他收入	3		城市维护建设税	18	
二、扣除项目金额合计 4＝5＋6＋13＋16＋20	4		教育费附加	19	
1. 取得土地使用权所支付的金额	5		5. 财政部规定的其他扣除项目	20	
2. 房地产开发成本 6＝7＋8＋9＋10＋11＋12	6		三、增值额 21＝1－4	21	
其中：土地征用及拆迁补偿费	7		四、增值额与扣除项目金额之比（%）22＝21/4	22	
前期工程费	8		五、适用税率（%）	23	
建筑安装工程费	9		六、速算扣除系数（%）	24	
基础设施费	10		七、应缴土地增值税税额 25＝21×23－4×24	25	
公共配套设施费	11		八、已缴土地增值税税额	26	
开发间接费	12		九、应退（补）土地增值税税额 27＝25－26	27	
3. 房地产开发费用 13＝14＋15	13		十、累计欠税金额	28	
其中：利息支出	14		十一、欠缴滞纳金	29	
其他房地产开发费用	15				

纳税人申明	授权人申明	代理人申明
本纳税申报表是按照国家税法和税收规定填报的，我确信是真实的、合法的。如有虚假，愿负法律责任。以上税款请从账号划拨。 法人代表签章： 财务主管签章： 经办人签章： 年　月　日	我单位（公司）现授权______为本纳税人的代理申报人，其法定代表人______，电话______，任何与申报有关的往来文书都可寄予此代理机构。 委托代理合同号码： 授权人（法定代表人）签章： 年　月　日	本纳税申报表是按照国家税法和税收规定填报的，我确信是真实的、合法的。如有不实，愿承担法律责任。 法定代表人签章： 代理人签章： 年　月　日

以下由税务机关填写：

收到日期		接收人		审核日期		主管税务机关盖章
审核记录						

表 9－22

土地增值税纳税申报表（三）

（非从事房地产开发的纳税人适用）

纳税人编码：

税款所属时间：　　年　月　日　　　　填表日期：　　年　月　日　　　　金额单位：人民币元

纳税人名称		项目名称		项目地址			
业　别		经济性质		纳税人地址		邮政编码	
开户银行		银行账号		主管部门		电　话	

项　目		行次	金　额
一、转让房地产收入总额 1＝2＋3		1	
其中	货币收入	2	
	实物收入及其他收入	3	
二、扣除项目金额合计 4＝5＋6＋9		4	
1. 取得土地使用权所支付的金额		5	
2. 旧房及建筑物的评估价格 6＝7×8		6	
其中	旧房及建筑物的重置成本价	7	
	成新度折扣率	8	
3. 与转让房地产有关的税金等 9＝11＋12＋13		9	
其中		10	
	城市维护建设税	11	
	印花税	12	
	教育费附加	13	
三、增值额 14＝1－4		14	
四、增值额与扣除项目金额之比（%）15＝14÷4		15	
五、适用税率（%）		16	
六、速算扣除系数（%）		17	
七、应缴土地增值税税额 18＝14×16－4×17		18	

授权代理人	（如果你已委托代理申报人，请填写下列资料） 为代理一切税务事宜，现授权________（地址）________为本纳税人的代理申报人，任何与本报表有关的来往文件都可寄予此人。 授权人签字：________	声明	我声明：此纳税申报表是根据《中华人民共和国土地增值税暂行条例》及其《实施细则》的规定填报的。我确信它是真实的、可靠的、完整的。 声明人签字：________

纳税人签　章		法人代表签章		经办人员（代理申报人）签章		备注	

（以下部分由主管税务机关负责填写）

主管税务机关收到日期		接收人		审核日期		税务审核人员签章	
审核记录						主管税务机关盖章	

10 第十单元 电子报税及税务年检

学习目标

- □ 了解电子报税的概念，明确电子申报的功能
- □ 了解网上申报的概念、特点，明确网上申报的方式
- □ 掌握网上申报的流程和方法
- □ 了解税务年检的相关规定，掌握税务年检的流程，能办理税务年检工作
- □ 了解一般纳税人资格的年检年审的相关规定，掌握一般纳税人资格的年检年审的流程

任务一 办理电子报税

知识准备

一、纳税申报

纳税申报是纳税程序中的中心环节，是指纳税人、扣缴义务人在发生法定纳税义务后，按照税法或税务机关相关行政法规所规定的内容，在申报期限内，以书面形式向主管税务机关提交有关纳税事项及应缴税款的法律行为。一般包括向主管税务机关报送纳税申报表，财务会计报表及其说明材料，与纳税有关的合同、协议书，外出经营活动税收管理证明，公证机构出具的有关证明等资料。

特别提示

- 纳税人在纳税期内没有应纳税款的，也应当按照规定办理纳税申报。
- 纳税人享受减税、免税待遇的，在减税、免税期间应当按照规定办理纳税申报。

我国纳税申报的形式主要有三种：直接申报、邮寄申报和数据电文。

纳税义务人在生产、流通、分配等环节计算缴纳的各个税种，应按照税法规定的期限分别向税务、海关等系统进行申报纳税。具体税种与申报纳税机关见表 10－1。

表 10－1　　税种与征收机关比较表①

税种		征收机关	税收收入的归属
流转税	增值税	税务机关	共享：中央政府 75% 地方政府 25%
		海关代征进口	归中央政府
	消费税	税务机关 海关代征进口	归中央政府
	关税	海关	归中央政府
所得税	企业所得税	税务机关	铁道部、各银行总行、海洋石油企业的所得税归中央政府 其他企业的所得税中央与地方共享，中央 60%，地方 40%
	个人所得税	税务机关	共享：中央政府 60% 地方政府 40%
财产、行为税	房产税	税务机关	归地方政府
	车船税	税务机关	归地方政府
	印花税	税务机关 证券交易印花税	归中央政府
		税务机关 其他印花税	归地方政府
	契税等	房地产管理局代征	归地方政府
资源税	城镇土地使用税	税务机关	归地方政府
	资源税	税务机关	归地方政府
	土地增值税等	税务机关	归地方政府
特殊目的税	车辆购置税	税务机关	归中央政府
	耕地占用税	税务机关	归地方政府

① 注：根据国家税务总局发布《关于营业税改征增值税委托地税机关代征税款和代开增值税发票的公告》（国家税务总局公告 2016 年第 19 号）整理。

二、电子报税

（一）电子申报的概念

电子申报也称数据电文申报，是纳税人经主管税务机关批准，自己直接采用或委托合法中介服务机构采用主管税务机关认可的光电磁等介质生成或储存申报数据，并将申报数据发送到主管税务机关特定系统进行申报，包括电话语音、报税器、电子数据交换和网络传输等申报方式。

（二）电子申报系统的功能

1. 纳税人可依法向主管税务机关按期报送税务机关规定的电子表单，完成日常纳税申报手续。

2. 纳税人可远程查询纳税申报结果。

3. 纳税人可远程更新报税程序。

4. 纳税人可收发电子邮件。

5. 纳税人可随时修改报税密码。

6. 主管税务机关可以通过电子申报系统向纳税人发布各类通知、公告，公布最新的税务法规。

三、纳税人网上报税

采用网上申报的纳税人必须按国家和本地区有关税法和法律规定，据实填写申报数据，并在规定时间内提交申报数据，数据提交成功的时间为申报时间，纳税人填写申报数据已修改则以修改提交成功的时间为申报时间，若此时间已超过税务机关规定的征期范围，则无法在网上进行申报，纳税人只能到税务机关办理申报。

纳税人通过计算机网络进行远程申报的同时，应向指定的银行账户适时进行税款划缴。

税务机关将于纳税人申报次日零点（当日 24 点）起处理纳税人填写的电子申报数据。在数据被处理前，纳税人可以查询、修改、删除申报数据；数据一经处理，则只能进行查询，不能再进行修改和删除操作。

四、纳税人网上报税流程

（一）增值税一般纳税人申报纳税程序

一般纳税人在征期内进行申报，申报具体流程为：

1. 抄报税：纳税人在征期内登录开票软件抄税，并通过网上抄报或办税厅抄报，向税务机关上传上月开票数据。

抄税和报税是两个流程，统称为抄报税：

- 抄税：就是把当月开出的发票全部记入发票 IC 卡，然后报税务部门读入电脑数据，以此作为计算应纳税额的依据．一般抄税后才能报税，而且只有抄税后才能开具下个月发票。月末终了，企业按照规定的抄税时限（一般是次月的 1 ~5 日），将本月已经开具使用的发票信息抄入 IC 卡中，然后打印出纸质报表并加盖公章，持 IC 卡和报表去税务局大厅进行抄税。
- 报税：企业每月必须抄税之后才能进行报税。

2. 纳税申报：纳税人登录网上申报软件进行网上申报。网上申报成功并通过税银联网实时扣缴税款。

3. 清零解锁：申报成功后，纳税人返回开票系统对税控设备进行清零解锁（见图10－1）。

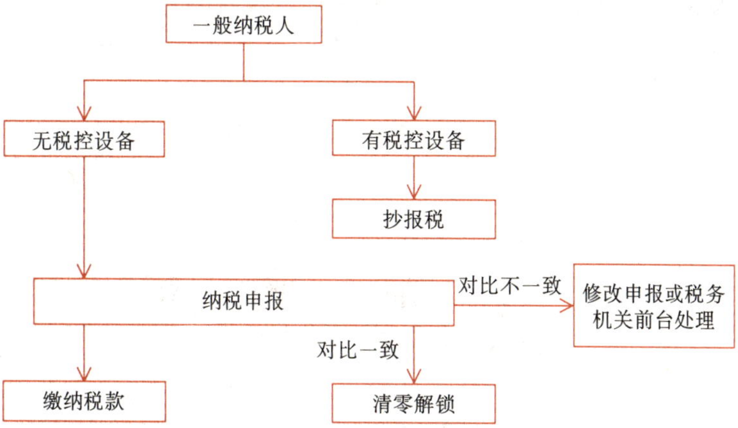

图 10－1　增值税一般纳税人纳税申报流程图

（二）增值税一般纳税人申报纳税具体操作

按上述申报程序，在具体申报时，我们可将网上报税分为三个阶段，第一阶段是抄税，第二阶段是纳税申报，第三阶段是清零解锁。

第一阶段：抄税。

第一步：进入系统。

第二步：报税处理，点击“报税处理”，进入该界面（见图 10－2）。

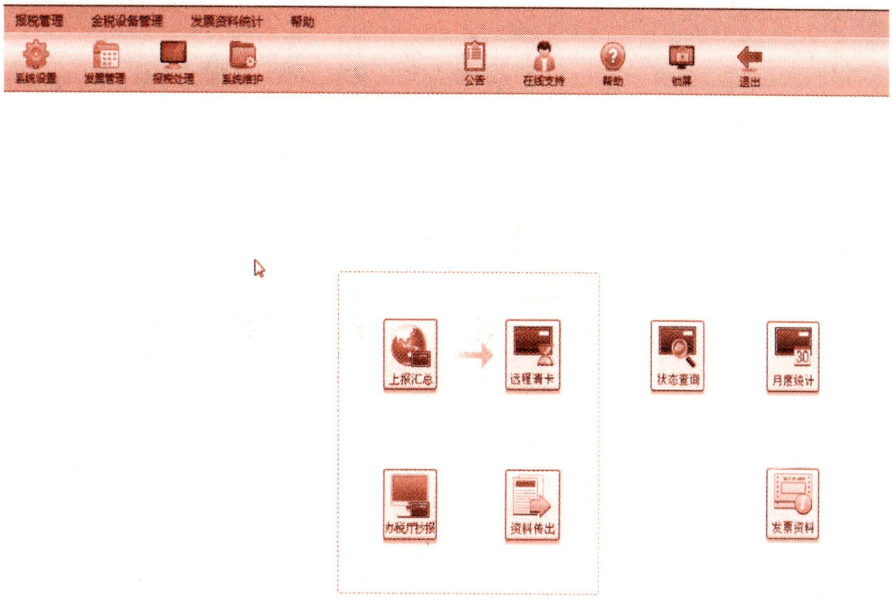

图 10－2

第三步：抄报税管理，点击“金税设备管理”，按要求完成金税设备时钟设置（见图 10－3）。

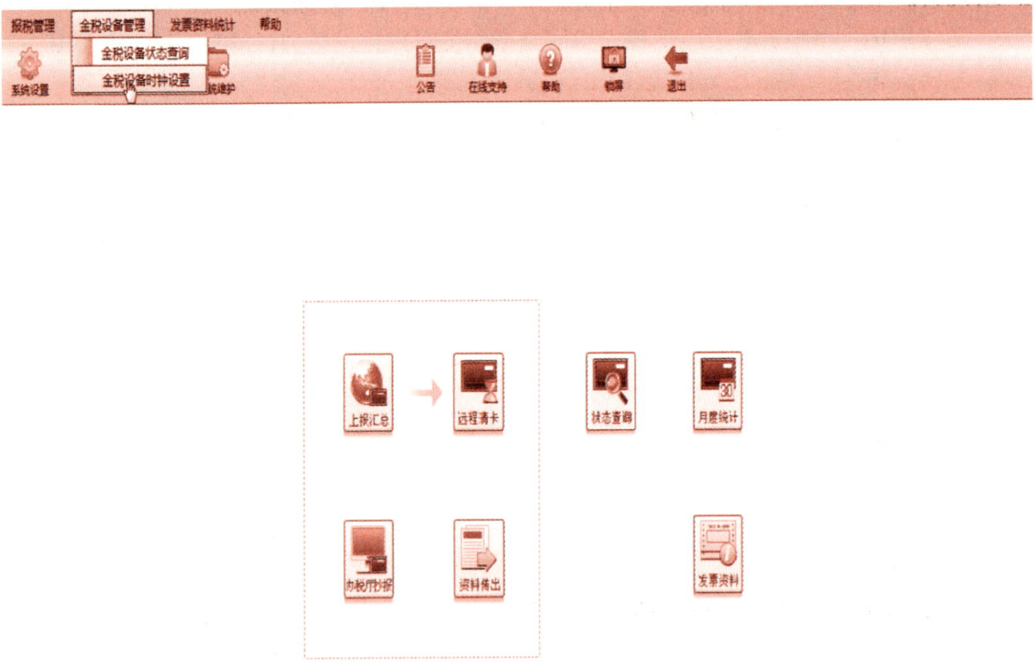

图 10－3

第四步：抄税处理，点击“上报汇总”，提交报税数据（见图 10－4）。

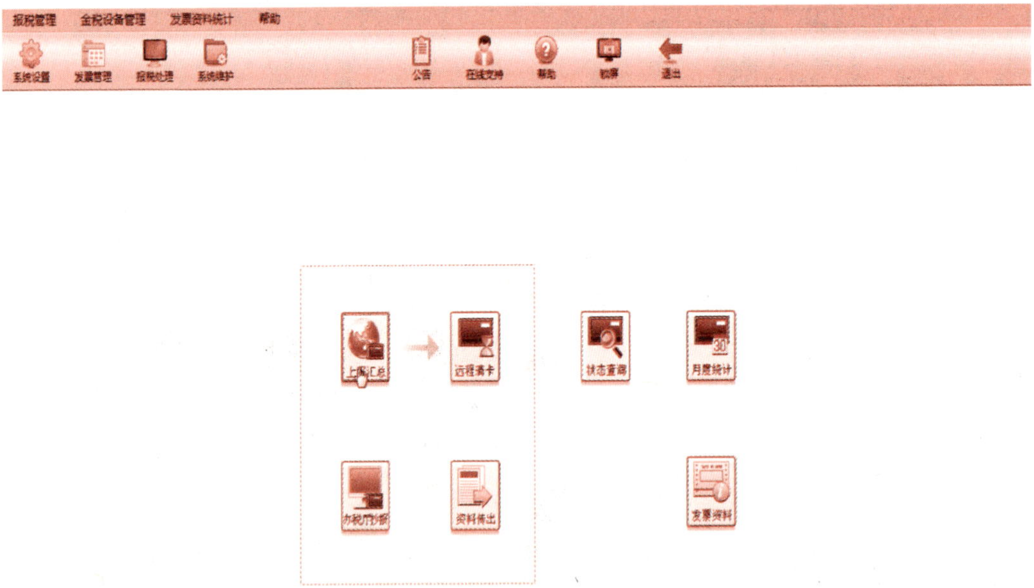

图 10－4

第二阶段：纳税申报。

第一步：插入 CA，进入网上报税主页，输入税号及密码，登录报税系统（见图 10-5）。

图 10-5

第二步：进入网上报税大厅，生成报税登录文件（见图 10-6）。

图 10-6

第三步：进入税务电子申报，进行报表填写（见图 10－7）。

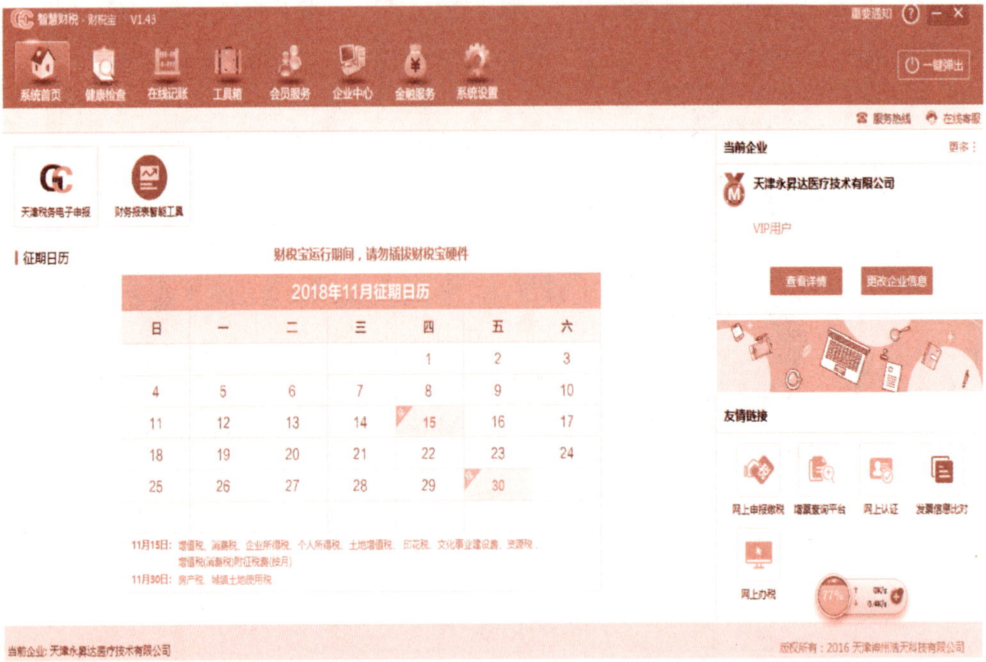

图 10－7

第四步：进入填报界面，点击申报录入（见图 1－8）。

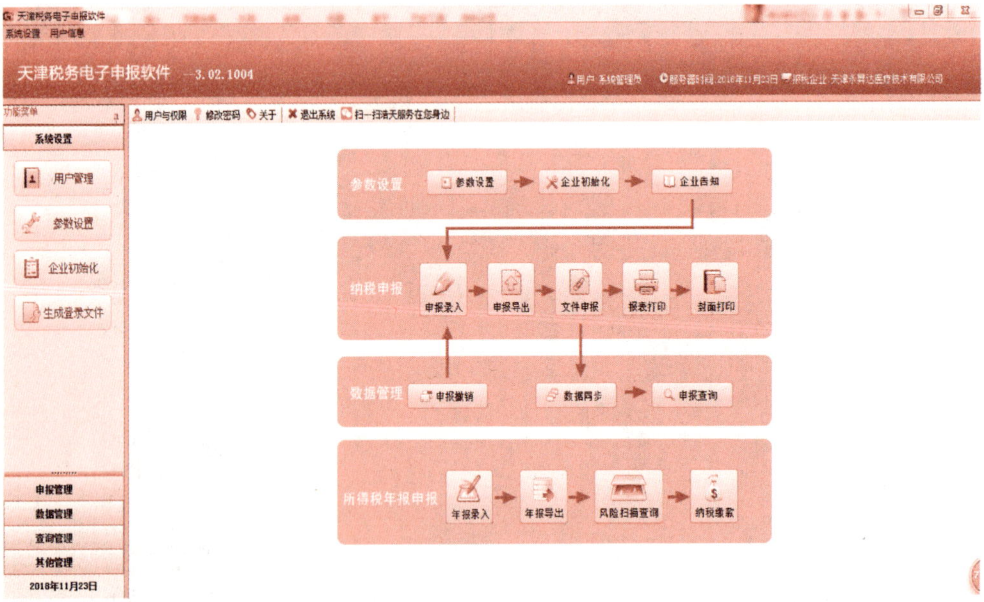

图 10－8

第五步：查看需要申报增值税的报表，填写数据（见图 10－9 至图 10－11）。

申报表信息

税种	序号	申报表名称	税款所属期	报表状态
小规模纳税人	01	增值税差额征税扣除项目清单	2018-07-01 至 2018-09-30	新建
	02	增值税纳税申报表（适用于增值税小规模纳税人）附列资料	2018-07-01 至 2018-09-30	新建
	03	增值税减免税申报明细表	2018-07-01 至 2018-09-30	导出
	04	2014版增值税纳税申报表（适用于小规模纳税人）	2018-07-01 至 2018-09-30	导出
	05	增值税发票领用存月报表	2018-07-01 至 2018-09-30	新建

图 10－9

已导出

增值税减免税申报明细表

税款所属时间:2018年07月01日至2018年09月30日

纳税人识别号:91120102MA06C33EX3

纳税人名称（公章）:天津永昇达医疗技术有限公司

填表日期:2018年10月18日

金额单位：元（列至角分）

一、减税项目						
减税性质代码及名称	栏次	期初余额	本期发生额	本期应抵减税额	本期实际抵减税额	期末余额
		1	2	3=1+2	4≤3	5=3-4
合计	1	0.00	0.00	0.00	0.00	0.00
	2	0.00	0.00	0.00	0.00	0.00
二、免税项目						
免税性质代码及名称	栏次	免征增值税项目销售额	免税销售额扣除项目本期实际扣除金额	扣除后免税销售额	免税销售额对应的进项税额	免税额
		1	2	3=1-2	4	5
合计	3	0.00	0.00	0.00	0.00	0.00
出口免税	4	0.00	--	--	--	--
其中：跨境服务	5	0.00	--	--	--	--
	6	0.00	0.00	0.00	0.00	0.00

图 10－10

增值税纳税申报表

（小规模纳税人适用）

税款所属时间：2018年07月01日至2018年09月30日

纳税人识别号：91120102MA06C33EX3　　填表日期：2018年10月11日

纳税人名称（公章）：天津永昇达医疗技术有限公司　　金额单位：元至角分

	项　目	栏次	本期数		本年累计	
			货物及劳务	服务、不动产和无形资产	货物及劳务	服务、不动产和无形资产
一、计税依据	（一）应征增值税不含税销售额（3%征收率）	1	0.00	0.00	0.00	0.00
	税务机关代开的增值税专用发票不含税销售额	2	0.00	0.00	0.00	0.00
	税控器具开具的普通发票不含税销售额	3	0.00	0.00	0.00	0.00
	（二）应征增值税不含税销售额（5%征收率）	4	--	0.00	--	0.00
	税务机关代开的增值税专用发票不含税销售额	5	--	0.00	--	0.00
	税控器具开具的普通发票不含税销售额	6	--	0.00	--	0.00
	（三）销售使用过的固定资产不含税销售额	7(7≥8)	0.00	--	0.00	--
	税控器具开具的普通发票不含税销售额	8	0.00	--	0.00	--
	（四）免税销售额	9=10+11+12	0.00	87,800.00	0.00	116,926.22
	其中：小微企业免税销售额	10	0.00	87,800.00	0.00	116,926.22
	未达起征点销售额	11	0.00	0.00	0.00	0.00
	其他免税销售额	12	0.00	0.00	0.00	0.00
	（五）出口免税销售额	13(13≥14)	0.00	0.00	0.00	0.00
	其中：税控器具开具的普通发票销售额	14	0.00	0.00	0.00	0.00
	核定销售额	15	0.00	0.00	0.00	0.00
二、税款计算	本期应纳税额	16	0.00	0.00	0.00	0.00
	核定应纳税额	17	0.00	0.00	0.00	0.00
	本期应纳税额减征额	18	0.00	0.00	0.00	0.00
	本期免税额	19	0.00	2,634.00	0.00	3,507.79
	其中：小微企业免税额	20	0.00	2,634.00	0.00	3,507.79
	未达起征点免税额	21	0.00	0.00	0.00	0.00
	应纳税额合计	22=16-18或17-18	0.00	0.00	0.00	0.00
	本期预缴税额	23	0.00	0.00	--	--
	本期应补（退）税额	24=22-23	0.00	0.00	--	--
	是否自行申报		☑是	☐否		
	办理人员身份证件类型		201 居民身份证	办理人员身份证件号码	120109199901093023	
纳税人或代理人声明：	如纳税人填报，由纳税人填写以下各栏：					

图 10－11

第六步：点击主页面的申报导出（见图 10－12），将填写完的报表进行勾选导出，如图 10－13 所示的页面。

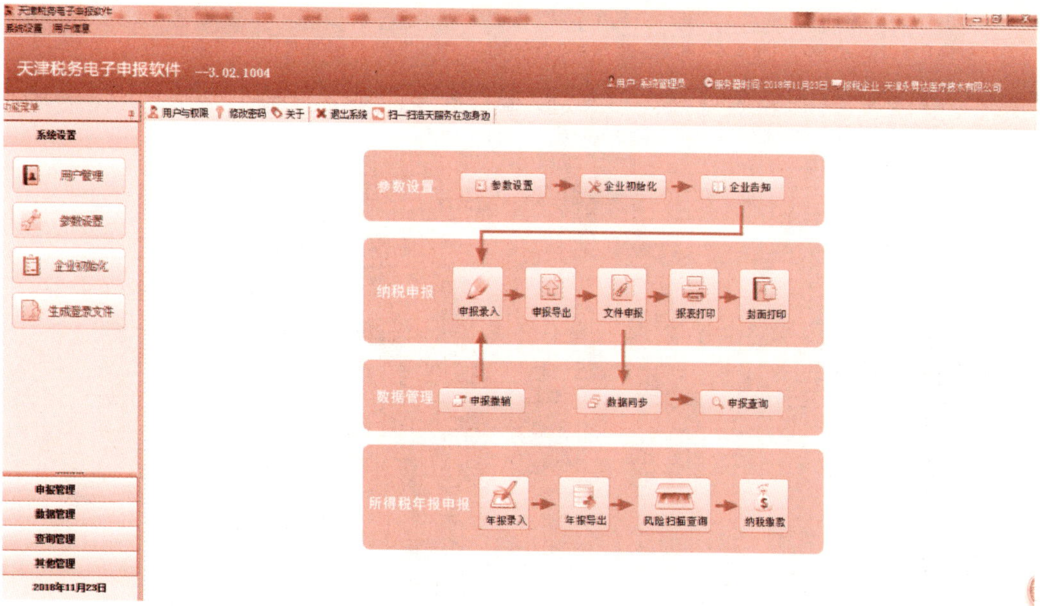

图 10－12

申报表信息

税种	选择	申报表名称	税款所属期
小规模纳税人		2014版增值税纳税申报表（适用于小规模纳税人）	2018-07-01 至 2018-09-30
		增值税减免税申报明细表	2018-07-01 至 2018-09-30
季报/月报A类居民查账征收所得税		中华人民共和国企业所得税月（季）度预缴纳税申报表（A类，2018年版）	2018-07-01 至 2018-09-30
		固定资产加速折旧（扣除）优惠明细表	2018-07-01 至 2018-09-30
		免税收入、减计收入、所得减免等优惠明细表	2018-07-01 至 2018-09-30
		减免所得税优惠明细表	2018-07-01 至 2018-09-30
印花税		印花税纳税申报表	2018-09-01 至 2018-09-30
城建教育费附加		城建税、教育费附加、地方教育附加税（费）申报表	2018-07-01 至 2018-09-30
残疾人就业保障金		残疾人就业保障金缴费申报表	2017-01-01 至 2017-12-31
文化事业建设费		文化事业建设费申报表	2018-07-01 至 2018-09-30
工会经费		《通用申报表（税及附征税费）》	2018-07-01 至 2018-09-30
申报期【8月】财务报表		资产负债表（适用执行小企业会计准则的企业）	2018-07-01 至 2018-07-31
		利润表（适用执行小企业会计准则的企业）	2018-07-01 至 2018-07-31
申报期【9月】财务报表		资产负债表（适用执行小企业会计准则的企业）	2018-08-01 至 2018-08-31
		利润表（适用执行小企业会计准则的企业）	2018-08-01 至 2018-08-31
申报期【10月】财务报表		资产负债表（适用执行小企业会计准则的企业）	2018-09-01 至 2018-09-30
		利润表（适用执行小企业会计准则的企业）	2018-09-01 至 2018-09-30

图 10－13

第七步：进行文件申报（见图 10－14）。

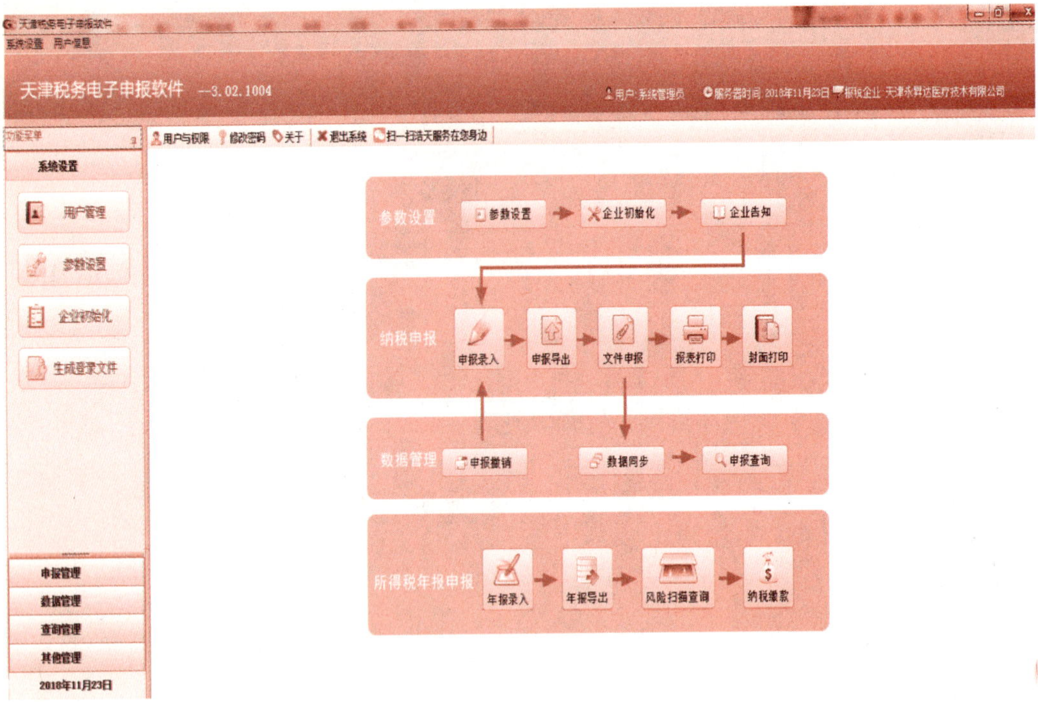

图 10 - 14

第八步：进行网上缴税，输入纳税人识别号，登录密码，以及登录文件（见图 10 - 15）。

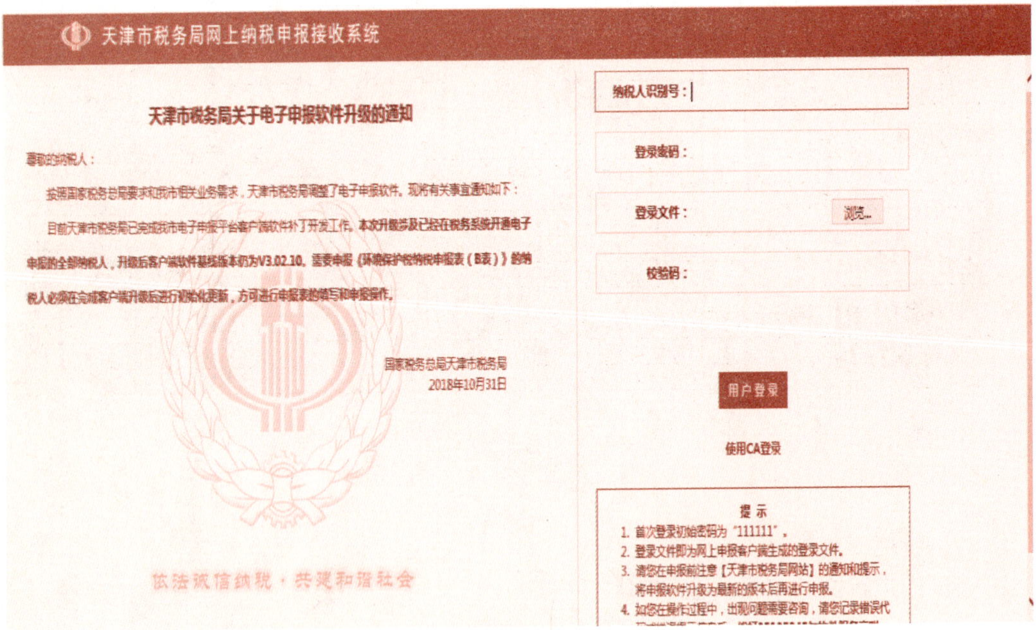

图 10 - 15

第九步：点击纳税申报，并将之前文件申报的文件进行上传（见图10－16）。

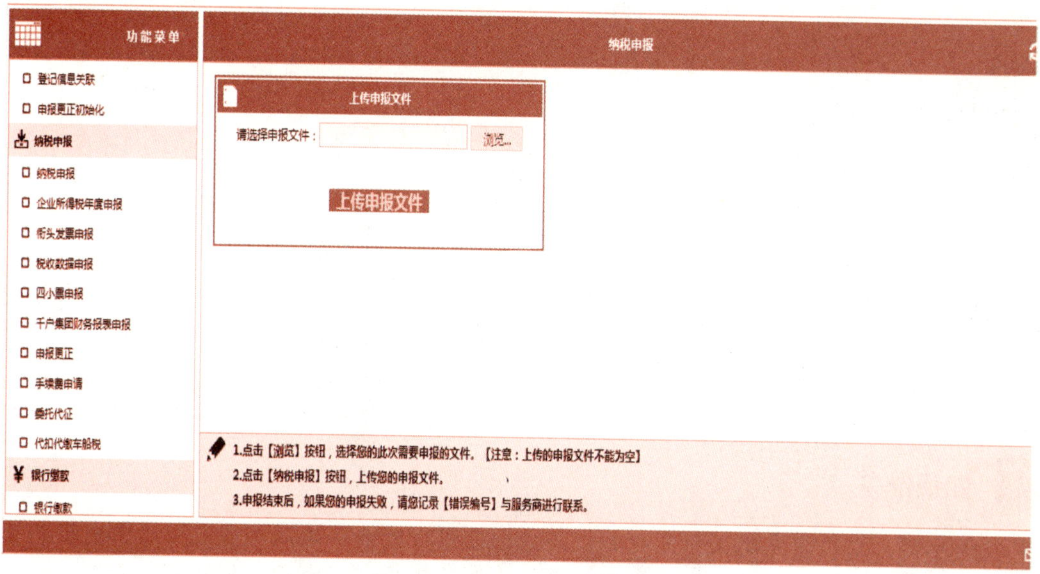

图10－16

第三阶段：清零解锁。

远程清卡（见图10－17）。

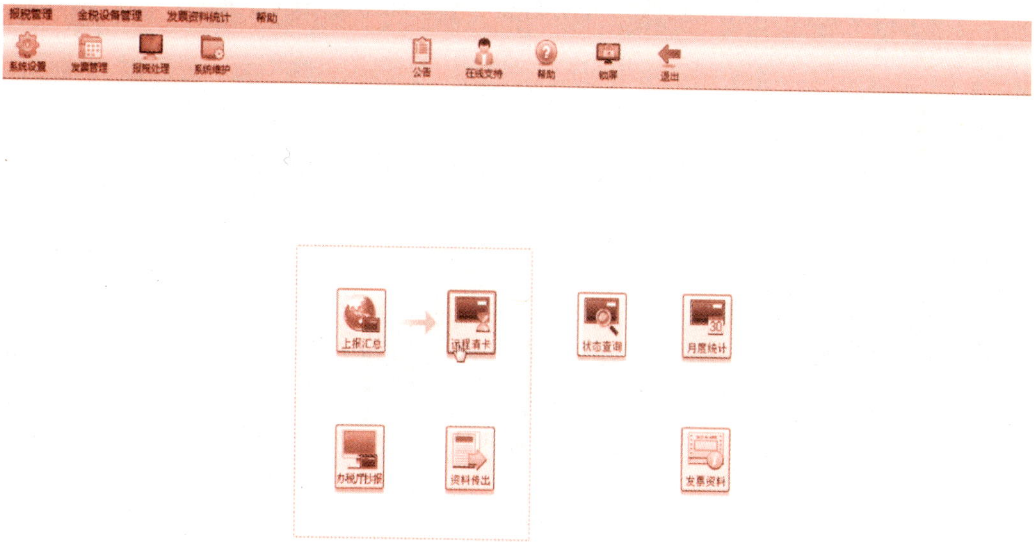

图10－17

任务二
办理税务年检

业务一　税务登记证年检换证

知识准备

税务年检，是指税务机关对企业的税务登记证进行检查，确定企业继续经营资格的法定制度。税务登记证实行定期验证和换证制度，一般每年验证一次，三年换证一次。

一、年检范围

凡是从事生产、经营，由主管税务机关核发国税、地税税务登记证或注册税务登记证的纳税人均属于税务登记年检范围。对于应办理税务登记而未办理税务登记的纳税人，应主动到税务机关申请补办税务登记。

二、年检时间

税务登记年检的时间除实行税务登记全面换证年度外每年一次。

三、年检内容

1. 纳税人税务登记的项目与实际情况和营业执照是否相符。

税务登记项目主要有纳税人名称、纳税人地址、实际生产经营地址、法定代表人、登记注册类型、经营方式、经营范围、经营期限、总机构名称和总机构地址。

2. 纳税人税务登记项目变更或者纳税人发生分立、合并、税收征管关系变化，是否及时向主管税务机关办理变更或注销税务登记。

3. 纳税人使用税务登记证件是否符合规定。

4. 纳税人遗失税务登记证件是否办理遗失声明以及办理补证手续。

四、年检方法

税务机关对纳税人税务登记年检采用书面核对和实地检查相结合的办法。

主管税务机关在年检期间采取税务登记项目与纳税人提供的证件、证明、资料核对的办法进行书面，同时采用在年检年度内对部分纳税人进行实地检查。

纳税人应当在规定期限内，持税务登记证（正、副本）到主管税务机关办理验证或换证手续。具体年检换证流程如图 10－18 所示。

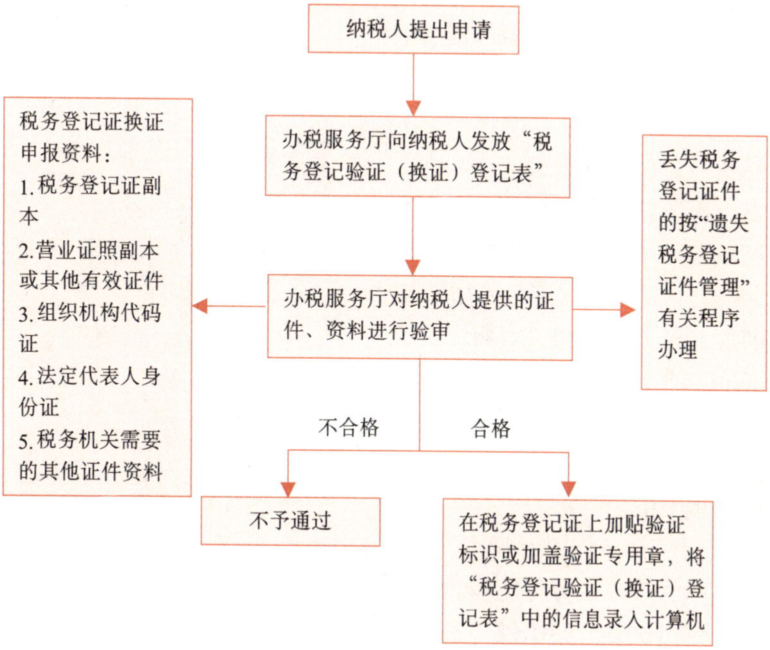

图 10－18　税务年检换证流程

业务举例

某企业基本资料如下：

企业名称：精美服装有限公司

营业执照号：336004012352687

营业执照签发日期：2008 年 2 月 2 日

营业期限：2008 年 2 月 2 日至 2028 年 2 月 2 日

批准设立文件号：“豫字 65432 号”

纳税人识别号：336031257535286

企业地址及电话：郑州市中原区科团结路 158 号，0371－87641234

法定代表人：周杰身份证号：340102196807040529

财务负责人：李亮身份证号：410103197210211103

办税人员：王红身份证号：340102198508120521

企业注册资本：510 万元

主营：服装的生产、销售

企业组织机构代码：37220763

开户行及账号：工商郑州分行　15546872098

从业人员：200 人

经济性质：私营有限责任公司。

投资人：周杰投资比例 60%　赵明投资比例 40%

办税人员王红 2018 年如何办理税务年检?

业务完成

办税员王红应通过以下步骤来完成税务年检工作：

步骤一：提出税务年检申请。

办税员王红应在年检公告期限内（2018 年 1—5 月）向主管税务机关提出税务年检申请。

步骤二：准备好税务年检相关资料。

1. 税务登记证副本；
2. 营业证照副本或其他有效证件；
3. 组织机构代码证；
4. 法定代表人身份证；
5. 税务机关需要的其他证件资料。

步骤三：领取并填报“税务登记验证（换证）登记表”。

王红持以上资料到税务机关申领“税务登记验证（换证）登记表”。领取登记表后，应当按照规定内容逐项填写，将登记表与相关资料交予主管税务机关。税务登记验证（换证）登记表内容填写及格式如表 10－2 所示。

表 10－2　税务登记换证登记表

（适用单位纳税人、个人独资企业）

原纳税人识别号	3	3	6	0	3	1	2	5	7	5	3	5	2	8	6

纳税人名称：精美服装有限公司

纳税人识别号	336031257535286			工商注册号	
登记注册类型	173	组织机构代码		372207632	
批准设立机关	郑州市工商局	批准设立证明或文件号		豫字 65432 号	
证照名称	营业执照	证照号码		336004012352687	
开业（设立）日期	2008 年 2 月 2 日	生产经营期限	2010 年	从业人数 200 其中外籍人数______	
注册地址	郑州市中原区科团结路 158 号			邮政编码	450032
				联系电话	8 7 6 4 1 2 3 4
生产经营地址	郑州市中原区科团结路 158 号			邮政编码	450032
				联系电话	8 7 6 4 1 2 3 4
核算方式	请选择对应项目打√☑独立核算□非独立核算				
单位性质	请选择对应项目打√☑企业□事业单位□社会团体□民办非企业单位□其他				
网站网址				国标行业	

续表

适用会计制度	请选择对应项目打√ ☐企业会计制度☑小企业会计制度☐金融企业会计制度☐行政事业单位会计制度
经营范围： 服装的生产、销售	

项目 内容 联系人	姓名	身份证件 种类	身份证件 号码	固定电话	移动电话	电子邮箱
法定代表人（负责人）	周杰	居民身份证	340102196807040529		13802564261	
财务负责人	李亮	居民身份证	410103197210211103		13541207521	
办 税 人	王红	居民身份证	340102198508120521		13514876145	

税务代理人名称	纳税人识别号	联系电话	电子邮箱

注册资本或投资总额	币种	金额	币种	金额	币种	金额
注册资本 5 100 000 元	人民币	5 100 000				

投资方名称	投资方经济性质	投资比例	证件种类	证 件 号 码	国籍或地址
周杰	自然人	60%	居民身份证	340102196807040529	
投资方名称	投资方经济性质	投资比例	证件种类	证 件 号 码	国籍或地址
赵明	自然人	40%	居民身份证	340102197509040540	

自然人投资比例	100%	外资投资比例		国有投资比例	

经办人签章：	法定代表人（负责人）签章：	填表日期：
王红	周杰	精美服装有限责任公司 2018 年 2 月 10 日

以下由税务机关填写：

减免工本费□（1）从事个体经营的下岗失业人员 □（2）从事个体经营的高校毕业生 □（3）2008 年新办税务登记户 □（4）其他	审核意见	
经办人签名： 年　月　日		

郑州市国家税务局监制

业务二　一般纳税人资格的年审

知识准备

一般纳税人资格年度审验（以下简称“年审”），是国家税务征收机关按年度实施的对一般纳税人资格审验、确认的一项制度。

一、年审对象

1. 上一年度应税销售额在《增值税暂行条例实施细则》第二十四条规定标准以下的一般纳税人。

2. 上一年度认定的临时一般纳税人。

二、年审内容

一般纳税人上一年度应税销售额的实现情况，会计人员的配置与核算状况以及纳税表现等。

三、审查条件

税务部门对纳税人的申请材料按以下条件进行审核，凡有不符合下列条件之一的，一律取消其一般纳税人资格：

1. 上一年度应税销售额没有达到规定的增值税一般纳税人限额标准的。

2. 上一年度应税销售额超过增值税一般纳税人限额标准的，如存在下列情形之一者，取消一般纳税人资格，亦按小规模纳税人征税：

（1）在会计人员配备、会计账簿设置和会计核算方法等三方面中，任何一方面不符合国家税务局要求的；

（2）有偷税行为或有虚开增值税专用发票行为的；

（3）不按规定保管增值税专用发票造成严重后果的；

（4）经税务机关日常稽查连续3个月被列入“未申报纳税人清单”或连续6个月被列入“申报异常纳税人清单”的；

（5）无固定经营场所的。

四、年审流程及提供资料

一般纳税人资格年检、年审流程如图10－19所示，年审所需填写的表格见表10－3、表10－4。

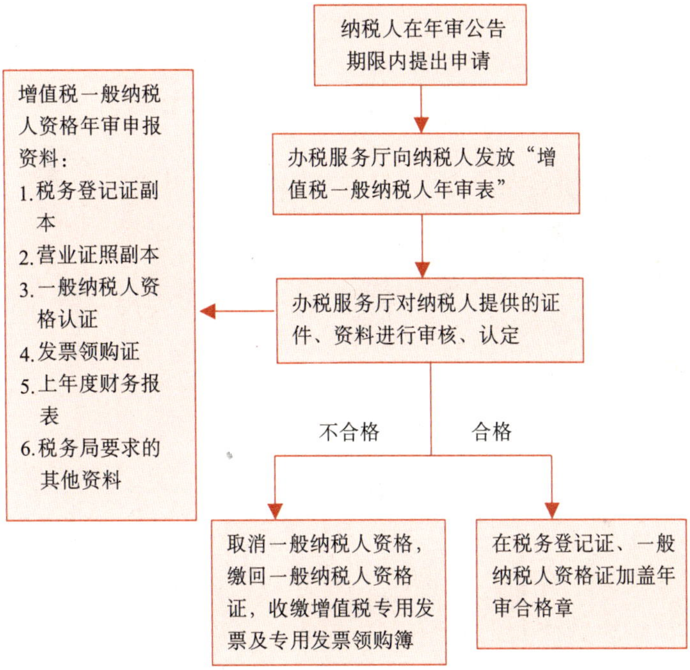

图10－19 一般纳税人年审流程

表10－3 **增值税一般纳税人年审申请审批表**

纳税人识别号		纳税人编码	
纳税人名称		年审年度	年
办理年审时间	年 月 日		
企业自查情况说明	企业盖章 法定代表人（负责人）：办税人员： 年 月 日		

续表

<table>
<tr><td>实地调查及审核情况（由税务机关填写）</td><td>

经办人签名：　　年　　月　　日</td></tr>
<tr><td colspan="2">主管税务机关审批意见：

盖　章
年　　月　　日</td></tr>
<tr><td colspan="2">县级局审批意见：

盖　章
年　　月　　日</td></tr>
</table>

注：（1）审核的详细情况必须在“附表：一般纳税人年检自查、审核情况登记表”进行。（2）本表一式两份：经税务机关审批后，一份退还给企业，另一份存入企业户管档案。（3）审批意见栏为：批准或不批准。不批准的结果为：取消或整改。对实行整改的，要说明整改原因及整改期限。

表 10－4　　　　　　　　　　**一般纳税人年检自查、审核情况登记表**

<table>
<tr><td colspan="3">法定代表人</td><td colspan="2"></td><td>纳税人类别</td><td></td></tr>
<tr><td colspan="3">联系电话</td><td colspan="2"></td><td>财务机构设置</td><td></td></tr>
<tr><td colspan="3">经济性质</td><td colspan="2"></td><td>专职财务人员人数</td><td></td></tr>
<tr><td colspan="3">经营地址</td><td colspan="2"></td><td>办税员征号码</td><td></td></tr>
<tr><td colspan="3">办税人员</td><td colspan="2"></td><td>专职办税人员人数</td><td></td></tr>
<tr><td colspan="3">主办会计</td><td colspan="2"></td><td>经营方式</td><td></td></tr>
<tr><td colspan="3">经营范围</td><td colspan="2"></td><td>固定资产原值</td><td></td></tr>
<tr><td colspan="3">注册资金</td><td colspan="2"></td><td>职工人数</td><td></td></tr>
<tr><td colspan="3">发票管理员姓名</td><td colspan="2"></td><td></td><td></td></tr>
<tr><td colspan="3">开户银行</td><td colspan="2"></td><td>开户银行账号</td><td></td></tr>
<tr><td colspan="3">开户银行</td><td colspan="2"></td><td>开户银行账号</td><td></td></tr>
<tr><td colspan="3">年销售收入</td><td colspan="2">元</td><td>年销售成本</td><td>元</td></tr>
<tr><td colspan="3">销售利润</td><td colspan="2">元</td><td>销售利润率</td><td>%</td></tr>
<tr><td colspan="4" rowspan="7">年 1 月 1 日至　　年
12 月 31 日
年销售额：　　元
其中：
应税销售额：　　元
免税销售额：　　元</td><td>项目</td><td>纳税人申报</td><td>税务机关核定</td></tr>
<tr><td>生产货物</td><td></td><td></td></tr>
<tr><td>加工、修理修配</td><td></td><td></td></tr>
<tr><td>批发零售</td><td></td><td></td></tr>
<tr><td>其他业务收入</td><td></td><td></td></tr>
<tr><td>视同销售</td><td></td><td></td></tr>
<tr><td>合计</td><td></td><td></td></tr>
<tr><td rowspan="12">纳税情况</td><td colspan="4">全年应税销售额</td><td></td><td></td></tr>
<tr><td colspan="4">全年销项税额</td><td></td><td></td></tr>
<tr><td colspan="4">全年进项税额</td><td></td><td></td></tr>
<tr><td colspan="4">全年应交增值税额</td><td></td><td></td></tr>
<tr><td colspan="4">税收负担率</td><td></td><td></td></tr>
<tr><td colspan="4">全年实缴税金</td><td></td><td></td></tr>
<tr><td rowspan="2">当年</td><td colspan="3">查补税额次</td><td>元</td><td>元</td></tr>
<tr><td colspan="3">罚款倍</td><td>元</td><td>元</td></tr>
<tr><td colspan="4">近两年是否有连续偷税行为</td><td></td><td></td></tr>
<tr><td colspan="4">本年度报表迟报次数</td><td></td><td></td></tr>
<tr><td colspan="4">本年度报表资料填报错误次数</td><td></td><td></td></tr>
<tr><td colspan="4">其他涉税事务处理情况</td><td></td><td></td></tr>
</table>

续表

核算情况	能否正确核算“现金”日记账		
	能否正确核算“银行存款”日记账		
	能否正确核算“库存商品”明细账		
	能否正确核算“销售收入”明细账		
	能否正确核算“销售成本”明细账		
	能否正确核算“往来账项”明细账		
	能否正确核算“应交税费”明细账		
	能否按财务制度规定健全“库存商品盘存”等制度		
	账账、账证、账物是否相符		
发票管理情况	管理制度是否建立		
	存放场所是否符合要求		
	领、用、存登记情况		
	是否达到安全财会室标准		
	专用发票抵扣联是否装订成册		
	发票是否发生外带		
	发票有无损毁		
	发票有无丢失		
	丢失发票代码及号码		
	发票有无擅自销毁		
	有无代开、虚开发票		
	代开、虚开发票代码及号码		
	有无丢失损坏金税卡		
	有无丢失损坏 IC 卡		
	收用防伪税控企业开具的专用发票是否认证		
申报情况	防伪税控企业抄报税情况是否正常		
	有无存在连续三个月未申报		
	有无连续六个月申报异常且明显违法		
	全年申报差错是否连续三年或全年累计满五次		
其他情况	税款滞纳金是否连续三次或时常发生欠税经催缴无效		
	有无固定经营场所		
	整改期满后是否改正		

参考文献

[1] 赵晓燕．税务会计．北京：北京邮电大学出版社，2016.

[2] 兰丽丽，黄玉双．纳税实务．北京：北京出版社，2016.

[3] 宋剑茹．纳税会计实务．北京：教育科学出版社，2016.

[4] 盖地．税务会计与纳税筹划．第 12 版．大连：东北财经大学出版社，2016.

[5] 袁瑞英．税务会计实务．西安：西北工业大学出版社，2016.

[6] 国家税务总局网站．http：//www. chinatax. gov. cn/.

[7] 财政部网站．http：//www. mof. gov. cn/index. htm.

[8] 减税降费政策汇编（2019）中国税务．